沈阳地区旧石器考古发现与研究

沈阳市文物考古研究所
吉林大学边疆考古研究中心 编著

教育部人文社会科学重点研究基地重大项目（11JJD780001）
科技部科技基础性工作专项"中国古人类遗址、资源调查与基础数据采集、整合"（2007FY110200）
沈阳市文物考古研究所旧石器专题考古经费
吉林大学"985工程"项目 资助

科学出版社
北京

图书在版编目（CIP）数据

沈阳地区旧石器考古发现与研究/沈阳市文物考古研究所，吉林大学边疆考古研究中心编著. —北京：科学出版社，2015.11
 ISBN 978-7-03-046255-8

Ⅰ.①沈… Ⅱ.①沈…②吉 Ⅲ.①旧石器时代考古—研究—沈阳市 Ⅳ.①K871.114

中国版本图书馆CIP数据核字（2015）第265735号

责任编辑：刘　能／责任校对：张凤琴
责任印制：肖　兴／书籍设计：北京美光设计制版有限公司

科 学 出 版 社 出版
北京东黄城根北街16号
邮政编码：100717
http://www.sciencep.com

北京华联印刷有限公司 印刷
科学出版社发行　各地新华书店经销
*

2015年11月第 一 版　开本：889×1194　1/16
2015年11月第一次印刷　印张：12
字数：345 000

定价：198.00元

（如有印装质量问题，我社负责调换）

《沈阳地区旧石器考古发现与研究》
编辑委员会

主　任　朱　泓

副主任　姜万里　刘　艳　赵晓刚

委　员　陈全家　付永平　方　启

　　　　　王春雪　石　晶

主　编

姜万里

副主编

陈全家　付永平

中文摘要

本书汇总了 2011～2013 年沈阳地区旧石器考古调查的科研成果，以实物资料为依托，运用现代旧石器考古学的理论与方法，从多个角度对沈阳地区的旧石器文化进行了分析与研究。

本书共分为四章：第一章介绍了沈阳地理概况与旧石器考古的主要发现，第一节概述了沈阳地区的地理位置、地貌、气候、水文、植被和地质地层 6 个方面的内容；第二节主要是对沈阳地区以往的旧石器考古成果进行全面回顾，并对此次调查的目的、方法和收获给予介绍。第二章将调查发现的 22 个旧石器地点按工业类型分为大石片工业、小石片工业和细石器工业三种，并对每种工业类型下的各个地点及其材料进行介绍和描述。第三章讨论，第一节工业特征中对沈阳地区旧石器工业的文化特征和各类型所反映出的石器工业特点进行分析和总结，并对沈阳地区旧石器时代晚期古人类的原料开发方略进行探讨；第二节对比研究中根据该地区的石器工业特点，分别将各个类型与东北地区、华北地区、朝鲜半岛、俄罗斯地区及日本群岛等周边地区的石器工业进行对比，探讨沈阳地区在其中的地位。第四章结语部分总结了沈阳地区旧石器考古工作已经取得的成果及存在的问题，并对未来的工作做出进一步的设想。

本书有利于沈阳地区乃至整个东北地区旧石器时代文化面貌的了解，对于业内学者及对此有浓厚兴趣的读者来说有一定的参考价值。

Abstract

This book summarizes the research from 2011 to 2013 in Shenyang Paleolithic archaeological survey. In order to analyse the Paleolithic culture of Shenyang from various angles, this book used a series of the theory and methods of modern Paleolithic archaeology based on the materials.

The book is divided into four chapters: Chapter Ⅰ is about Shenyang geography and major findings. The first part focuses on the natural geographical location, topography, climate, vegetation and geological formations; the second part is of the main findings of the past about Paleolithic archaeology in Shenyang, and then give the purpose, methods and harvesting of this three years' survey. Chapter Ⅱ classifieds the 22 Paleolithic sites into three different types and describes the stone artifacts assemblage of different Paleolithic localities. Chapter Ⅲ summarizes and analyzes the characteristics of different stone tool industries and discusses raw materials exploiting strategy of ancient human in Shenyang; then discusses the cultural relationship among Shenyang area, Northeast China, North China, Korean Peninsula, the Japanese archipelago, Russia and other peripheral regions with neighbors. Chapter Ⅳ summarizes the results of Paleolithic archaeological in Shenyang area and problems left, and makes further plan about the future work.

The book is helpful to understand the Paleolithic culture in Shenyang and the entire northeast region. It have certain reference value to academics and readers who have a strong interest in it.

日本語概要

　本書は、2011年から2013年にかけて瀋陽地区でおこなわれた旧石器考古学調査の成果をまとめたものであり、実物資料にもとづき、最新の旧石器考古学の理論と方法を用い、様々な角度から瀋陽地区の旧石器文化を分析、研究した。

　本書は4章に分かれている。各章の内容は次の通り。

　第1章「瀋陽地区の地理的概況と主要な発見」では、第1節「瀋陽地区の自然地理概述」で瀋陽地区の地理的位置、地形、気候、水文、植生、地質地層概況の6分野の内容を紹介する。また、第2節「主要な発見」は、瀋陽地区での既存の旧石器考古学の成果を全面的に回顧するとともに、今回の調査の目的、方法、成果を紹介する。

　第2章「各地点の発見状況の紹介」では、調査で発見された22ヵ所の旧石器地点をその石器群にもとづいて大型剥片石器群、小型剥片石器群、細石器石器群の3類型に分類し、それぞれの類型ごとに、旧石器地点とその内容について紹介、記述する。

　第3章「討論」では、第1節「石器群の特徴」で瀋陽地区の旧石器時代の石器群の文化的な特徴と各類型に反映された石器群の特色を分析総括するとともに、瀋陽地区の後期旧石器人の原料開発の方法と戦略についても検討した。第2節「比較研究」は、瀋陽地区の石器群の特徴をもとに、類型ごとに中国東北部、華北、朝鮮半島、ロシア地区、日本列島などの周辺地区の石器群と対比し、瀋陽地区がそれらの中に占める位置を探求した。

　第4章「結論」では、瀋陽地区における旧石器考古学の実践の中で得られた成果と存在する問題点について総括するとともに、将来の考古学的な活動をさらに一歩進める構想を示した。

　本書は瀋陽地区ならびに中国東北部全体の旧石器文化の様相の理解に役立ち、専門の研究者、そしてこれらに対して多大な興味をもつ読者諸氏にとって相応な参考価値をもつものといえる。

중국어　개요

　이 책은 2011년부터 2013년까지의 심양지역의 구석기고고학 조사연구성과를 종합했다. 실물자료에 근거하여 현대 구석기고고학 이론과 방법을 활용하면서 여러가지 시점으로부터 심양지역의 구석기문화에 대하여 분석하고 연구하였다.

　이 책은 4장으로 나누고 있다. 제1장은 심양의 지리개황과 주요한 발견이다. 제1절의 심양자연지리개술에서는 심양지역의 지리적 위치, 지형, 기후, 수문, 식생과 지질 지층 개황 등 6개 방면으로부터 설명하였다. 제2절에서는 심양지역의 과거의 구석기고고학 성과에 대해 전면적으로 회고하면서 이번 조사의 목적, 방법과 성과를 설명하였다. 제2장에서는 각 지점의 발견 상황을 설명하였다. 조사한 22개의 구석기지점은 공업 유형에 따라 대석편공업, 소석편공업과 세석기공업의 세가지로 나누어 매개 공업의 각 지점에서 사용된 재료에 대해 설명하고 묘사했다. 제3장에서는 토론을 전개했다. 제1절의 공업 특징에서는 심양지역의 구석기공 업문화의 특징과 각 유형의 구석기공업이 나타내고 있는 석기공업의 특점을 분석하고 개괄했으며 심양지역의 구석기시대 말엽의 고인류의 원료 개발 방략에 대해 살펴봤다. 제2절의 비교 연구에서는 각 지역의 석기 공업특점에 근거하여 각 구석기공업 유형과 동북지역, 화북지역, 조선반도, 러시아지역 및 일본군도 등 주변지역의 석기공업에 대해 서로 비교하면서 심양지역의 위치를 살펴봤다. 제4장의 맺음 말에서는 심양지역의 구석기고고학 연구가 거두고 있는 성과와 현존하는 문제에 대해 총괄하고 향후의 연구에 대해 한층 더 구상해봤 다.

　이 책은 심양지역은 물론 동북지역의 구석기시대의 모습을 이해하는데 도움을 줄 뿐만아니라 고고학계의 학자들과 이 분야에 깊은 흥취를 가지고 있는 독자들에게도 일정한 참고적 가치가 있다.

Русское резюме

В монографии представлены материалы, полученные в результате археологического исследования палеолитических памятников на территории Шэньяна в 2011-2013 гг. Исследование базируется на комплексном изучении каменных артефактов с использованием теории и методов современной археологии палеолита.

Книга состоит из четырех глав. В первой главе дано общее географическое описание района г. Шэньяна, а также важные обнаруженные материалы в прошлом. В первом разделе описаны географическое положение, рельеф и геологическое строение территории, климат, гидрология, растительность. Второй раздел посвящен истории изучения палеолита, целям, задачам и методам исследования. Во второй главе дается описание материалов 22 палеолитических стоянок. Выделяются три типа индустрии: большие отщепы, мелкие отщепы, микропластины. В третьей главе описаны особенности палеолита Шэньяна. В первом разделе анализируются и обобщаются культурные особе-нности и характеристики палеолитической индустрии Шэньяна. Исследуется стратегия использования каменного сырья в позднем палеолите на территории Шэньяна. Во втором разделе представлены результаты сравнительного изучения культурных связей Шэньяна с другими районами Северо-Восточного и Северного Китая, Корейским полуостровом, Японским архипелагом, территорией Дальнего Востока России в палеолите. Анализируется положение палеолитических индустрий Шэньяна в палеолите Восточной Азии. Четвертая глава представляет собой заключение, в котором обобщаются результаты работы по изучению палеолита Шэньяна, обозначаются основные проблемы и предполагаемые направления будущей работы.

Эта книга способствует пониманию особенностей культурного ландшафта в эпоху палеолита в районе г. Шэньяна и в северо-восточном регионе Китая в целом, рассчитана на археологов и всех, кто интересуется археологией палеолита.

序

旧石器时代考古，因为需要古脊椎动物与古生物等自然科学方面的专门知识，我深入了解甚少。但那一时期毕竟已进入人类社会，又不断有新的考古发现，且在新石器时代的若干文化因素如玉器制作方面，已表现出与旧石器时代的先后承袭关系，所以关注程度又渐有提高。

就辽宁地区来说，旧石器时代考古以20世纪七八十年代成果有较多积累，此前所知明确的资料，只有1957年鉴定出的传出自建平县南地乡的智人上臂骨化石。70年代以后，陆续有旧石器时代早、晚期遗存的发现，而且对一些重点遗址还进行了跨几个年度、规模较大的发掘，如庙后山、金牛山等旧石器时代早期遗址，鸽子洞旧石器时代中至晚期遗址，小孤山、前阳、西八间房等旧石器时代晚到末期遗存的发现和发掘，但80年代以来，旧石器时代考古在我省似进展缓慢，甚至有些停滞的感觉。课题缺环上的主要表现：一是时代的不平衡。比如20世纪七八十年代庙后山和金牛山遗址发现后，大家都盼望有时间更早的晚更新世初、中期遗迹发现，但几十年过去了，仍无结果，不过新近大连复州湾骆驼山发现时代较早的洞穴堆积和动物化石，为此提供了可喜线索。又如旧石器时代向新石器时代过渡遗迹，在20世纪70年代凌源西八间房发现过以火石、水晶、玛瑙、石英岩和火成岩等为料的一些小型石器，特别是有用压削法剥离的小石片，时代在旧石器时代晚期之末，其上并叠压有红山文化遗存，暗示在辽西地区寻找旧石器时代向新石器时代的过渡遗存和新石器时代早期文化颇有前途，但多年过去，仍一直未找到理想地点。二是地区的不平衡。目前旧石器时代遗存分布相对集中的，一是辽东山地，如营口金牛山、本溪庙后山、海城小孤山和丹东前阳洞，一是辽西丘陵，如喀左鸽子洞和凌源西八间房。其他包括沈阳在内的辽河平原几乎是空白地区。

为此，沈阳市文物考古研究所联合吉林大学边疆考古研究中心，在沈阳地区开展了以旧石器时代遗存为主的考古调查，并选择城东部的沈阳农业大学后院进行发掘。工作历时三年，发现22个地点，采集上千件石制品。报告将这些以采集为主的石制品分为大石器、小石器和细石器三大类。我观摩过一些标本，就本人的粗浅认识，有的石核和石片的形制和加工，确具一定典型性。

三年的工作值得称道，当然主要是对发现和发掘的这批资料从年代、遗物和遗迹等方面进行的科学鉴定，鉴定结果证明，他们的年代绝大多数在旧石器时代晚期，个别可到中期。这就将沈阳地区的历史由先知的新乐遗址的7000余年提早到上万年甚至更早。对于一个国家级历史文化名城和现代化大城市来说，无疑具有重要学术价值和现实意义。除此而外，从工作的指导思想看，这种带着课题开展工作的思路是考古界一向提倡的，值得肯定；而且发掘地点都为旷野遗存，现场采取了平面与立体相结合的发掘方法，所进行的探索也是可取的。不过这次工作所获材料大部分为调查采集，发掘所得遗存也有待丰富。今后应以寻找包含更多遗物堆积的遗迹点为努力方向。早前辽宁地区发现提供的信息和经验是，旧石器时代遗存还是以动物化石为主要线索，如凌源西八间房、营口金牛山、海城小孤山都是由动物化石的发现引起的，而寻找旧石器时代晚期或旧石器向新石器时代过渡或新石器时代早期的遗存则要打破现单纯地面调查的办法，多留意沟崖断面，为此需要多获取一些地质方面的知识和了解沈阳地质情况。

谈到旧石器时代晚期和旧石器向新石器时代的过渡遗存，这里不妨多说几句。因为这一时段一直被列为我省考古的一个重点课题，而沈阳地区这次调查又以这方面的遗存线索发现最多，当然应该引起更多关注并考虑下一步工作。我在《查海遗址发掘报告》序中也曾谈及："辽河流域查海—兴隆洼文化的年代上限已超过8000年，在聚落形态、陶器特别是玉器和龙崇拜的形成等方面都表现出相当的进步性，这远非当地新石器时代的最早文化，而应统属于新石器时代中期阶段，寻找当地新石器时代早期阶段的考古文化，即查海—兴隆洼文化的前身与渊源，已刻不容缓。这方面已有的线索是，在辽西和辽东地区都发现了旧石器时代晚期之末的文化遗存，它们有的被叠压在新石器时代文化层之下；查海—兴隆洼文化浓厚的渔猎采集经济成分，发达的打制石器技术和细石器，又与旧石器时代的传统一脉相承，暗示着在辽河流域寻找新石器时代早期文化遗存的可能性。为此可以考虑辽宁以至东北地区从旧石器时代向新石器时代的过渡应有自身特点和具体道路，即不一定是通常由渔猎向农业的转变，而更可能是旧石器时代渔猎文化的延续。凌源县西八间房的线索和燕山南麓不断发现的新石器早期遗址的分布规律还启示，应走出洞穴，注意旷野堆积。"我们希望，只要将这一课题列为专项工作开展，调查方法对头，坚持数年，定会有所突破。沈阳旧石器时代的考古调查就很说明这一点。

旧石器时代是人类历史的开端，时间跨度之漫长为新石器时代以来所不可比，文化创造和积累应当是相当丰富的。我曾读过美国一位高能物理学家所写《科学的叛逆性》的文章，文中提到在纽约曾举办过一次集中展示法国南部和西班牙北部旧石器时代晚期洞穴出土艺术品，观众面对这批刻画准确生动的动物形象，感受是这并非坐在篝火前的猎人边烤肉边进行的随意创作，而是出自专门艺术家之手。张光直先生也曾几次提到："我们过去低估了我们旧石器时代晚期的祖先们的能力。"苏秉琦先生也谈道："人类智慧积累上百万年，万年太短，有名有姓的记载更少，大多数还是未知数。"指的就是旧石器时代以来的文化积累及其继承的研究还仅是开始。东北地区的新石器时代又由于较多保持了渔猎经济生活，与旧石器时代有着直接继承关系的一面，还涉及同东北亚以至西北美洲的文化关系。所以，辽宁和东北地区旧石器时代考古更具全局意义。

所以，希望沈阳地区的这次旧石器时代考古工作和有关调查报告的出版，能对我省旧石器时代考古有所推动。

郭大顺

目 录

第一章 地理概况与主要发现

第一节 自然地理概述

一、地理位置 ········ 2

二、地貌 ········ 2

三、气候 ········ 4

四、水文 ········ 4

五、植被 ········ 5

六、地质地层概况 ········ 5

第二节 主要发现

一、以往成果概述 ········ 8

二、本次调查概况 ········ 8

第二章 各地点发现与研究

第一节 大石片工业类型

一、东小陵村西山地点 ········ 14

二、王立岗村东山地点 ········ 19

三、后靠山屯北山地点 ········ 26

四、刘家屯老山头地点 ········ 31

五、吴家窝堡东山地点 ········ 36

第二节 小石片工业类型

一、哈户硕村黑山头地点 ········ 41

二、李家窝堡北山地点 ········ 49

三、杨家窝堡后山地点 ········ 54

四、柏家沟西山地点 ········ 59

五、邢家屯威虎山地点 ········ 64

六、陶家屯镇羊草沟南山地点 ········ 68

七、古城子地点 ········ 72

八、三家子北山地点 ········ 78

九、中和南山地点 ········ 86

十、农业大学后山地点 ········ 91

十一、农业大学百草园地点 ········ 102

第三节 细石器工业类型

一、石桩子村北山地点 ········ 110

二、后大屯二岭山地点 ········ 118

三、苇子沟白虎山地点 ········ 125

四、五里山地点 ········ 131

五、石佛寺北岗地点 ········ 137

六、洋什东岗地点 …………………… 142

第三章　讨论

第一节　工业特征

　　一、文化特征 …………………… 148

　　二、石器工业特征 …………………… 148

　　三、原料的开发与利用 …………………… 154

第二节　对比研究

　　一、与东北地区旧石器工业的关系 …… 156

　　二、与华北地区旧石器工业的关系 …… 159

　　三、与朝鲜半岛旧石器工业的关系 …… 160

　　四、与俄罗斯旧石器工业的关系 ……… 164

　　五、与日本群岛旧石器工业的关系 …… 164

第四章　结语

　　一、沈阳地区旧石器遗存的地位和科学意义 …………………… 167

　　二、未来的工作 …………………… 168

参考文献 …………………… 170

后记 …………………… 175

插图目录

图 1-1　沈阳地区地质构造位置及分区简图 …………3
图 1-2　沈阳地区古生物化石地点分布示意图 ……10
图 1-3　沈阳地区旧石器地点分布图 ………………12
图 2-1　东小陵村西山地点位置示意图 ……………14
图 2-2　东小陵村西山地点地形示意图 ……………15
图 2-3　东小陵村西山地点航拍及远景图 …………15
图 2-4　东小陵村西山地点河谷剖面示意图 ………16
图 2-5　东小陵村西山地点发现的石器（一）……17
图 2-6　东小陵村西山地点发现的石器（二）……18
图 2-7　王立岗村东山地点位置示意图 ……………19
图 2-8　王立岗村东山地点地形示意图 ……………20
图 2-9　王立岗村东山地点航拍及远景图 …………20
图 2-10　王立岗村东山地点河谷剖面示意图 ………21
图 2-11　王立岗村东山地点发现的石器（一）……22
图 2-12　王立岗村东山地点发现的石器（二）……23
图 2-13　王立岗村东山地点发现的石器（三）……24
图 2-14　后靠山屯北山地点位置示意图 ……………26
图 2-15　后靠山屯北山地点地形示意图 ……………27
图 2-16　后靠山屯北山地点航拍及远景图 …………27
图 2-17　后靠山屯北山地点河谷剖面示意图 ………28
图 2-18　后靠山屯北山地点发现的石器（一）……29
图 2-19　后靠山屯北山地点发现的石器（二）……30
图 2-20　刘家屯老山头地点位置示意图 ……………32
图 2-21　刘家屯老山头地点地形示意图 ……………32
图 2-22　刘家屯老山头地点航拍及远景图 …………33
图 2-23　刘家屯老山头地点河谷剖面示意图 ………33
图 2-24　刘家屯老山头地点发现的石器（一）……34
图 2-25　刘家屯老山头地点发现的石器（二）……35
图 2-26　吴家窝堡东山地点位置示意图 ……………36
图 2-27　吴家窝堡东山地点地形示意图 ……………37
图 2-28　吴家窝堡东山地点航拍及远景图 …………37
图 2-29　吴家窝堡东山地点河谷剖面示意图 ………38
图 2-30　吴家窝堡东山地点发现的石器（一）……39
图 2-31　吴家窝堡东山地点发现的石器（二）……40
图 2-32　哈户硕村黑山头地点位置示意图 …………42
图 2-33　哈户硕村黑山头地点地形示意图 …………42
图 2-34　哈户硕村黑山头地点航拍及远景图 ………43
图 2-35　哈户硕村黑山头地点河谷剖面示意图 ……43
图 2-36　哈户硕村黑山头地点发现的石器（一）…44
图 2-37　哈户硕村黑山头地点发现的石器（二）…45
图 2-38　哈户硕村黑山头地点发现的石器（三）…47
图 2-39　李家窝堡北山地点位置示意图 ……………49
图 2-40　李家窝堡北山地点地形示意图 ……………50
图 2-41　李家窝堡北山地点航拍及远景图 …………50
图 2-42　李家窝堡北山地点河谷剖面示意图 ………51
图 2-43　李家窝堡北山地点发现的石器（一）……52
图 2-44　李家窝堡北山地点发现的石器（二）……53
图 2-45　杨家窝堡后山地点地理位置意图 …………55
图 2-46　杨家窝堡后山地点地形示意图 ……………55
图 2-47　杨家窝堡后山地点航拍及远景图 …………56

图2-48	杨家窝堡后山地点河谷剖面示意图………56
图2-49	杨家窝堡后山地点发现的石器（一）……57
图2-50	杨家窝堡后山地点发现的石器（二）……58
图2-51	柏家沟西山地点位置示意图………………59
图2-52	柏家沟西山地点地形示意图………………60
图2-53	柏家沟西山地点航拍及远景图……………60
图2-54	柏家沟西山地点河谷剖面示意图…………61
图2-55	柏家沟西山地点发现的石器（一）………62
图2-56	柏家沟西山地点发现的石器（二）………63
图2-57	邢家屯威虎山地点位置示意图……………64
图2-58	邢家屯威虎山地点地形示意图……………65
图2-59	邢家屯威虎山地点航拍及远景图…………65
图2-60	邢家屯威虎山地点河谷剖面示意图………66
图2-61	邢家屯威虎山地点发现的石器（一）……67
图2-62	邢家屯威虎山地点发现的石器（二）……68
图2-63	陶家屯镇羊草沟南山地点地理位置示意图…69
图2-64	陶家屯镇羊草沟南山地点地形示意图……69
图2-65	陶家屯镇羊草沟南山地点航拍及远景图…70
图2-66	陶家屯镇羊草沟南山地点河谷剖面示意图………70
图2-67	陶家屯镇羊草沟南山地点发现的石器（一）………71
图2-68	陶家屯镇羊草沟南山地点发现的石器（二）………72
图2-69	古城子地点位置示意图……………………73
图2-70	古城子地点地形示意图……………………73
图2-71	古城子地点航拍及远景图…………………74
图2-72	古城子地点河谷剖面示意图………………74
图2-73	古城子地点发现的石器（一）……………76
图2-74	古城子地点发现的石器（二）……………77
图2-75	三家子北山地点位置示意图………………79
图2-76	三家子北山地点地形示意图………………79
图2-77	三家子北山地点航拍及远景图……………80
图2-78	三家子北山地点河谷剖面示意图…………80
图2-79A	三家子北山地点发现的石器（一）………81
图2-79B	三家子北山地点发现的石器（一）………82
图2-80	三家子北山地点发现的石器（二）………83
图2-81	三家子北山地点发现的石器（三）………84
图2-82	中和南山地点位置示意图…………………86
图2-83	中和南山地点地形示意图…………………87
图2-84	中和南山地点航拍及远景图………………87
图2-85	中和南山地点河谷剖面示意图……………87
图2-86	中和南山地点发现的石器（一）…………88
图2-87	中和南山地点发现的石器（二）…………90
图2-88	农业大学后山地点位置示意图……………91
图2-89	农业大学后山地点地形示意图……………92
图2-90	农业大学后山地点航拍及远景图…………92
图2-91	农业大学后山地点河谷剖面示意图………93
图2-92	农业大学后山地点发现的石器（一）……94
图2-93	农业大学后山地点发现的石器（二）……97
图2-94	农业大学后山地点发现的石器（三）……98
图2-95	农业大学后山地点发现的石器（四）……99
图2-96	农业大学后山地点发掘现场………………101
图2-97	农业大学后山地点的地层与年代状况……101

图 2-98	农业大学后山地点发现的石器（五）…102
图 2-99	农业大学百草园地点位置示意图…………103
图 2-100	农业大学百草园地点地形示意图………103
图 2-101	农业大学百草园地点航拍及远景图……104
图 2-102	农业大学百草园地点河谷剖面示意图…104
图 2-103	农业大学百草园地点发现的石器（一）……………106
图 2-104	农业大学百草园地点发现的石器（二）……………107
图 2-105	农业大学百草园地点发现的石器（三）…108
图 2-106	石桩子村北山地点位置示意图…………110
图 2-107	石桩子村北山地点地形示意图…………111
图 2-108	石桩子村北山地点航拍及远景图………111
图 2-109	石桩子村北山地点河谷剖面示意图……112
图 2-110	石桩子村北山地点发现的石器（一）…115
图 2-111	石桩子村北山地点发现的石器（二）…116
图 2-112	石桩子村北山地点发现的石器（三）…117
图 2-113	后大屯二岭山地点位置示意图…………119
图 2-114	后大屯二岭山地点地形示意图…………119
图 2-115	后大屯二岭山地点航拍及远景图………120
图 2-116	后大屯二岭山地点河谷剖面示意图……120
图 2-117	后大屯二岭山地点发现的石器（一）…121
图 2-118	后大屯二岭山地点发现的石器（二）…122
图 2-119	后大屯二岭山地点发现的石器（三）…124
图 2-120	苇子沟白虎山地点位置示意图…………126
图 2-121	苇子沟白虎山地点地形示意图…………126
图 2-122	苇子沟白虎山地点航拍及远景图………127
图 2-123	苇子沟白虎山地点河谷剖面示意图……127
图 2-124	苇子沟白虎山地点发现的石器（一）…129
图 2-125	苇子沟白虎山地点发现的石器（二）…130
图 2-126	五里山地点位置示意图……………………131
图 2-127	五里山地点地形示意图……………………132
图 2-128	五里山地点航拍及远景图…………………132
图 2-129	五里山地点河谷剖面示意图………………133
图 2-130	五里山地点发现的石器（一）……………134
图 2-131	五里山地点发现的石器（二）……………136
图 2-132	石佛寺北岗地点位置示意图………………138
图 2-133	石佛寺北岗地点地形示意图………………138
图 2-134	石佛寺北岗地点航拍及远景图……………139
图 2-135	石佛寺北岗地点河谷剖面示意图…………139
图 2-136	石佛寺北岗地点发现的石器（一）………140
图 2-137	石佛寺地点发现的石器（二）……………141
图 2-138	洋什东岗地点位置示意图…………………143
图 2-139	洋什东岗地点地形示意图…………………143
图 2-140	洋什东岗地点航拍及远景图………………144
图 2-141	洋什东岗地点河谷剖面示意图……………144
图 2-142	洋什东岗地点发现的石器（一）…………145
图 2-143	洋什东岗地点发现的石器（二）…………146
图 3-1	大石片工业石器原料统计图…………………150
图 3-2	大石片工业石器类型统计图…………………150
图 3-3	大石片工业石核和石片类型统计图………150
图 3-4	小石片工业石器原料统计图…………………151
图 3-5	小石片工业石器类型统计图…………………152
图 3-6	小石片工业石核和石片类型统计图………152

图 3-7　细石器工业石器原料统计图……………153
图 3-8　细石器工业石器类型统计图……………154
图 3-9　细石器工业石核和石片类型统计图……154
图 3-10　东北地区主要旧石器地点分布图………157
图 3-11　庙后山遗址部分石器……………………158
图 3-12　金牛山遗址部分石器……………………158
图 3-13　朝鲜半岛主要旧石器遗址分布图………161
图 3-14　屈浦里上层部分石器……………………162
图 3-15　垂杨介遗址发现的细石叶石核…………163
图 3-16　外贝加尔地区旧石器遗址的部分石制品
　　　　………………………………………………165

插表目录

表 1-1　沈阳地区第四系地层概况…………………6
表 1-2　沈阳地区古生物化石出土情况一览表……9
表 1-3　沈阳地区新发现的旧石器地点统计表……11

第一章

地理概况与主要发现

第一节 自然地理概述

一、地理位置

沈阳是辽宁省的省会，位于辽宁省中部，在东经122°25′9″～123°48′24″、北纬41°11′51″～43°2′13″之间。东临抚顺市，南与本溪市相连，西与台安、黑山两县接壤，北与内蒙古自治区科左后旗相邻。

沈阳是东北地区的经济、文化、交通和商贸中心，全国的工业重镇和历史文化名城。下辖和平、沈河、皇姑、大东、铁西、东陵（浑南）、于洪、苏家屯、沈北9区和辽中、新民、康平、法库4县市，总面积13000km², 市区面积3495km²。属典型温带大陆性气候，受季风影响，降水集中，温差较大，四季分明。

二、地貌

（一）地貌发育过程

沈阳位于中朝准地台的北部边缘。230万年前发生的华西里运动和195万年前发生的印支运动，使地台升起，海水全部退出大陆，中朝准地台便和北部的西伯利亚地台、南部的杨子准地台联成一个整体，形成了范围广大的"欧亚板块"。以中生代侏罗纪和白垩纪发生的燕山运动为转机，欧亚板块东部边缘由于受到太平洋板块向下部的俯冲和挤压，使大陆一侧发生了岩石圈变形，由海洋向大陆形成了海沟—岛弧—弧后盆地—山脉（辽、吉、黑东部山地）—盆地（松辽盆地）—山脉（大兴安岭）体系。到新生代，由于欧亚板块与太平洋板块继续作用，导致大陆一侧岩石圈下部地幔活化对流，使大陆岩石圈形成的弧后盆地和大陆边缘盆地分裂成日本海和下辽河裂谷。

沈阳位于下辽河裂谷的北部，在裂谷构造形态变化较大的部位。沈阳以南，裂谷的张裂速度较大，呈"两堑夹一垒"（即东、西两端凹陷、中央凸起）的构造形态；沈阳以北，裂谷张裂速度较小，呈"单垒"式（仅大民屯凹陷）构造。在这两种截然不同的构造形态之间，被近东西方向的断层所隔，沈阳市正位于这个断层带之上[1]。

下辽河裂谷的构造形态，为下辽河平原的形成奠定了基础，而裂谷两侧山地（辽西及辽东），就成了向平原提供丰富物质的蚀源区。

现在，下辽河平原仍处于缓慢下沉的地质环境中，平原整体沉降特点是南快北慢、东快西慢；而平原两侧山地，主要是东侧山地，也处于东快（辽东）西慢（辽西）的差异抬

---

[1] 沈阳市人民政府地方志编纂办公室. 沈阳市志，第一卷[M]. 沈阳出版社，1989: 267-289.

升之中。山地抬升后经风化作用形成的泥沙、砾石等，为缓慢下沉的平原提供了丰富的沉积物。这些物质通过平原周围浑河—太子河水系、辽河水系及辽宁省境的柳河、绕阳河等运载，在流经区域因物质颗粒大小和比重不同，在水流速度渐慢的情况下，分别在不同地段沉积，因此，平原地区泥沙、砾石等岩屑的空间分布状况是边缘较粗、中部较细，北部较粗、南部较细。长年累月沉积物增厚，导致历史上河床升高、河道淤塞、河流改道，形成一些牛轭湖，这便是古河道演化的遗迹。

沈阳地区今后仍将受到差异沉降与抬升的地质演化进程制约[1]。

（二）地质构造

沈阳地区在大地构造位置上处于华北断块区、辽东块隆与下辽河块陷的交界部位。

沈阳东部分为沈北凹陷和沈阳鼻状隆起两个构造单元。沈北凹陷位于沈阳北部，南以二台子断层与沈阳鼻状隆起为界，北、东延至沈阳境外，西以曹台到法哈牛的东断层与大民屯凹陷相接，大致呈北东向。这个凹陷内前震旦基底埋藏不深，一般在500～1000m，老边一带约2000m，并向南及东逐渐变浅以至出露地表。沈阳鼻状隆起以北三台子断层与沈北凹陷相接。它的西边以曹台到法哈牛东断层与大民屯凹陷相接，东延至沈阳境外，南至永乐和苏家屯一带，为一北东向东倾的斜坡带，基底埋藏浅，一般为100～200m，东部出露地表，并由东往西逐渐加深，最深处达500m左右。沈阳西部又可分为东部凹陷、中央凸起、西部凸起和大民屯凹陷。东部凹陷、西部凸起和中央凸起都是下辽河块陷向北的延伸部分（图1-1）。

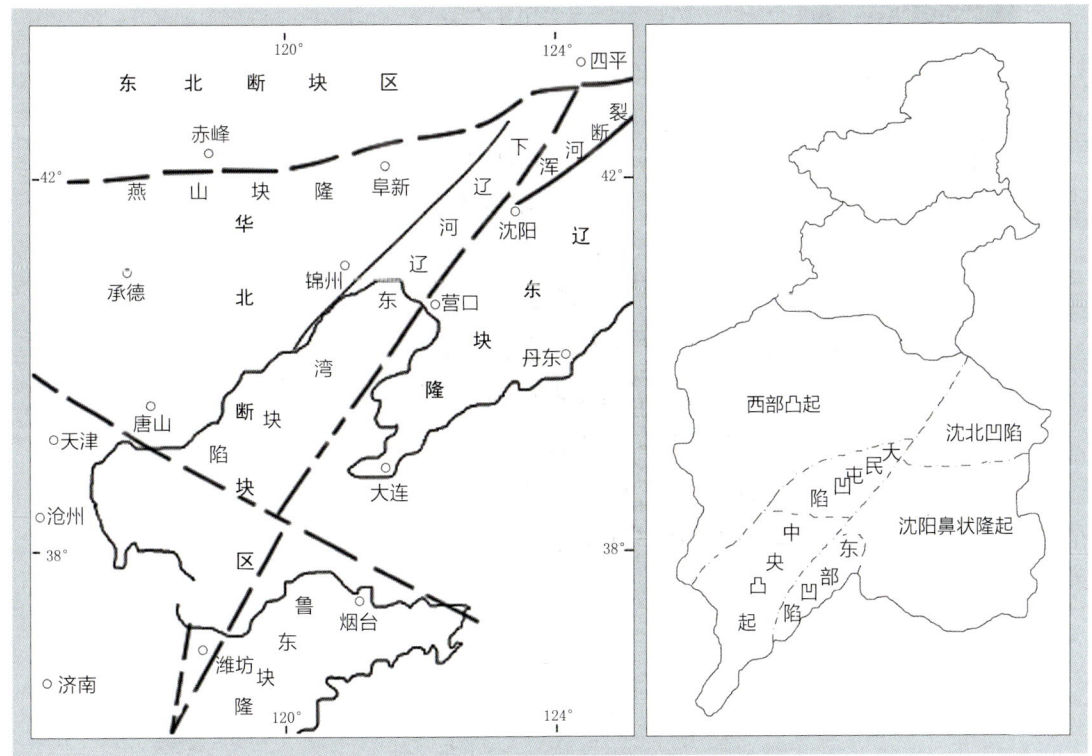

图1-1　沈阳地区地质构造位置及分区简图[2]

---

[1][2]　沈阳市人民政府地方志编纂办公室.沈阳市志，第一卷[M].沈阳出版社，1989：267-289.

沈阳东部为中、新生代以来的相对隆起区，而南、西、北三面为下降区。以断裂为界，这种强烈的差异运动，构成了本地区极不稳定的地质背景。

沈阳地区的断裂体系大致可分为马刚—红菱、造化—永乐、解放—乌伯牛、小荒地—大黑岗等9条主要断裂带。各断层将沈阳的基底岩石（前震旦纪鞍山群混合花岗岩）切割成多块破碎块体[1]。

（三）地貌特征

沈阳地区位于中国东北地区南部，以平原为主，山地、丘陵集中在东南部，辽河、浑河、秀水河等途经境内。地势由东北向西南缓缓倾斜，东部边缘属辽东山地，是长白山系哈达岭和千山山脉的西延部分，西部大部分地区则属于下辽河平原。最高处是新城子区马刚乡老石沟的石人山，海拔为441m；最低处为辽中县于家房的上顶子村，海拔仅5.3m；本区平均海拔50m左右。

沈阳地区地貌根据其成因可以划分为堆积地貌、侵蚀堆积地貌和侵蚀剥蚀地貌三种类型。该地区内发现的旧石器遗址主要属于堆积地貌。堆积地貌由浑河、辽河及其支流在不同时期的冲积、冲洪积作用形成，其中浑河及其支流居主导作用。根据地貌形态、地层结构可将堆积地貌进一步地划分为浑河河床、低河漫滩，冲积高河漫滩，冲积一级阶地，新冲洪积扇和老冲洪积扇五种类型[2]。

三、气候

沈阳处于温带半湿润大陆性气候区，受季风影响，四季分明。冬季严寒干燥，夏季湿热多雨；春秋两季气温变化迅速，持续时间短，春季多风，秋季晴朗。沈阳地处高空西风环流带中，常有气旋和反气旋由西向东移动。特别是春季，气旋和反气旋常呈追逐式移动，导致西南与西北大风交替出现，气温随之忽高忽低。夏季季风来自南部海上，致使沈阳的夏季高温多雨。秋季冷暖空气频繁交替，南北风变换出现。冬季季风来自西伯利亚，盛行北风，气温低。

沈阳地区全年气温在 -35～36℃之间，年平均气温 6.2～9.7℃，最冷月为一月，最热月为七月。全年降水量 600～800mm，年平均降水量约700mm。全年无霜期155～180天。多年平均最大冻土深度为150cm左右。

四、水文

沈阳地区境内的河流主要属辽河和浑河两大水系，在西部尚有独立的小水系。河流流向基本上是从东北至西南，总长约924.2km。流经市区的有浑河、新开河、南运河；市郊及四县市内有辽河、蒲河、柳河、绕阳河、秀水河、沙河等。

---

[1] 沈阳市人民政府地方志编纂办公室. 沈阳市志，第一卷［M］. 沈阳出版社，1989：267-289.
[2] 万波，石彦文，赵连升等. 沈阳市城区第四纪地层的划分［J］. 东北地震研究，2001，17（2）：41-48.

辽河发源于河北省七老图山脉的光头山，上游分东、西辽河，在三河口汇合后叫辽河。全长 1390km，流域总面积约 193000km²。辽河自沈阳市北部的新城子区与法库县交界处流入新民市，沈阳境内流长 213.3km，境内落差 30 余米，涉及的主要支流除绕阳河、柳河、秀水河、养息牧河、利民河外，还有一些较小的季节性河流，如万泉河、长河、羊肠河等。

浑河发源于清原县滚马岭，总流域面积为 11481km²，河长 415km。浑河自东陵区高坎镇小仁镜村流入沈阳境内，向西南方向流去，境内流长 172.6km，落差约 45m，河宽 85～200m。浑河在沈阳地区的支流除蒲河外，尚有一些较小的季节性河流，如细河、九龙河等[1]。

五、植被

沈阳地区属暖温带落叶阔叶林区的辽河平原草原草甸区，原始植被为暖温带落叶阔叶林，属华北植物区系。本区大部分已开辟为农田，天然草甸植被已很少见。平原中的孤立山丘零星分布有油松、辽东栎、蒙古栎以及数种灌木。地势低洼，排水不畅地段，则分布有草甸——沼泽植被，主要有芦苇、黑三棱、香蒲等，以芦苇沼泽分布较广。本区人工营造的植被主要为各种防护林及用材林，主要树种有多种杨树、油松、樟子松等。

六、地质地层概况

沈阳的地层比较发育，有前震旦系、震旦系、寒武系、奥陶系、石炭系、二叠系、侏罗系、第三系、第四系九个层次，而以第四系、震旦系出露最广。

（一）第四系之前地层概况

前震旦系——这一地层出露在沈阳东南部山地，邻近抚顺、本溪，因受强烈的混合岩化、花岗岩化作用和地质构造的破坏，使原来的地层面貌已难辨认。在一些混合岩化作用微弱和残留的地层里，只能见到前震旦系鞍山群通什村组毛燕段和人峪沟组二段以及辽河群浪子山组。

震旦系——这一地层在沈阳地区的南部和北部形成不同类型的沉积，中间被前震旦系的变质岩系隔离，南、北部边缘相距逾 20km。南部沉积零星分布在沙河、蟒公坟、杨成寨、北清寨、杨木林子等地。按其沉积旋回、岩性特征由下至上可分为中统桥头组、下统南芬组和钓鱼台组。北部沉积分布在仲官屯、满堂、马庄子、莲花池、望家屯、苇塘沟、山城子、刘千户等处。地层只出露了中统大红峪组、高于庄组、雾迷山组、铁岭组，上统下马岭组、景儿峪组。

寒武系——这一地层主要分布在姚千户以东的白清寨、后沟一带，其范围略小于奥陶纪。据地层出露的层序，可分为下寒武统碱厂组、馒头组、毛庄组，中寒武统徐庄组、张夏组，上寒武统崮山组、长山组。

---

[1] 沈阳市人民政府地方志编纂办公室.沈阳市志，第一卷[M].沈阳出版社，1989：267-289.

奥陶系——这一地层主要分布在姚千户以东的白清寨、后沟一带。在苏家屯至十里河之间的煤田深部勘探中，也发现有奥陶系地层。

石炭系——这一地层可分中统本溪组、上统太原组。

二迭系——这一地层可分下统山西组、下石盒子组和上统上石盒子组、千峰组。

侏罗系——沈阳只出露了晚侏罗世地层，由陆相沉积岩和火山岩组成，角度不整合于古生代及以前诸地层之上。这一地层主要分布在浑河流域北部。沈阳晚侏罗世地层由下而上划分为小东沟组、小岭组和黎树沟组。

第三系——这一地层展布于沈阳所辖的大部分地区，为一套灰绿、黄绿、浅灰、深灰色的河湖相碎屑沉积岩，是沈阳最发育的地层，最厚的沉积达 6492m[1]。

（二）第四系地层概况

沈阳第四系地层极为发育，分布广泛。大面积分布在西部，浑河流域及沈丹铁路沿线也有小面积出露。

第四系地层出露完整，从下更新统至全新统都有出露。成因类型复杂，主要为冲积层、冲洪积层、洪积层、坡洪积层、冰碛及冰水堆积层、火山堆积层、洞穴堆积、风积等（表1-1）。

表1-1　沈阳地区第四系地层概况[2]

时代	符号	成因	岩性
全新统	Q_4^2	冲积、冲洪积、风积、湖积	砂砾石、中粗砂、风积砂、亚黏土、淤泥质黏土、亚砂土
	Q_4^1	冲积、冲洪积、洪积	砂砾石、砾卵石、中粗砂、中细砂、亚黏土、亚砂土、淤泥质亚黏土
上更新统	Q_3^2	冲洪积	砂砾石、砾卵石、中粗砂、亚黏土、粉细砂
	Q_3^1	洞穴堆积、冲洪积、坡洪积	亚黏土夹砂砾石、碎石透镜体、中粗砂、中细砂、砂砾石
中更新统	Q_2^2	冲积、火山堆积	玄武岩、中粗砂、砂砾石
	Q_2^1	冰碛	砾石含黏土、泥砾、亚黏土
下更新统	Q_1	冰水堆积	砾石含黏土夹粗砂、小砾透镜体、黏土、亚黏土夹中粗砂透镜体

1. 下更新统

沈阳地区的下更新统（Q_1）为一套灰白色的冰水堆积，零星出露于团山子、赵家沟一带，不整合于前震旦系混合花岗岩之上，出露标高 100～110m。这一地层在山前地区及西部平原东部亦有分布。岩性特征：下部为灰白色、黄褐色砂砾石夹粗砂小砾透镜体，具有交错层理，厚 10m 左右。砾石以花岗岩、脉岩、石英岩为主，风化强烈，呈次棱角状或棱角

---

[1][2]　沈阳市人民政府地方志编纂办公室. 沈阳市志，第一卷[M]. 沈阳出版社，1989：267-289.

状，内夹粗砂小砾透镜体，具有交错层理，长 1～3m，厚 0.5～1m。其底部为碎石层，以棱角状石英块为主；上部为灰白色、灰褐色黏土，夹粗砂、小砾透镜体，厚 10m 左右。黏土具滑腻感，黏性大，其颗粒分选结果砂占 75%、粉土占 25%。粗砂、小砾透镜体大小不等，一般长 1～3m，厚 0.5m。成分以长石、石英粒为主，具一定磨圆度，呈次棱角状，具交错层理[1]。

2. 中更新统

中更新统（Q_2）地层有两种不同成因类型的堆积：一套为紫红色冰碛层，另一套为火山玄武岩堆积和冲积层。按其堆积顺序，冰碛层位于中更新统下部，冲积层位于中更新统上部。该套地层平行不整合于下更新统之上。

冰碛层（Q_2^1）主要分布于道义屯蒲河两岸及大辛屯一带，在西部平原区及山前地带也有分布。出露标高 40～120m，其岩性特征：下部为棕黄色砾石含黏土，局部夹中粗砂透镜体。砾石成分以花岗混合岩、脉岩、石英岩为主，呈次棱角和浑圆状。砾石多见拖鞋状、熨斗状和压裂、压坑等现象。排列复杂，直立状、扁平状、倾斜状混合一体。粒径大者 20～30cm，一般为 3～5cm。这一地层砾石层的厚度变化较大，最大约 30m；中部为紫红色泥砾夹中粗砂透镜体。泥砾呈半胶结状态，被紫红色亚黏土包裹，黏土占 60%～70%。砾石成分以混合花岗岩、脉岩、石英岩为主，厚度一般为 2～8m。局部夹中粗砂层透镜体，厚度 1m 左右，与底部棕黄色砾石含黏土层呈相变关系；上部为紫红色亚黏土，粉土含量较高，内含砾石及卵石。根据颗粒分析资料，砾石占 0.5%，砂占 19.8%，粉土占 56%，厚 1～40m。

火山堆积层（Q_2^2）出露于团山附近，面积约 0.5km²。岩层下部为紫灰色气孔状玄武岩，气孔呈扁平状，无充填物，内壁光滑，见有铁染现象，具流层状层理，层间多被黏土充填；上部为灰紫褐色橄榄玄武岩，气孔呈扁平状，多被钙质充填。矿物成分见有橄榄石、斜长石等。总厚度为 1.5m。从出露部位的产状看，为玄武岩边缘相。与下覆冰碛层上部紫红色亚黏土，呈平行不整合接触。

在本区西部，有中更新统上部冲积堆积层，岩性为中粗砂、砂砾石，厚度由东向西逐渐增大[1]。

3. 上更新统

上更新统（Q_3）出露在沈阳北部中部山前地带。根据其岩性特征、成因类型及地貌单元可分为上、下两部。

下部（Q_3^1）为一套坡洪积棕黄色、黄褐色亚黏土层，底部有断续分布的砂碎石、砂砾石透镜体。砾石成分为混合花岗岩、片麻岩、石英岩及辉绿岩等，各层次厚度一般均较小，通常在 3m 以下。

上部（Q_3^2）由一套冲洪积的砂、砂砾石、卵石夹亚黏土薄层组成，出露在沈阳北部，

---

[1] 沈阳市人民政府地方志编纂办公室. 沈阳市志，第一卷 [M]. 沈阳出版社，1989：267-289.

构成浑河古扇。砾石成分与下层相同，但磨圆度较高，为次棱角状到浑圆状。地层由东到西，颗粒由粗变细，厚度逐渐增大[1]。

4. 全新统

全新统（Q_4）地层在沈阳西部广大平原和东部山区沟谷中都有堆积，厚度一般为 5～20m，成因类型复杂，可分为近代堆积（Q_4^1）和现代堆积（Q_4^2）。岩性主要为砂砾石、砂、砂土、粉质黏土等。水平层理清楚，夹有中粗砂透镜体，砾石成分主要为混合岩、混合花岗岩、灰岩及辉绿岩等，磨圆好[2]。

第二节　主要发现

一、以往成果概述

多年以来，沈阳地区共发现古生物化石地点 15 处，主要分布在沈阳北部、西部的康平、法库县、新民市和沈北新区（表 1-2；图 1-2）。

这些古生物化石的年代为晚更新世，大致与考古上的旧石器时代中晚期相当。这些化石代表的古生物种群，从一定程度上反映了旧石器时代中晚期沈阳地区的自然环境面貌，但与此同时生活在该地区的古人类化石、用火的遗迹、居住生活的场所以及使用的石器工具等却一直没有发现。

二、本次调查概况

（一）目的及方法

为了填补沈阳考古的这项空白，将沈阳地区有人类活动的历史向前推进，沈阳市文物考古研究所与吉林大学边疆考古研究中心合作，开展沈阳地区早期古人类探源课题。

根据沈阳地区多半山区和丘陵地带的地貌特征，以目前发现的古生物化石出土地点、细石器地点以及 2～3 级的河流阶地为重点，围绕山脉走势、河流流域沿岸，在沈阳地区 9 区、4 县（市）全境，总面积达 13000km² 的范围内展开区域性拉网式考古调查。主要寻找古人类化石、居住和用火遗迹及石器工具。

（二）调查情况

调查从 2011～2013 年历时三年，共分为三个阶段：

第一阶段：从 2011 年 4 月 6 日～2011 年 4 月 20 日历时 15 天。主要完成康平、法库

---

[1][2]　沈阳市人民政府地方志编纂办公室. 沈阳市志，第一卷 [M]. 沈阳出版社，1989：267-289.

县境内辽河、秀水河上游,利民河流域部分区域及法库北八虎山一带的调查工作。通过调查,共发现14处旧石器地点,采集打制石器1047件,种类包括打制石核、石片、细石叶石核、细石叶、刮削器以及琢制的石镞等。

第二阶段:从2012年4月6日~2012年4月24日历时19天。主要完成新民市、法库县、沈北新区、皇姑区和东陵区境内辽河及其支流秀水河、柳河、浑河、蒲河的山地、丘陵地带以及曾发现古生物化石的石灰岩洞穴调查。通过调查新发现旧石器地点8处,采集打制石器491件。

第三阶段:从2013年5月4日~2013年5月12日历时9天。主要完成苏家屯区境内的河流阶地及洞穴调查。

(三)主要发现

近几年对沈阳地区的旧石器考古调查共发现22个旧石器地点,采集1538件石器,分布于沈阳市区、新民市及康平、法库两县(表1-3;图1-3)。

表1-2 沈阳地区古生物化石出土情况一览表

序号	化石名称	出土地点	时代	所属县区
1	披毛犀下颌骨、肱骨化石、骨器化石	两家子乡田家窝堡村坑坑窝堡坑西组李洪伟院内	距今1万年左右	康平县
2	植物化石	两家子乡后双山子曹宏政房后相连	晚更新世	康平县
3	猛犸象肩胛骨化石	东升乡贾家窝堡村杨家园子西100m	晚更新世	康平县
4	蛋类化石	东关屯镇苏家岗村南300m	晚更新世	康平县
5	鹿头角化石	东关屯镇五棵树村李家窝堡北800m	晚更新世	康平县
6	野猪下颌骨化石	东关屯镇五棵树村李家窝堡南相连	晚更新世	康平县
7	狍角化石	小城子镇小城子村委会北400m	晚更新世	康平县
8	猛犸象下颌骨化石	康平镇文华村西相连	晚更新世	康平县
9	猛犸象和四不像鹿化石	二牛所口镇	晚更新世	康平县
10	猛犸象牙化石	丁家房镇丁家房村象牙河岸	晚更新世	法库县
11	猛犸象门齿化石	叶茂台镇石庄子村北冲沟断崖处	晚更新世	法库县
12	猛犸象臼齿化石	五台子乡西山村东新开河西岸土层中	晚更新世	法库县
13	原牛头角骨化石	东蛇山子乡荆家房申村旁河畔滩地	晚更新世	新民市
14	披毛犀胸椎、腰椎化石	大喇嘛乡长山子村长山子山东北坡下	距今3万~1万年	新民市
15	猛犸象牙化石	中寺村采石场	晚更新世	沈北新区

图 1-2 沈阳地区古生物化石地点分布示意图

表 1-3　沈阳地区新发现的旧石器地点统计表

序号	地点名称	编号	地理坐标	阶地	石器数量	调查时间
1	东小陵村西山	11KDX	42°36′0.55″N,123°15′42.5″E	Ⅲ	12	2011.4
2	王立岗村东山	11KWDS	42°39′21.4″N，123°03′47.7″E	Ⅲ	75	2011.4
3	后靠山屯北山	11KHB	42°36′52″N，123°03′38″E	Ⅲ	32	2011.4
4	李家窝堡北山	11KLB	42°43′11″N，123°17′49″E	Ⅲ	32	2011.4
5	刘家屯老山头	11KLL	42°42′27.2″N，123°33′36.8″E	Ⅲ	26	2011.4
6	吴家窝堡东山	11KWD	42°37′33″N，123°04′27″E	Ⅲ	27	2011.4
7	杨家窝堡后山	11KYH	42°32′40.4″N，123°13′24.7″E	Ⅱ、Ⅲ	45	2011.4
8	柏家沟西山	11FBX	42°33′26″N，123°36′19″E	Ⅲ	9	2011.4
9	哈户硕村黑山头	11FHH	42°34′14.2″N，123°01′23.4″E	Ⅱ	112	2011.4
10	邢家屯威虎山	11FXW	42°31′11″N，122°57′41″E	Ⅲ	18	2011.4
11	后大屯二岭山	11FHE	42°29′18.8″N，123°06′09.4″E	Ⅱ	183	2011.4
12	石桩子村北山	11FSB	42°24′34.0″N，122°52′34.4″E	Ⅱ	366	2011.4
13	苇子沟白虎山	11FWB	42°33′35.3″N，122°57′41.1″E	Ⅲ	39	2011.4
14	五里山	11FWW	42°22′32.4″N，122°59′14.0″E	Ⅲ	71	2011.4
15	陶家屯镇羊草沟南山	12XYN	42°10′17.4″N，123°12′57.8″E	Ⅱ	22	2012.4
16	石佛寺北岗	12SSB	42°08′44″N，123°19′57.8″E	Ⅱ	23	2012.4
17	洋什东岗	12SYD	41°58′33.1″N，123°40′48.3″E	Ⅱ	12	2012.4
18	古城子	12SDG	41°43′51.5″N，123°35′12.7″E	Ⅱ	35	2012.4
19	三家子北山	12DSB	41°51′15.45″N，123°40′04.57″E	Ⅲ	77	2012.4
20	中和南山	12GZN	41°55′33.48″N，123°43′13.98″E	Ⅲ	19	2012.4
21	农业大学后山	12SSH	41°49′35″N，123°33′49″E	Ⅲ	201	2012.4
22	农业大学百草园	12DSB	41°49′43″N，123°34′18″E	Ⅲ	102	2012.4

图 1-3　沈阳地区旧石器地点分布图

1. 李家窝堡北山；2. 刘家屯老山头；3. 东小陵村西山；4. 杨家窝堡后山；5. 王立岗村东山；6. 吴家窝堡东山；7. 后靠山屯北山；8. 哈户硕村黑山头；9. 苇子沟白虎山；10. 邢家屯威虎山；11. 后大屯二岭山；12. 石桩子村北山；13. 五里山；14. 柏家沟西山；15. 陶家屯镇羊草沟南山；16. 石佛寺北岗；17. 洋什东岗；18. 中和南山；19. 三家子北山；20. 农业大学百草园；21. 农业大学后山；22. 古城子村南山

第二章 各地点发现与研究

根据对 22 个旧石器地点石制品的整理分析，我们将其从工业类型方面划分为三个类型：细石器工业类型、小石片工业类型和大石片工业类型。

第一节　大石片工业类型

该类型以东小陵村西山地点为代表，还包括王立岗村东山、后靠山屯北山、刘家屯老山头和吴家窝堡东山地点。年代为距今 3 万～2 万年。石器多以大型为主，以大石核、手镐、砍砸器、钻器等为特色，原料多选择石英、石英岩。石器个体虽较大，但制作精细。

一、东小陵村西山地点

（一）地理位置

东小陵村西山地点[1]位于康平县方家屯镇东小陵村，海拔 160m。地理位置为北纬 42°36′0.55″，东经 123°15′42.5″，面积约 3000m²。东距东小陵村 400m，西距甄家窝堡 480m（图 2-1～图 2-3）。

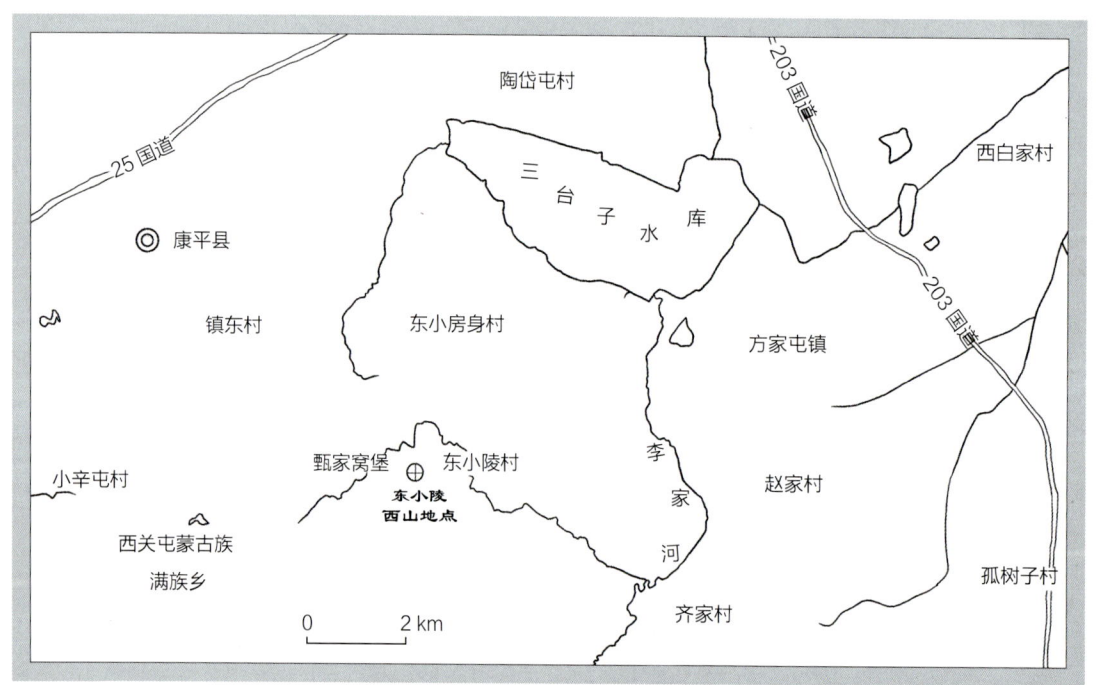

图 2-1　东小陵村西山地点位置示意图

---

[1] 付永平，陈全家，王晓阳等.沈阳市康平县东小陵西山旧石器地点的石器研究[J].草原文物，2013（2）：1-7.

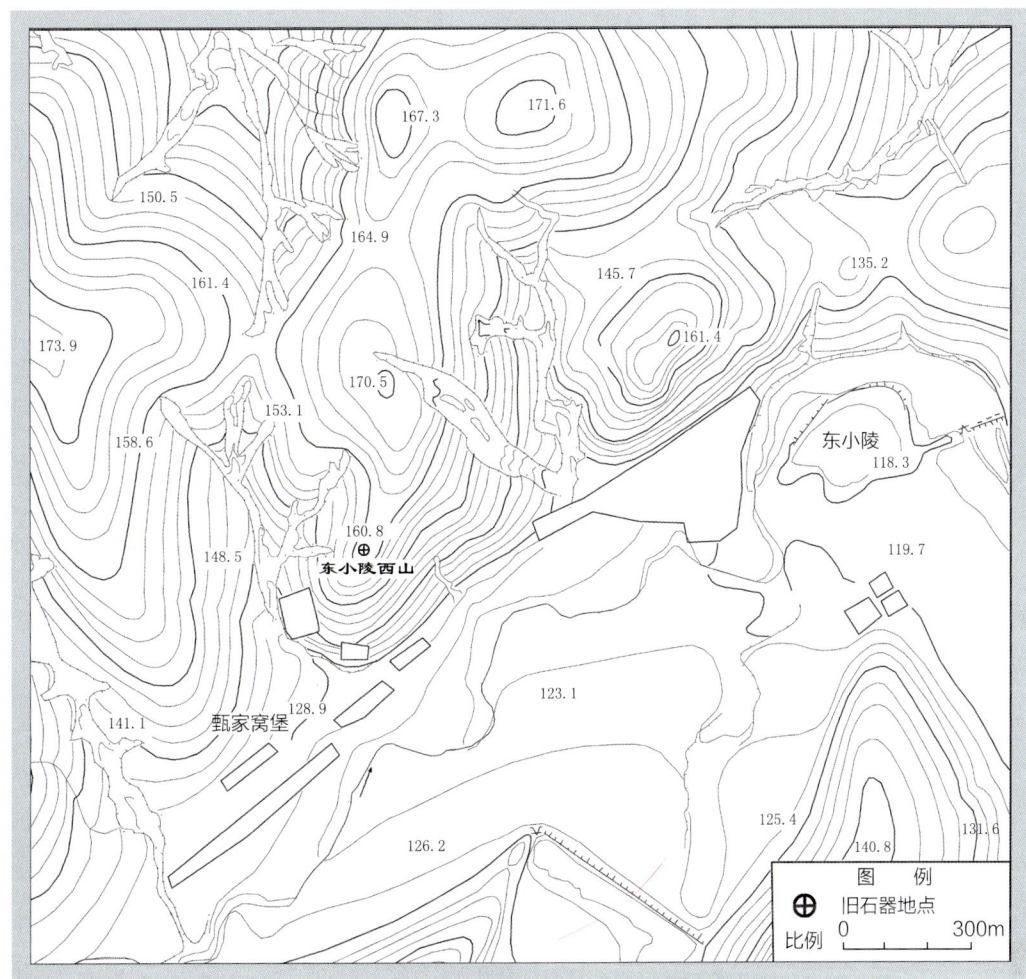

图 2-2　东小陵村西山地点地形示意图

东小陵村西山地点航拍图　　　　　　　　　　东小陵村西山地点远景

图 2-3　东小陵村西山地点航拍及远景图

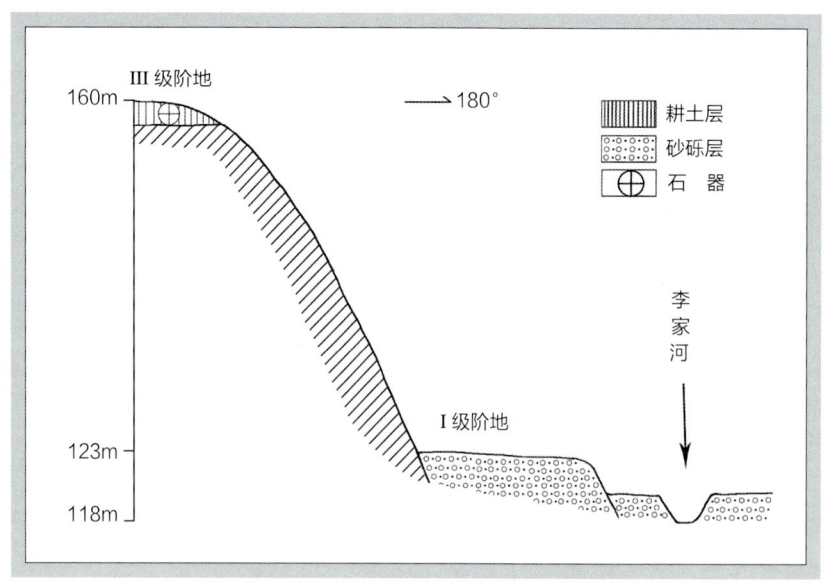

图 2-4　东小陵村西山地点河谷剖面示意图

（二）地层

该地点处于Ⅲ级侵蚀阶地上，无文化堆积。石器分布在黄色耕土层，耕土层下即为震旦纪板岩、千枚岩夹石英脉基岩（图 2-4）。

（三）石器

共 12 件。包括石核和工具。

1. 石核

1 件。标本 11KDX：5，多台面锤击石核。4 个打制台面，6 个剥片面，有至少 33 个剥片疤。推测石核的使用率较高，且已进入废弃阶段。长 24.7、宽 29.3、厚 24.6mm，重 20.8g（图 2-5：1）。

2. 工具

11 件。均为三类工具，类型包括刮削器、砍砸器、三棱尖状器和手镐。

（1）刮削器　6 件。分为五类。

单直刃　1 件。标本 11KDX：1，利用石片锋利的侧缘为刃直接使用，在两侧均有鱼鳞状使用疤。对器形和把手部位进行了修理。长 55.4、宽 35、厚 12.9mm，重 27g。刃长 21.9mm，刃角 54.3°（图 2-5：2；图 2-6：1）。

单凹刃　1 件。标本 11KDX：4，经过正向修理，背面有多层鱼鳞状修疤，对器形和把手部位进行了修理。长 42.3、宽 41、厚 18.2mm，重 30.6g。刃长 38.7mm，刃角 85.4°（图 2-5：3；图 2-6：2）。

凸凹刃　1 件。标本 11KDX：12，经过正向修理，并有连续的使用疤。长 106.3、宽 62.3、厚 30.8mm，重 190g。刃长 94.4mm，刃角 61.5°（图 2-5：5；图 2-6：4）。

单尖刃 1件。标本11KDX:3。尖刃两边经过复向修理,尖部有细小使用疤。长41.2、宽37.4、厚19.9mm,重28.6g(图2-5:4;图2-6:3)。

双刃 2件。标本11KDX:6,经过复向修理,两侧有多层鱼鳞状修疤。直刃长49mm,刃角63°,未经过修理,直接使用。长69.7、宽46.1、厚22mm,重87.1g。凸刃长98mm,刃角65°(图2-5:8;图2-6:7)。

(2)砍砸器 3件。分为两类。

单凸刃 2件。标本11KDX:7,经过两面修理,两侧修疤较深。长107.6、宽48.8、厚35.5mm,重185g。刃长108mm,刃角68°～85°(图2-5:9;图2-6:8)。

单凹刃 1件。标本11KDX:11,经过单面修理。长120.1、宽73.8、厚48.3mm,重318.6g。刃长95.6mm,刃角40.5°(图2-5:6;图2-6:5)。

(3)三棱尖状器 1件。标本11KDX:9,几乎经过通体修理,尖部布满细小疤痕,推测为使用造成。长112.5、宽73.5、厚49mm,重250.4g(图2-5:7;图2-6:6)。

(4)手镐 1件。标本11KDX:13,呈三棱状。器身四周均经过两面修理,修理步骤分为修形、修刃和修把手。底部圆钝,便于把握。尖部扁平钝厚,布满鱼鳞状疤痕。长180.4、宽98.9、厚55.8mm,重817.6g(图2-5:10;图2-6:9)。

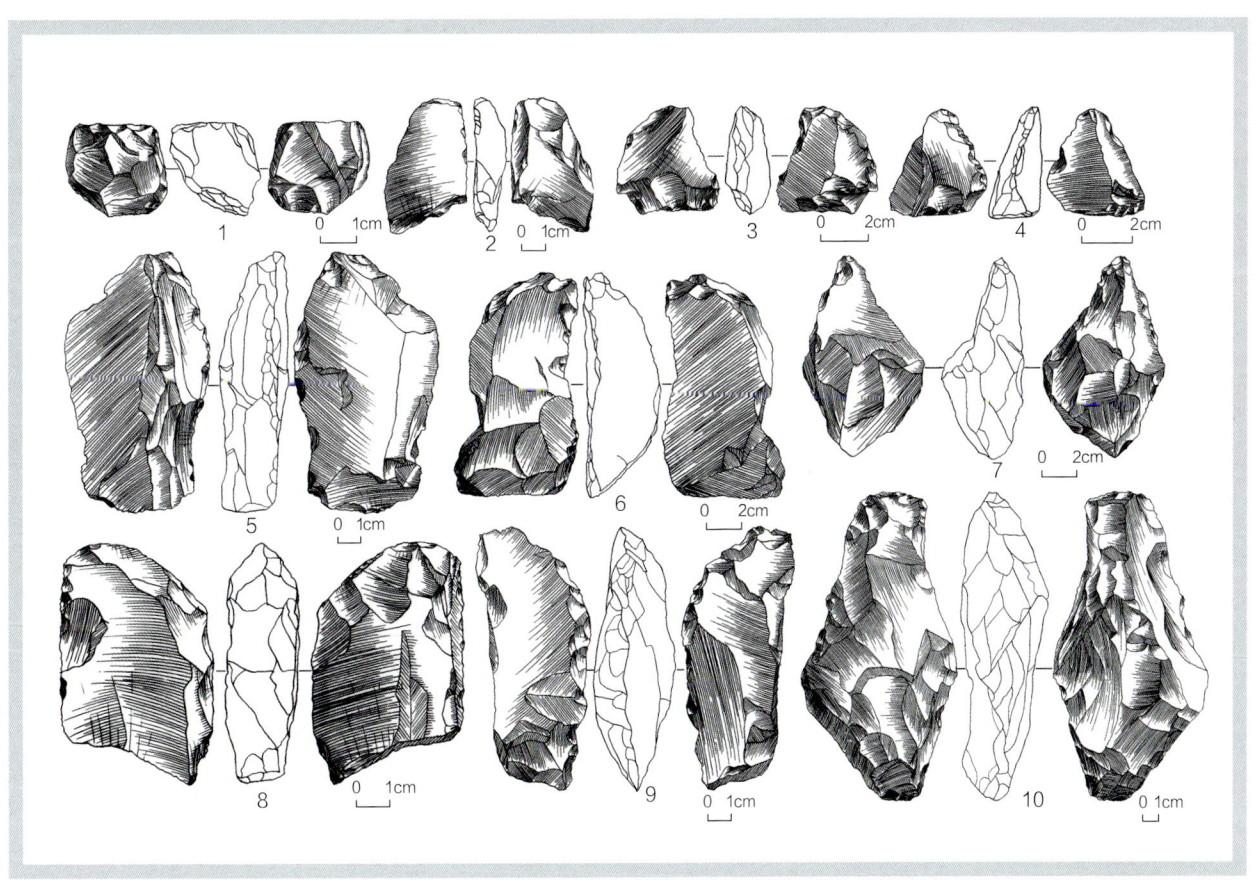

图2-5 东小陵村西山地点发现的石器(一)

1. 石核(11KDX:5);2～5、8. 刮削器(11KDX:1、11KDX:4、11KDX:3、11KDX:12、11KDX:6);6、9. 砍砸器(11KDX:11、11KDX:7);7. 三棱尖状器(11KDX:9);10. 手镐(11KDX:13)

（四）小结

东小陵村西山地点石器仅使用石英一种原料。石器类型包括石核和三类工具。石核尺寸为小型，采用锤击剥片。三类工具数量最多，占总数的91.7%，器形包括刮削器、砍砸器、三棱尖状器和手镐，工具多以硬锤直接修理，包括修刃、修形和修把手。

石器均分布在河流最高的Ⅲ级侵蚀阶地上，地表出露的黄色耕土层应为更新世的典型堆积。黄色耕土是由马兰黄土演变来的，代表地层年代为1万年以前，属于旧石器时代。另外在石器采集的区域内不见新石器时代以后的磨制石器和陶片。推测地点年代应为旧石器时代晚期或更早。

图2-6　东小陵村西山地点发现的石器（二）
1～4、7.刮削器（11KDX：1、11KDX：4、11KDX：3、11KDX：12、11KDX：6）；
5、8.砍砸器（11KDX：11、11KDX：7）；6.三棱尖状器（11KDX：9）；9.手镐（11KDX：13）

二、王立岗村东山地点

（一）地理位置

王立岗村东山地点[1]位于康平县柳树屯乡高大棚窝堡村王立岗窝堡东山。地理坐标为北纬42°39′21.4″，东经123°03′47.7″，范围南北约85m，东西约38m。西南距王立岗窝堡300m、高大窝堡1250m，东北距提海窝堡1400m，东南距公路10m（图2-7～图2-9）。

（二）地层

该地点地层堆积自上而下可分为4层（图2-10）：

第1层：耕土层，厚0.2～0.3m。

第2层：黄色亚黏土，厚0.2～1.5m。

第3层：砂砾石层，厚0.2～0.4m。

第4层：基岩，白垩纪，未见底。

石器主要采集自耕土层和黄色亚黏土层。

（三）石器

共75件。分为石核、石片、工具和断块。

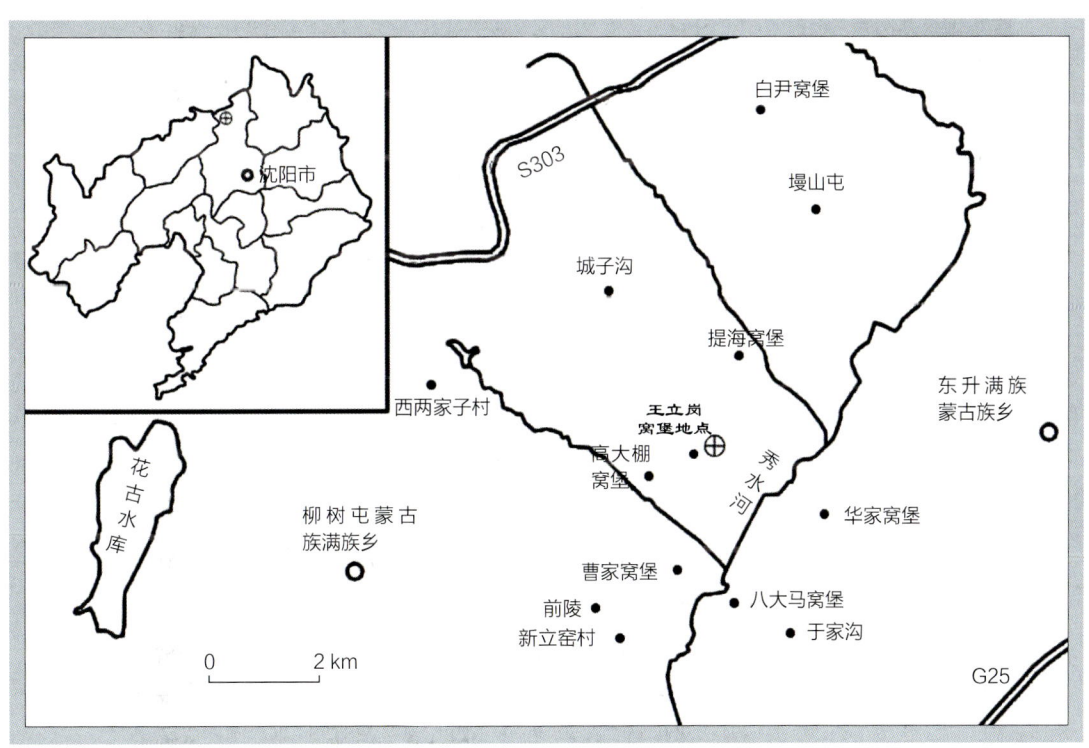

图2-7　王立岗村东山地点位置示意图

---

[1] 陈全家，刘亚林，付永平. 沈阳市康平王立岗窝堡东山旧石器地点发现的石器研究[J]. 草原文物，2014（2），45-52.

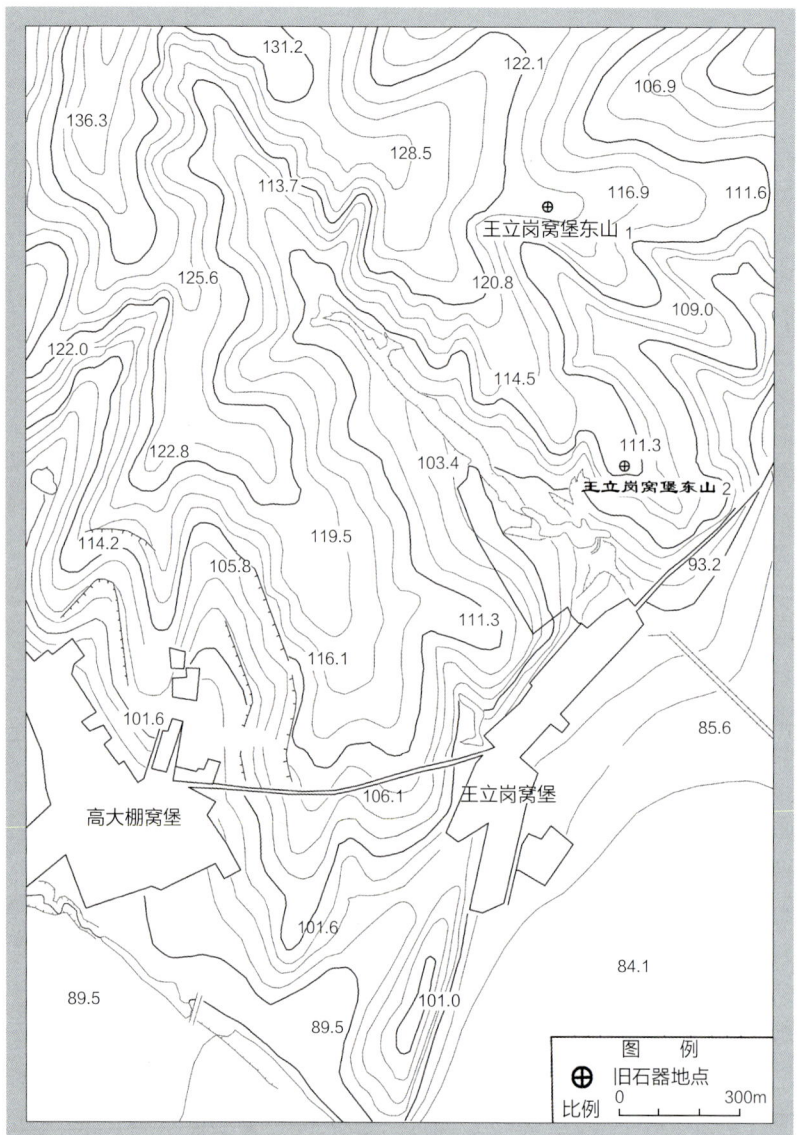

图 2-8　王立岗村东山地点地形示意图

王立岗村东山地点航拍图

王立岗村东山地点远景

图 2-9　王立岗村东山地点航拍及远景图

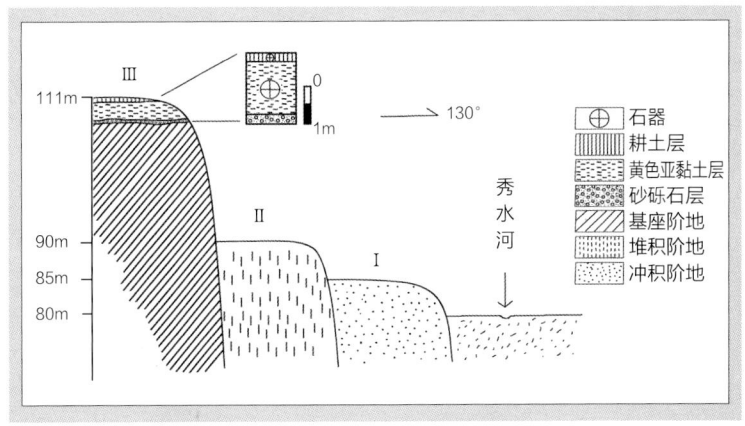

图 2-10 王立岗村东山地点河谷剖面示意图

1. 石核

19件。均为石片石核,分为单、双和多台面三类。

单台面 10件。标本11KWDS:68,石英岩。有疤台面,大部分为石皮,工作面上可见4个同向剥片疤痕。长95.4、宽158.5、厚129mm,重1945.7g(图2-11:1;图2-13:6)。

双台面 5件。标本11KWDS:6,石英岩。素台面,采取锤击法转向剥片,可见10个疤痕。长53.1、宽61.2、厚52.5mm,重143.1g(图2-11:4;图2-12:1)。

多台面 4件。标本11KWDS:75,石英砂岩。2个人工台面和1个自然台面。可见15个剥片疤。长77.4、宽118.2、厚72.5mm,重563.6g(图2-11:2;图2-13:7)。

2. 石片

10件。分为完整石片和断片。

（1）完整石片 9件。标本11KWDS:53,Ⅰ1-1型,石英岩。自然台面,腹面半锥体较平;背面均为石片疤。侧缘厚钝,远端尖灭。长106.5、宽68.2、厚32.1mm,重221.4g(图2-11:6;图2-13:3)。标本11KWDS:59,Ⅰ1-2型,安山岩。台面为解理面,腹面半锥体稍凸;背面大部分为石片疤。整体厚钝。长59.5、宽104.1、厚24.4mm,重153.5g(图2-11:5;图2-13:4)。

（2）断片 1件。标本11KWDS:50,右裂片,石英岩。腹面微凸;背面大部分为石片疤,右侧边缘厚钝。残长46.5、残宽33.5、厚15.2mm,重31g(图2-11:3;图2-13:2)。

3. 工具

18件。包括二类和三类工具。

（1）二类工具 5件。均为单刃刮削器,分为凸刃和凹刃两类。

单凸刃 4件。标本11KWDS:17,玛瑙。边缘分布有细小、浅平、断续排列的使用疤。长25.4、宽16.2、厚10.9mm,重2.7g。刃长21.1mm,刃角50°（图2-11:13;图2-12:3）。

单凹刃 1件。标本11KWDS:26,玛瑙,有使用痕迹。长23.2、宽15.4、厚4.6mm,重1.34g。刃长10.1mm,刃角21.6°（图2-11:11;图2-12:6）。

（2）三类工具 13件。包括刮削器、尖刃器、砍砸器和石铲。

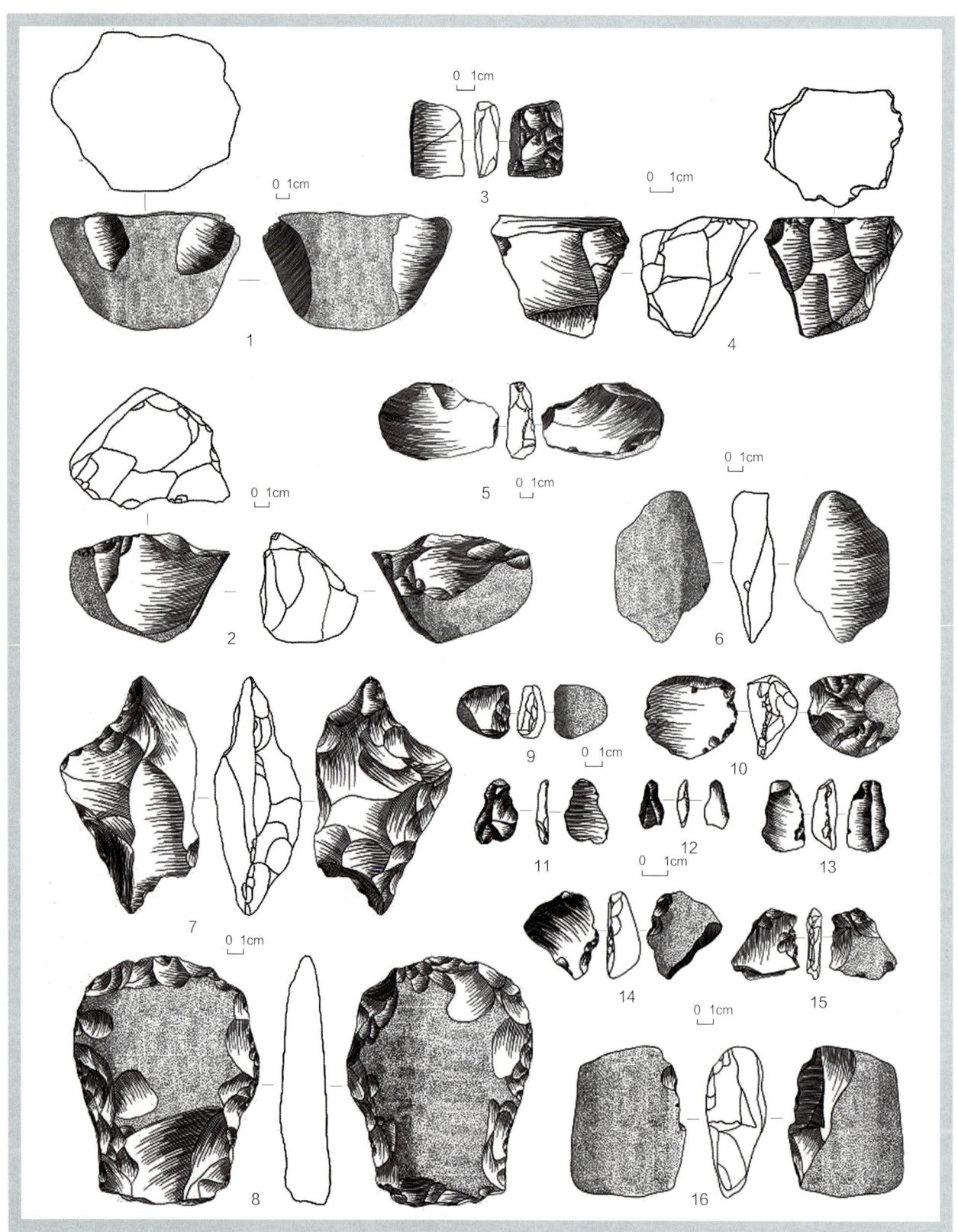

图 2-11 王立岗村东山地点发现的石器（一）

1、2、4. 石核（11KWDS：68、11KWDS：75、11KWDS：6）；3、5、6. 石片（11KWDS：50、11KWDS：59、11KWDS：53）；7、16. 砍砸器（11KWDS：37、11KWDS：35）；8. 石铲（11KWDS：54）；9～13、15. 刮削器（11KWDS：8、11KWDS：61、11KWDS：26、11KWDS：19、11KWDS：17、11KWDS：18）；14. 尖刃器（11KWDS：30）

图 2-12 王立岗村东山地点发现的石器（二）

1. 石核（11KWDS：6）；2～6. 刮削器（11KWDS：8、11KWDS：17、11KWDS：18、11KWDS：19、11KWDS：26）；
7. 尖状器（11KWDS：30）；8. 砍砸器（11KWDS：35）

图 2-13　王立岗村东山地点发现的石器（三）

1. 砍砸器（11KWDS：37）；2～4. 石片（11KWDS：50、11KWDS：53、11KWDS：59）；5. 刮削器（11KWDS：61）；
6、7. 石核（11KWDS：68、11KWDS：75）

① 刮削器　8件。均为单刃，分为直、凸、凹和锯齿刃四类。

单直刃　4件。标本11KWDS:8，石英。片状毛坯，采用锤击法反向加工，鱼鳞状修疤，刃缘薄锐。长34、宽34.8、厚17.6mm，重19.6g。刃长22.8mm，刃角38.3°（图2-11：9；图2-12：2）。

单凸刃　2件。标本11KWDS:61，玛瑙。以石片为毛坯锤击法反向加工，有规整、浅平的修疤。长52.6、宽60.1、厚30mm，重74.4g。刃长63.2mm，刃角52°（图2-11：10；图2-13：5）。

单凹刃　1件。标本11KWDS:19，玛瑙。以石片为毛坯，正向修理，疤痕浅平连续。长17.5、宽9.4、厚3.8 mm，重0.44g。刃长10mm，刃角70°（图2-11：12；图2-12：5）。

锯齿刃　1件。标本11KWDS:18，安山岩。以石片为毛坯，锤击法反向加工。长45、宽44.2、厚10mm，重15.6g。刃长31.2mm，刃角25.9°（图2-11：15；图2-12：4）。

② 尖刃器　2件。标本11KWDS:30，石英。片状毛坯，采用错向加工，修疤形态规整，尖刃呈弧形。长55.4、宽48.9、厚22mm，重40.1g（图2-11：14；图2-12：7）。

③ 砍砸器　2件。标本11KWDS:35，石英岩。单凸刃，砾石毛坯，单向修理，修疤形状不规则。长95、宽74.8、厚38.9mm，重298.8g。刃长57mm，刃角51.3°（图2-11：16；图2-12：8）。标本11KWDS:37，安山岩。复刃，复向修理，器身遍布鱼鳞状修疤，形成2个尖刃、1个凸刃、1个凹刃和1个直刃。长150、宽91、厚57.1mm，重373.4g。刃角58°～65°（图2-11：7；图2-13：1）。

④ 石铲　1件。标本11KWDS:54，安山岩。器身规整，刃部和把手两面打制修理，鱼鳞状修疤。石铲两面经过磨制，保留摩擦痕迹。此件工具应为新石器时代及其之后的遗存。长156.4、宽122.1、厚33.6mm，重736.4g（图2-11：8）。

4. 断块

28件。个体变异较大，最小者（11KWDS:20）长宽厚为28mm×22.5mm×11.9mm，重6g；最大者（11KWDS:72）长宽厚为135.4mm×94.5mm×23.4mm，重422.8g。原料以玛瑙为主，其次为石英岩、石英、砂岩和安山岩，另有石英砂岩、玉髓、硅化木。

（四）小结

王立岗村东山地点的石器原料以玛瑙、石英岩、石英为主，石英砂岩、砂岩、安山岩和花岗岩等原料较少。石制品以中、小型为主，大型标本较少。类型简单，包括石核、石片、工具及断块。主要采用锤击法剥片，石核均为石片石核，单台面石核占一半以上。石片中完整石片多于断片。工具以刮削器占绝对优势，且种类丰富。其次为尖刃器和砍砸器，石铲为晚期遗存。工具多由锤击法加工而成，单向加工为主（多为反向加工），其次为错向加工和复向加工。

王立岗村东山地点发现的石器属东北大石片工业类型，地点内的石器没有明确的出土层位，也未发现可供测年的动物化石，目前无法做出较为精准的年代判定。但石器均采于Ⅲ级阶地之上的黄色亚黏土和黑色耕土层，而耕土层内的石器应为人类扰动的结果，所以推测黄色亚黏土层是石器的原生层位。根据辽宁省第四纪地层堆积岩性和年代的研究结果，可以确定黄色亚黏土的层位属于晚（上）更新统，支持将其归入旧石器时代晚期。

三、后靠山屯北山地点

（一）地理位置

后靠山屯北山地点位[1]于康平县东升乡后靠山屯村北山上，海拔111m。地理位置为北纬42°36′52″，东经123°03′38″。南偏西距后靠山屯村880m，北距八大马窝堡950m（图2-14～图2-16）。

（二）地层

该地点所在的Ⅲ级阶地上部为黄色亚黏土层和砂砾石层；下部为基岩。石器大多出自黄色或灰黄色的耕土层，厚0.2～0.3m；少部分出自黄色亚黏土层，厚0.2～1.5m（图2-17）。

（三）石器

共32件。包括石核、石片、工具和断块。

1. 石核

14件。均为锤击石核，分为单、双和多台面三类。

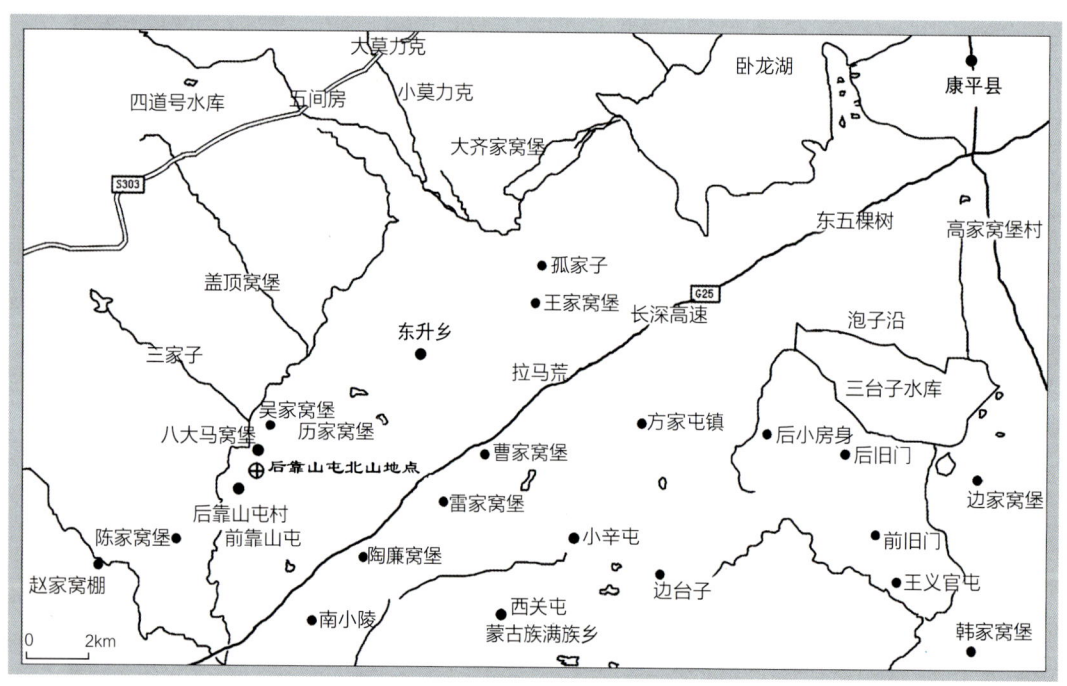

图2-14　后靠山屯北山地点位置示意图

---

[1] 陈全家等.后靠山屯北山旧石器地点发现的石器研究[A].第十四届中国古脊椎动物学学术年会论文集[C].北京：海洋出版社，2014.

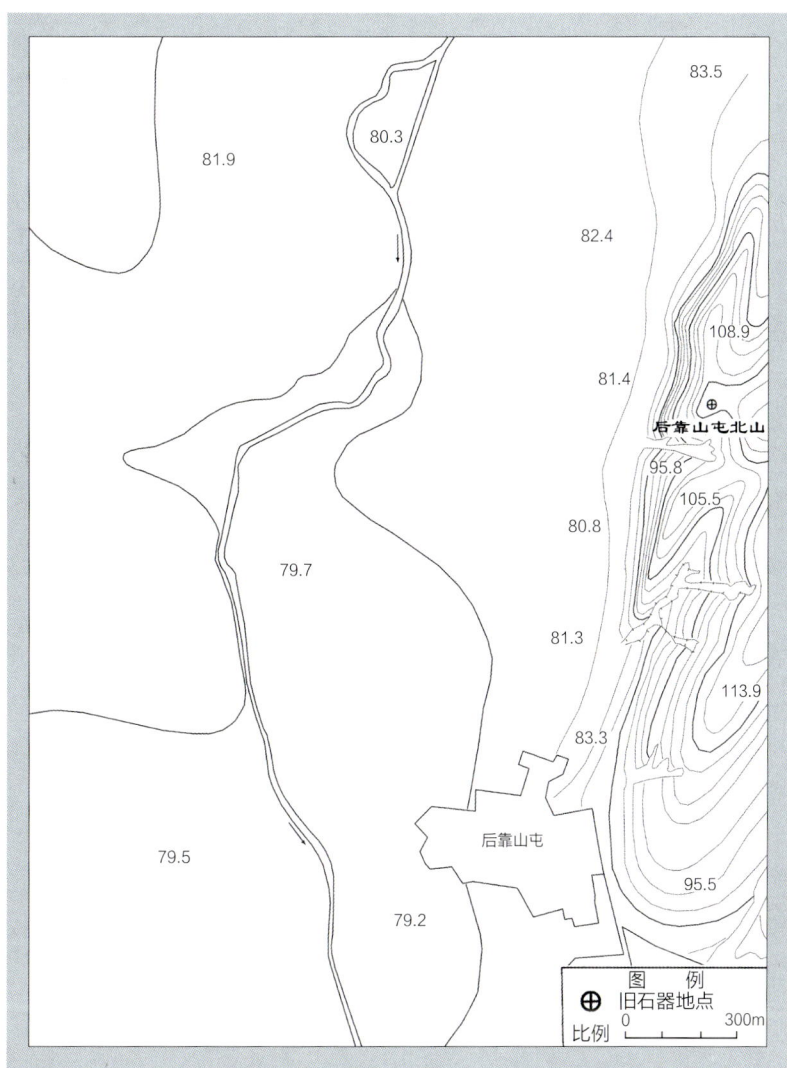

图 2-15 后靠山屯北山地点地形示意图

后靠山屯北山地点航拍图　　　　　　　　后靠山屯北山地点远景

图 2-16 后靠山屯北山地点航拍及远景图

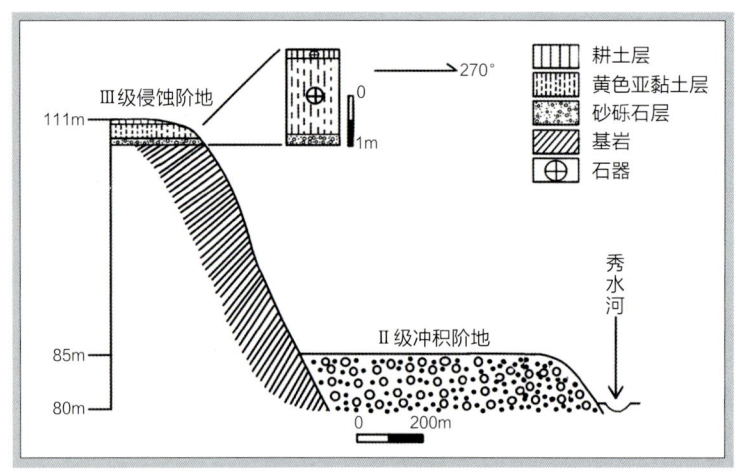

图 2-17　后靠山屯北山地点河谷剖面示意图

单台面　7件。标本 11KHB：17，石英岩。自然台面，1个剥片面。石核采用同向剥片，有5个明显的剥片疤。长83.2、宽62.6、厚35.7mm，重202.2g（图2-18：1；图2-19：8）。

双台面　5件。标本 11KHB：29，石英岩。2个台面，其中一个为打制台面，另一个为自然台面。2个剥片面。长40.6、宽55.1、厚46.3mm，重114.1g（图2-18：2；图2-19：11）。

多台面　2件。石英。4个台面，6个剥片面。利用率较高。标本 11KHB：12，长37.3、宽59.2、厚25.3mm，重65.2g（图2-18：6；图2-19：6）。

2. 石片

5件。均为锤击石片，分为完整石片和断片。

（1）完整石片　3件。分为二型。

Ⅰ型　1件。标本 11KHB：9，石英岩。劈裂面凸，打击点明显，可见放射线和同心波。侧缘和底缘均有零星崩疤。长66.5、宽100.8、厚35.3mm，重235.9g（图2-18：3；图2-19：4）。

Ⅱ型　2件。燧石。打击点集中，无锥疤，放射线不明显。侧缘折断，底缘有零星的崩疤。标本 11KHB：14，长28.4、宽27.5、厚8.5mm，重6.3g。

（2）断片　2件。远端断片。劈裂面微凸，侧缘有崩疤，同心波和放射线均不明显。背面半疤半砾。标本 11KHB：11，长42.3、宽57.1、厚18.5mm，重42.5g（图2-18：7；图2-19：5）。

3. 工具

12件。包括一、二、三类工具。

（1）一类工具　2件。分为石锤和石砧。

石锤　1件。标本 11KHB：32，石英岩。单端单面经过使用。长68.9、宽50.8、厚49.6mm，重192.1g（图2-18：4；图2-19：10）。

石砧　1件。标本 11KHB：16，石英岩。使用面中间形成一个椭圆形凹坑，是长期使用的结果。长 46.1、宽 79.4、厚 58.2mm，重 324.2g（图 2-18：5）。

（2）二类工具　1件。标本 11KHB：24，石英岩。单凸刃刮削器。背面留有小疤。长 52.3、宽 28、厚 13.1mm，重 14.3g。刃长 49.8mm，刃角 34.6°（图 2-18：12；图 2-19：12）。

（3）三类工具　9件。包括刮削器、砍砸器和尖刃器。

① 刮削器　5件。分为三类。

单凸刃　1件。标本 11KHB：3，燧石。经过复向修理。除了修刃外还曾修形和修把手。长 44、宽 44.9、厚 11.7mm，重 20g。刃长 20mm，刃角 17.2°（图 2-18：8；图 2-19：2）。

单凹刃　1件。标本 11KHB：7，石英岩。经过反向修理，有连续修疤。另外还对把手

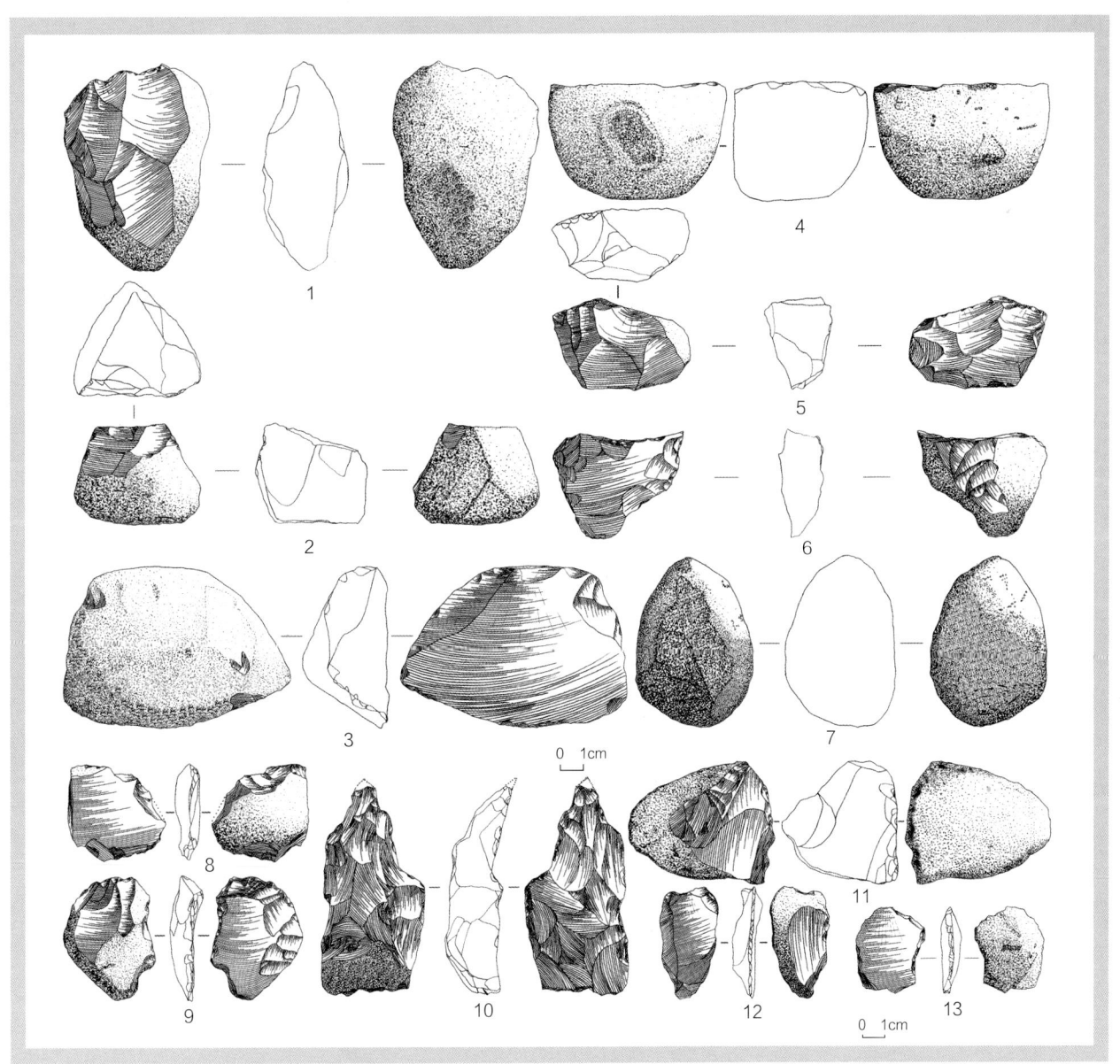

图 2-18　后靠山屯北山地点发现的石器（一）

1、2、6. 石核（11KHB：17、11KHB：29、11KHB：12）；3、7. 石片（11KHB：9、11KHB：11）；4. 石锤（11KHB：32）；5. 石砧（11KHB：16）；8、9、12、13. 刮削器（11KHB：3、11KHB：13、11KHB：24、11KHB：7）；10. 尖刃器（11KHB：23）；11. 砍砸器（11KHB：1）

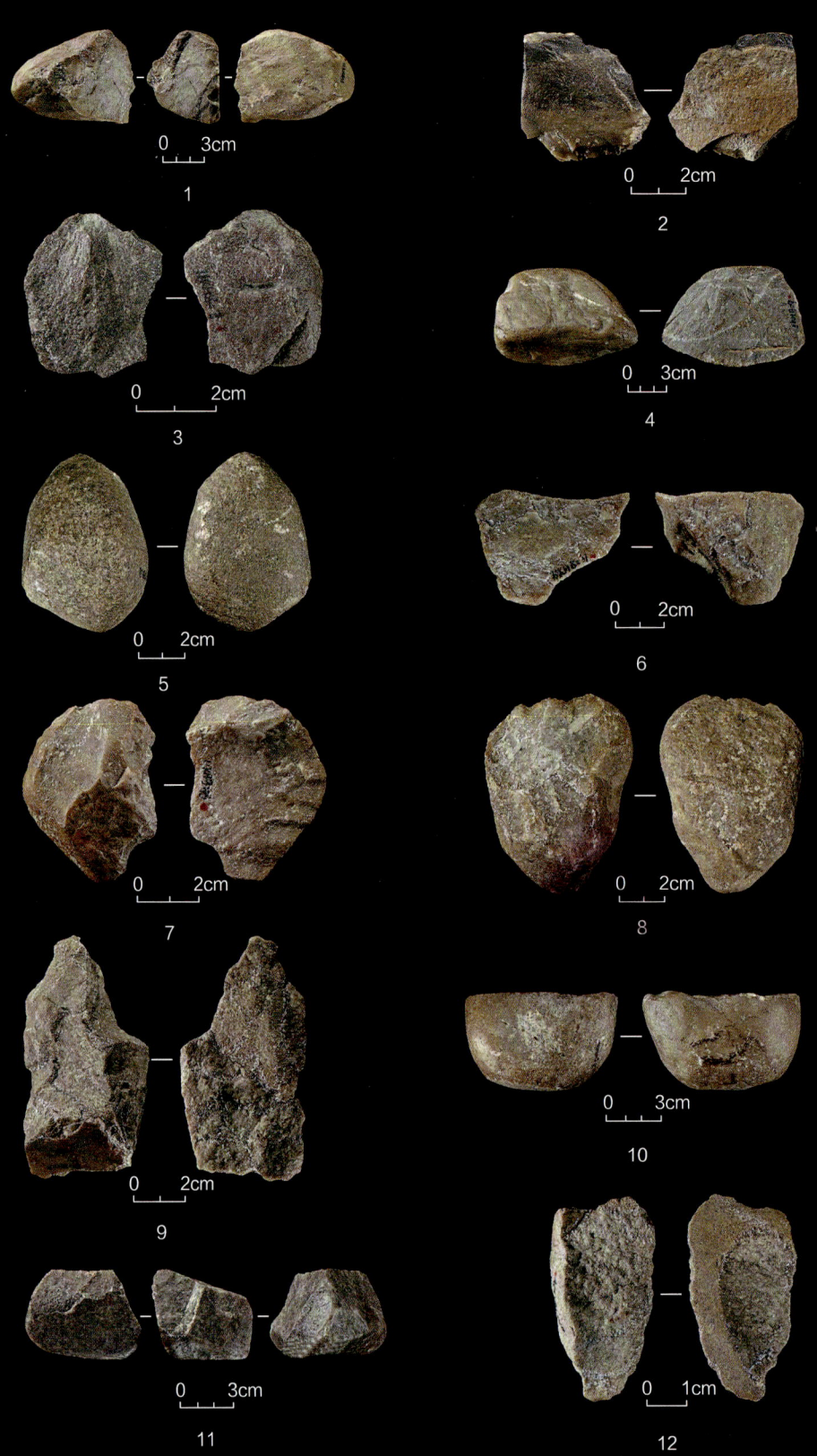

图 2-19 后靠山屯北山地点发现的石器（二）

1. 砍砸器（11KHB：1）；2、3、7、12. 刮削器（11KHB：3、11KHB：7、11KHB：13、11KHB：24）；4、5. 石片（11KHB：9、11KHB：11）；6、8、11. 石核（11KHB：12、11KHB：17、11KHB：29）；9. 尖刃器（11KHB：23）；10. 石锤（11KHB：32）

和器形进行了修整。长 38.6、宽 34.4、厚 10mm，重 11.4g。刃长 24.5mm，刃角 20.4°（图 2-18：13；图 2-19：3）。

双凹刃　3件。标本 11KHB：13，石英岩。采用复向修理，有连续修疤。长 54.1、宽 45.7、厚 13.3mm，重 28.3g。刃长 26.8、16.7mm，刃角 40.0°、22.0°（图 2-18：9；图 2-19：7）。

② 尖刃器　1件。标本 11KHB：23，双凹边尖刃器。构成尖刃的两凹边均经两面修理，修疤较深，尖刃经使用已折断。长 93.8、宽 49.1、厚 23.1mm，重 102.3g（图 2-18：10；图 2-19：9）。

③ 砍砸器　3件。标本 11KHB：1，单凸刃。有 1~3 层修疤。长 58.3、宽 70.6、厚 46.4mm，重 175.1g。刃长 42.1mm，刃角 63.2°（图 2-18：11；图 2-19：1）。

4. 断块

1件。原料为石英岩，形状不规则。

（四）小结

后靠山屯北山地点石器所使用原料仅有石英岩、石英和燧石三种，其中石英岩所占比重最大，为 87.5%。石器以中型为主，多在 50~200g 之间。类型丰富，包括石核、石片、工具（石锤、石砧、刮削器、尖刃器、砍砸器）和断块。均使用硬锤直接剥片。工具多使用硬锤复向修理，修疤较深，并结合有修刃、修形和修把手。石器的工业特征和庙后山旧石器遗址晚期的石器特征有一定相似性，属于典型东北地区大石片工业类型。

该地点附近不见新石器以后的磨制石器和陶片，并有少数石器出于地层，故推测其年代同庙后山旧石器遗址晚期的年代大致相当，为旧石器时代晚期。

四、刘家屯老山头地点

（一）地理位置

刘家屯老山头地点[1]位于康平县郝官屯镇刘家屯村老山头的Ⅲ级阶地上，海拔 103m。地理坐标为北纬 42°42′27.2″，东经 123°33′36.8″，面积约 3150m²。西南距刘家屯村 1600m，东距辽河 400m（图 2-20~图 2-22）。

（二）地层

该地点所在的Ⅲ级阶地上部为黑垆土层、黄色亚黏土层和黄色砂砾层，下部为基岩。石器出自黄色亚黏土层（图 2-23）。

（三）石器

共 26 件。包括石核、石片、工具和断块。

---

[1] 万晨晨等. 刘家屯村老山头旧石器地点发现的石器研究，待刊.

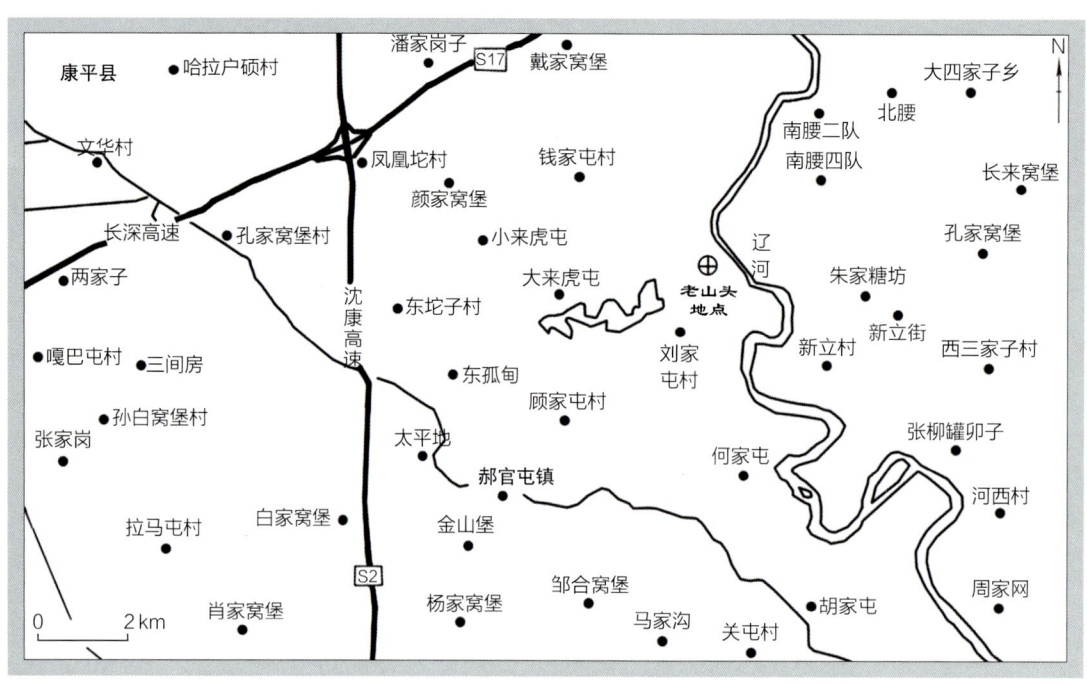

图 2-20　刘家屯老山头地点位置示意图

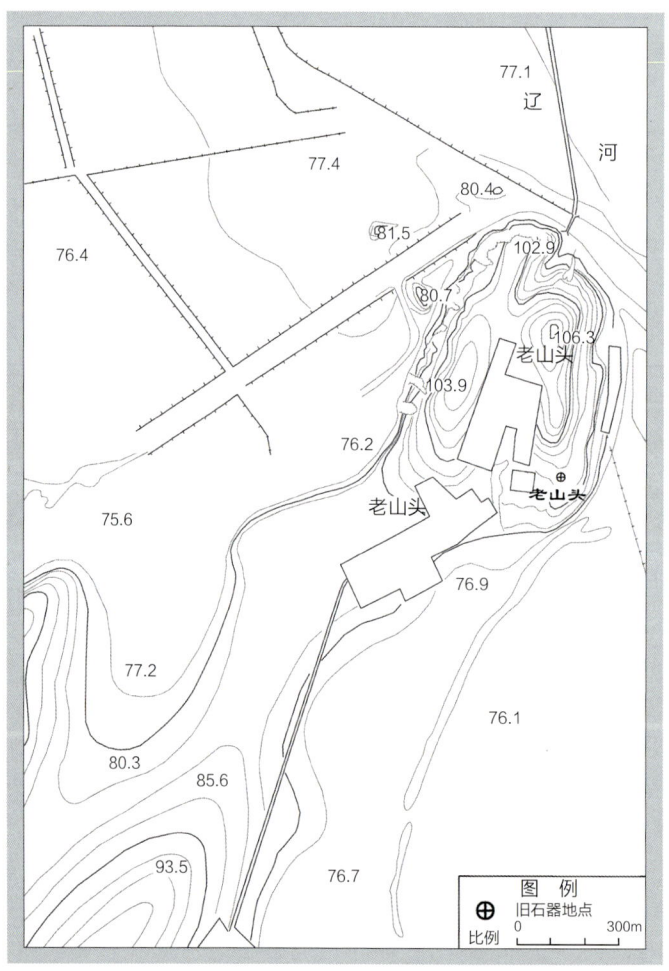

图 2-21　刘家屯老山头地点地形示意图

刘家屯老山头地点航拍图

刘家屯老山头地点远景

图2-22　刘家屯老山头地点航拍及远景图

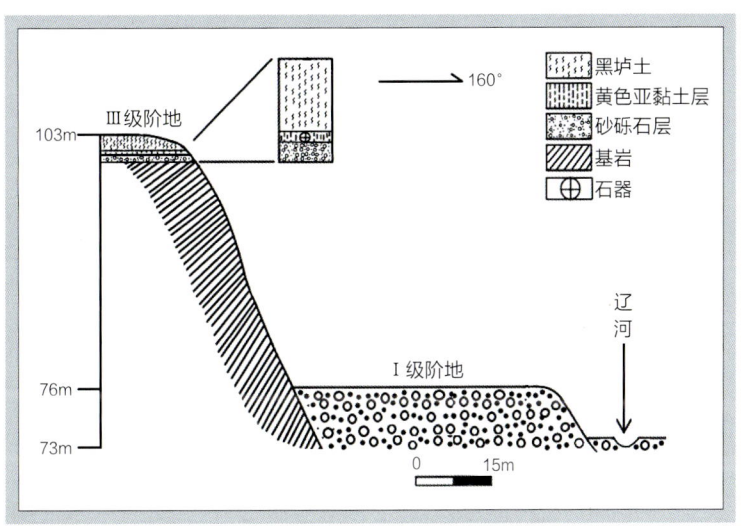

图2-23　刘家屯老山头地点河谷剖面示意图

1. 石核

4件。均为锤击石核。分为双台面和多台面两类。

双台面　2件。标本11KLL:15，石英岩。均为自然台面，有2个剥片面，11个明显片疤。砾石面约占核体面积的60%，剥片并不充分。长42.1、宽86.1、厚62.1mm，重276g（图2-24：2；图2-25：4）。

多台面　2件。标本11KLL:10，有4个台面，5个剥片面。石核采用复向剥片。长58.4、宽68.1、厚72.3mm，重259.7g（图2-24：8；图2-25：2）。

2. 石片

1件。标本11KLL:18，板岩。左边断片，打制台面，背面全疤，劈裂面微凸，打击点被破坏，同心波不明显。长54.1、宽51.3、厚13.9mm，重25.8g（图2-24：7；图2-25：6）。

3. 工具

15件，均为三类工具。包括刮削器、砍砸器和钻器。

（1）刮削器 11件。分为三类。

单直刃 3件。标本11KLL：4，经过复向修理。长40.3、宽19.6、厚18.9mm，重13.6g。刃长29.6mm，刃角64.2°（图2-24：6；图2-25：3）。

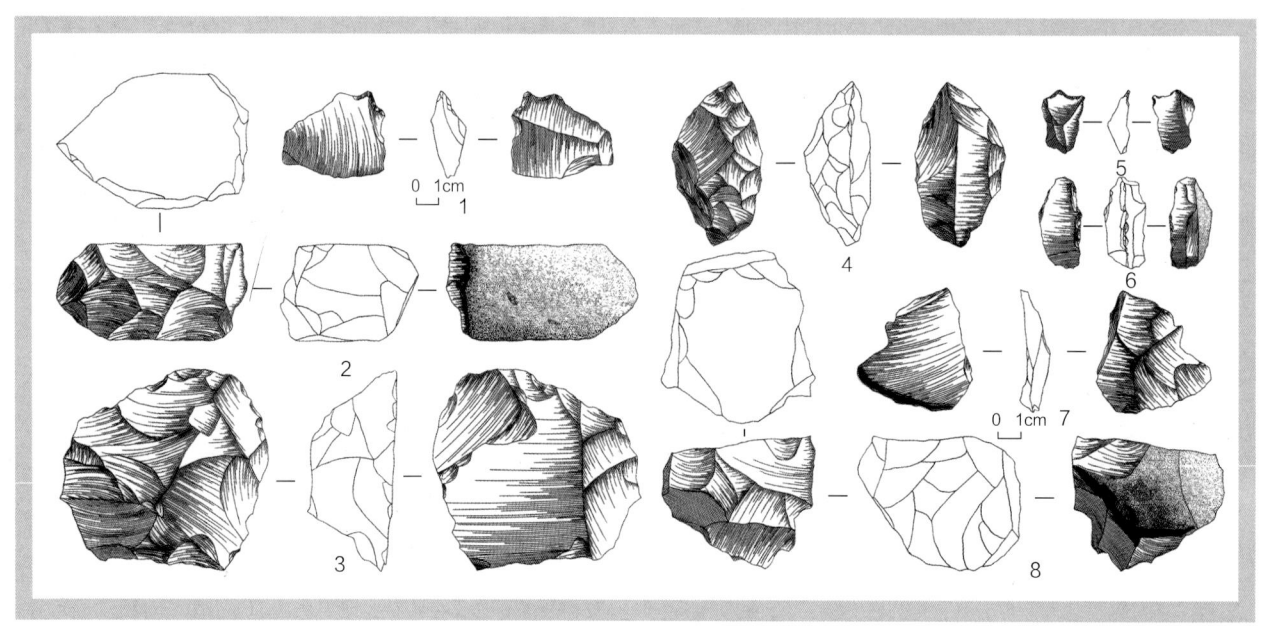

图2-24 刘家屯老山头地点发现的石器（一）

1、4、6.刮削器（11KLL：16、11KLL：1、11KLL：4）；2、8.石核（11KLL：15、11KLL：10）；3.砍砸器（11KLL：20）；5.钻器（11KLL：22）；7.石片（11KLL：18）

单凸刃 6件。标本11KLL：1，经过复向修理。除修刃外还对把手和器形进行调整。长71.1、宽40.7、厚29.7mm，重64.2g。刃长72.4mm，刃角62.1°（图2-24：4；图2-25：1）。

单尖刃 2件。标本11KLL：16，构成尖刃的两边均经复向修理，可见使用微疤，长39.9、宽46.3、厚15.8mm，重32.2g（图2-24：1；图2-25：5）。

（2）砍砸器 2件。均为单凸刃。标本11KLL：20，经复向修理在刃缘两侧均留有鱼鳞状和阶梯状片疤，薄锐锋利，可继续使用。长87.7、宽94.6、厚40.4mm，重309.4g。刃长135.6mm，刃角51.2°（图2-24：3；图2-25：7）。

（3）钻器 2件。标本11KLL：22，加工细致，周身布满细密层叠的疤痕。构成尖刃的两边经复向修理，留有鱼鳞状微疤，尖部折损，推测为使用时磨损所致。长28.1、宽19.1、厚9.9mm，重3.5g（图2-24：5；图2-25：8）。

4. 断块

6件。均呈不规则状。

图 2-25 刘家屯老山头地点发现的石器（二）

1、3、5. 刮削器（11KLL:1、11KLL:4、11KLL:16）；2、4. 石核（11KLL:10、11KLL:15）；
6. 石片（11KLL:18）；7. 砍砸器（11KLL:20）；8. 钻器（11KLL:22）

（四）小结

刘家屯老山头地点石器原料以石英为主，占石器总数的76.9%，其次为石英砂岩和石英岩等。石器包括石核、石片、工具和断块。其中工具最多，占石器总数的57.7%，包括刮削器、砍砸器和钻器。采用锤击剥片。工具多采取硬锤复向修理，反向次之，错向最少。主要对刃部和器形修理，修把手次之。

该地点的石器以中型、特大型和大型为主，包括刮削器和砍砸器等典型器形，明显具有旧石器时代晚期北方大石片工业的特征。此外，在该地点附近未见新石器时代以后的陶片和磨制石器，故推测其年代为旧石器时代晚期。

五、吴家窝堡东山地点

（一）地理位置

吴家窝堡东山地点[1]位于康平县东升乡吴家窝堡东山的Ⅲ级阶地上，海拔112m。地理坐标为北纬42°37′33″，东经123°4′27″，面积约8000m²。东距吴家窝堡400m，北偏东距华家窝堡450m，南距张旭窝堡480m（图2-26～图2-28）。

（二）地层

该地点所在的Ⅲ级阶地上部为黄色或灰黄色的耕土层、黄色亚黏土层和砂砾石层，下部为基

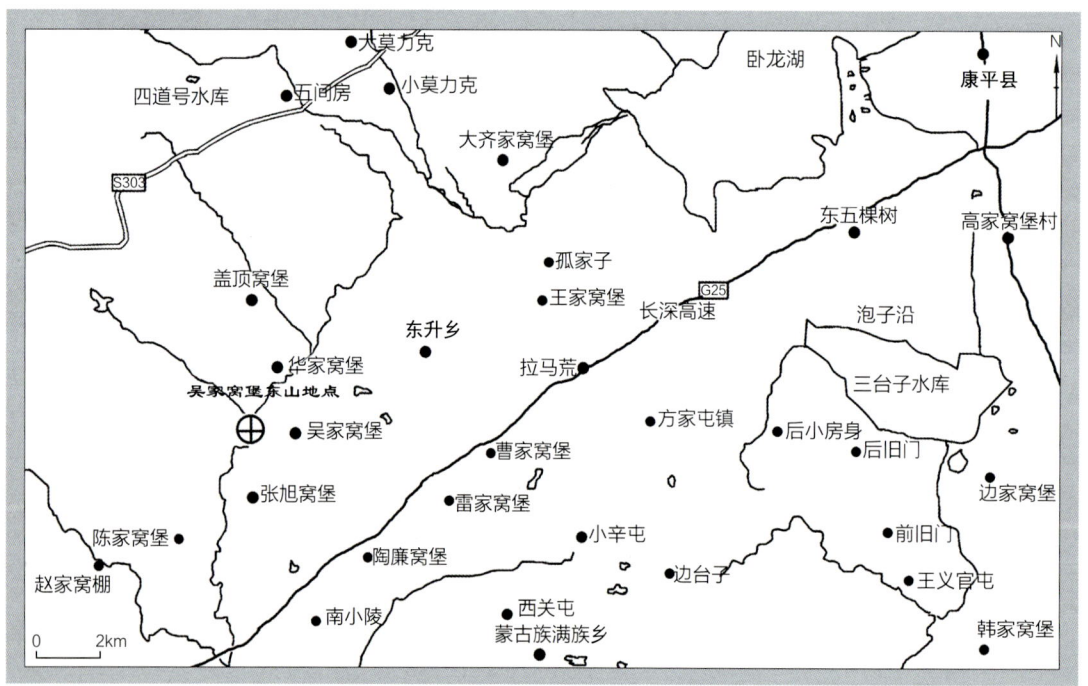

图2-26 吴家窝堡东山地点位置示意图

---

[1] 陈全家等.吴家窝堡东山旧石器地点发现的石器研究，待刊.

图 2-27　吴家窝堡东山地点地形示意图

吴家窝堡东山地点航拍图

吴家窝堡东山地点远景

图 2-28　吴家窝堡东山地点航拍及远景图

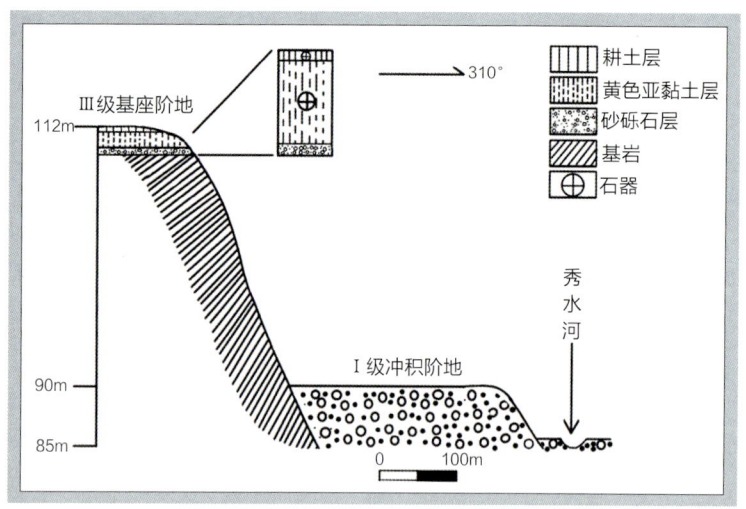

图 2-29　吴家窝堡东山地点河谷剖面示意图

岩。石器大多出自耕土层，厚 0.2～0.3m；少部分出自黄色亚黏土层，厚 0.2～1.5m（图 2-29）。

（三）石器

共 27 件。类型包括石核、石片、工具和断块。

1. 石核

13 件。均为锤击石核。分为单、双和多台面石核三类。

单台面　6 件。标本 11KWD：11，石英。自然台面，1 个剥片面，2 个明显的剥片疤。砾石面约占核体面积的 70%，仍可继续剥片。长 46.4、宽 67.2、厚 39.9mm，重 141g（图 2-30：1；图 2-31：4）。

双台面　2 件。标本 11KWD：3，2 个剥片面，3 个明显剥片疤。砾石面约占核体面积的 60%，可以继续剥片。长 51.7、宽 83.1、厚 27.4mm，重 145.5g（图 2-30：2；图 2-31：2）。

多台面　5 件。标本 11KWD：20，4 个台面，5 个剥片面，至少 15 个剥片疤。石核采用复向剥片。长 48.9、宽 90.2、厚 43.1mm，重 216.7g（图 2-30：3；图 2-31：8）。

2. 石片

2 件。均为完整锤击石片。分为二型。

Ⅱ型　1 件。标本 11KWD：21，石英砂岩。劈裂面微凸，同心波不明显，放射线清晰。边缘完好。长 34.4、宽 30.6、厚 11.9mm，重 10.6g（图 2-30：6；图 2-31：9）。

Ⅴ型　1 件。标本 11KWD：27，玛瑙。线状台面，劈裂面凸，同心波清晰，不见放射线。边缘有疤。长 20.7、宽 23.4、厚 7.3mm，重 3.4g。

3. 工具

8 件。包括二、三类工具。

（1）二类工具　2件，均为单凹刃刮削器。标本11KWD：14，一侧有大小不一的鱼鳞状使用疤。长56.1、宽41.7、厚15.7mm，重31.7g。刃长41.8mm，刃角52.6°（图2-30：5；图2-31：5）。

（2）三类工具　6件。包括刮削器和砍砸器。

① 刮削器　5件。分为三类。

单直刃　2件。标本11KWD：15，石英砂岩。经过复向修理。工具的把手和器形也经过修整。长73.2、宽65.1、厚22.1mm，重115.9g。刃长74.8mm，刃角62.3°（图2-30：9；图2-31：6）。

单凸刃　2件。标本11KWD：2，石英砂岩。直接使用未经修理，两侧留有使用疤。对工具的器形和把手进行了修理。长68.4、宽62.1、厚14.9mm，重58.7g。刃长68.5mm，刃角44.2°（图2-30：8；图2-31：1）。

单尖刃　1件。标本11KWD：17，安山岩。构成尖刃的两边均经复向修理。长43.1、宽50.1、厚21mm，重30.6g（图2-30：7；图2-31：7）。

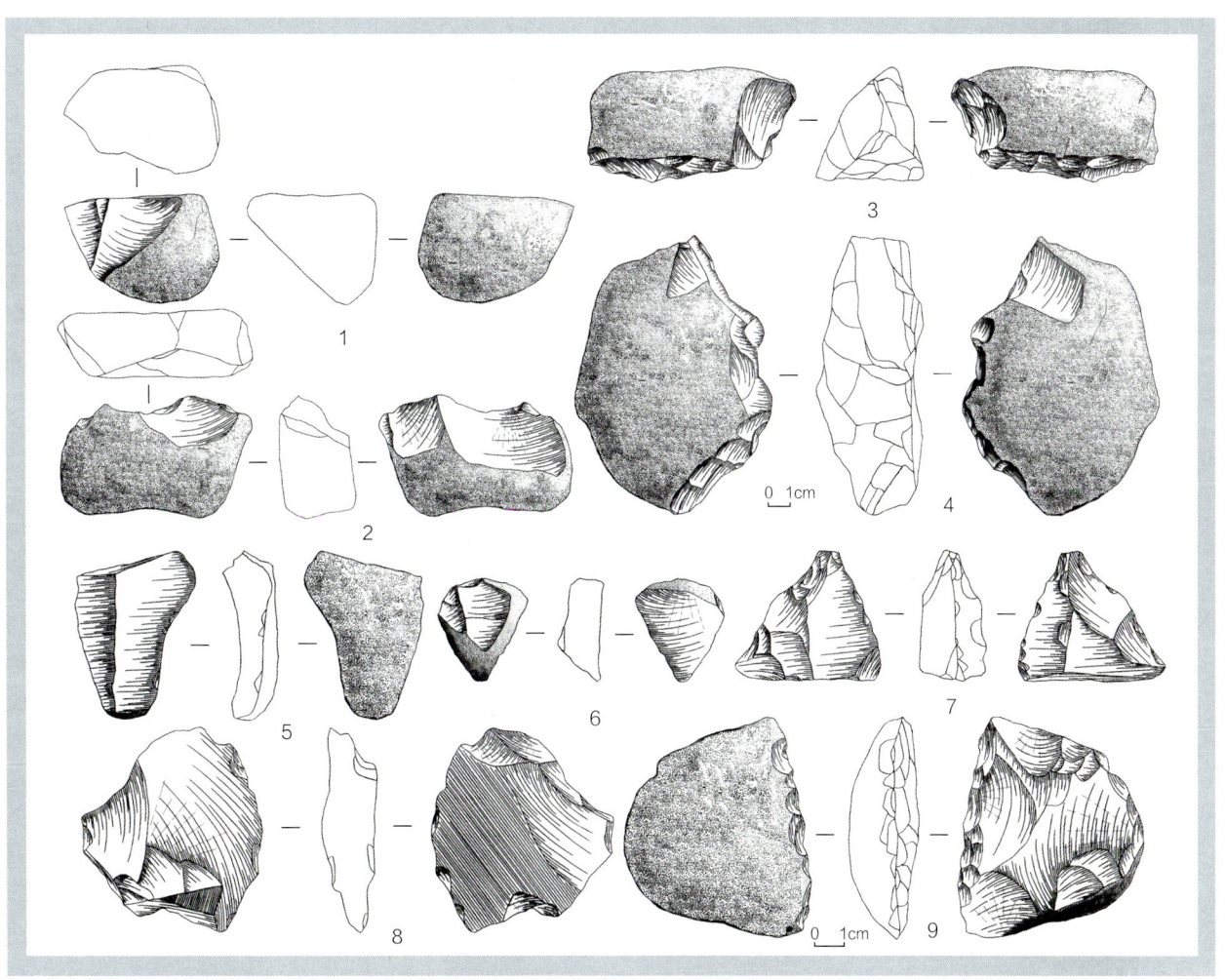

图2-30　吴家窝堡东山地点发现的石器（一）

1～3.石核（11KWD：11、11KWD：3、11KWD：20）；4.砍砸器（11KWD：5）；5、7～9.刮削器（11KWD：14、11KWD：17、11KWD：2、11KWD：15）；6.石片（11KWD：21）

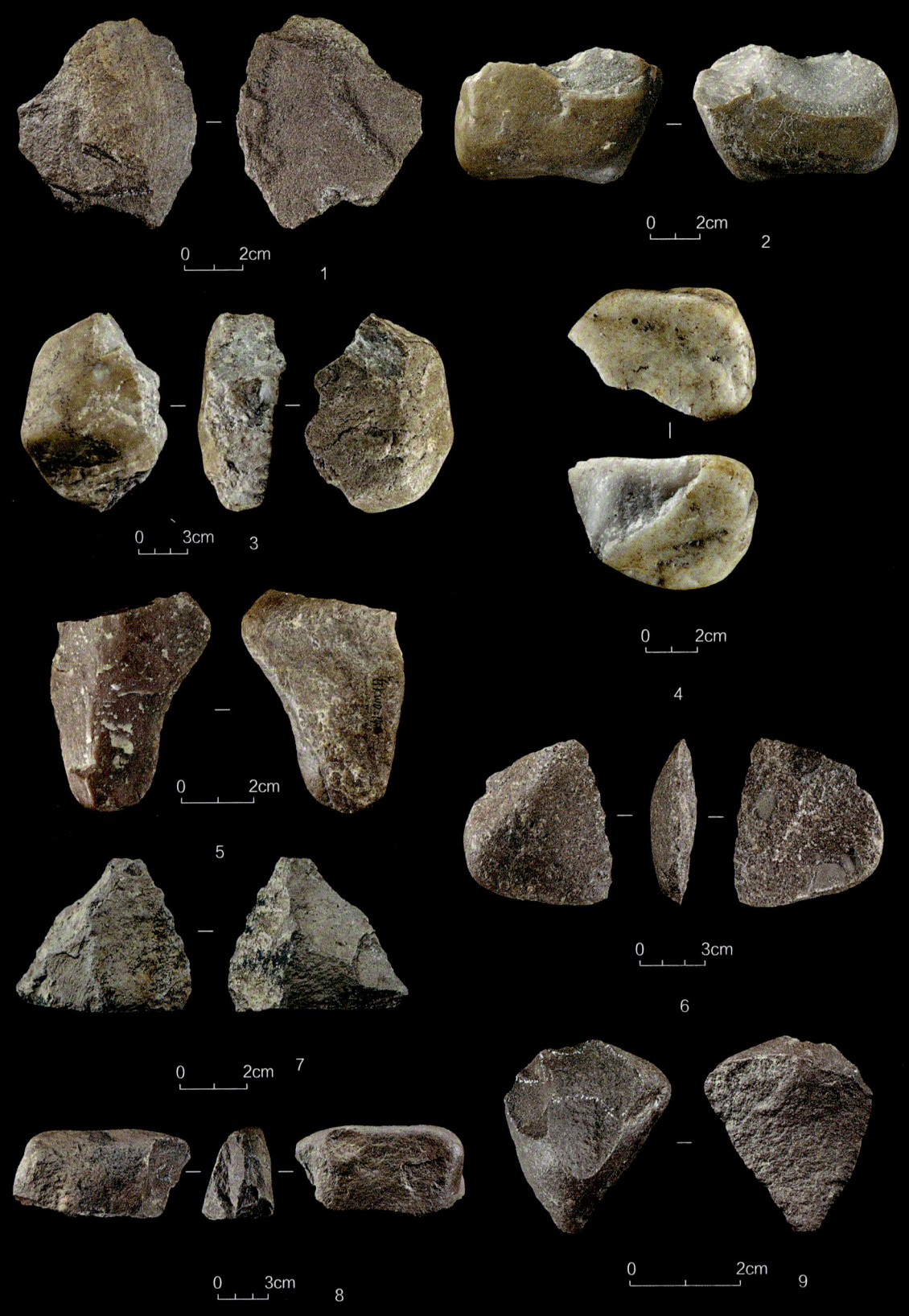

图 2-31 吴家窝堡东山地点发现的石器（二）

1、5～7. 刮削器（11KWD：2、11KWD：14、11KWD：15、11KWD：17）；2、4、8. 石核（11KWD：3、11KWD：11、11KWD：20）；3. 砍砸器（11KWD：5）；9. 石片（11KWD：21）

② 砍砸器　1件。标本11KWD：5，石英砂岩。单凸刃，经过复向修理，修疤较深。长117.8、宽86.4、厚41.6mm，重498.8g。刃长135.2mm，刃角83.1°（图2-30：4；图2-31：3）。

4. 断块

4件。均呈不规则状。

（四）小结

吴家窝堡东山地点石器原料以石英砂岩为主，占石器总数的48.2%，其次为石英、玛瑙、安山岩等。石器类型丰富，包括石核、石片、工具和断块。其中石核最多，工具次之；工具以三类为主，包括刮削器和砍砸器。采用锤击法剥片。工具多以硬锤复向加工，修理部位主要为刃部和器形，修把手次之。

该地点的石器以中型、特大型和大型为主，包括刮削器和砍砸器等典型器形，明显具有旧石器时代晚期北方大石片工业的特征。此外，在该地点附近未见新石器时代以后的陶片和磨制石器，故推测其年代为旧石器时代晚期。

第二节　小石片工业类型

以哈户硕村黑山头地点为代表，还包括李家窝堡北山、杨家窝堡后山、柏家沟西山、邢家屯威虎山、陶家屯羊草沟南山、古城子、三家子北山、中和南山、农业大学后山和农业大学百草园地点。年代为距今2万年左右。石器个体较小，多以刮削器等工具为主。原料多选择石英岩、石英、流纹岩、玛瑙等。

一、哈户硕村黑山头地点

（一）地理位置

哈户硕村黑山头地点[1]位于法库县哈户硕村西北，利民河自东北向西南从地点西北经过，西北距大冷村前冷自然屯91m，东南距哈户硕村120m。分布面积约70m×40m。地理位置为北纬42°34′14.2″，东经123°01′23.4″，海拔104.9m（图2-32～图2-34）。

（二）地层

该地点的地层堆积为白垩纪泉头组，文化层被剥蚀，仅有石器和大量的砾石，石器为地表耕土层中采集（图2-35）。

---

[1] 陈全家，付永平，卢悦. 辽宁法库黑山头旧石器地点发现的石器[J]. 边疆考古研究，第11辑. 科学出版社，2012：11-24.

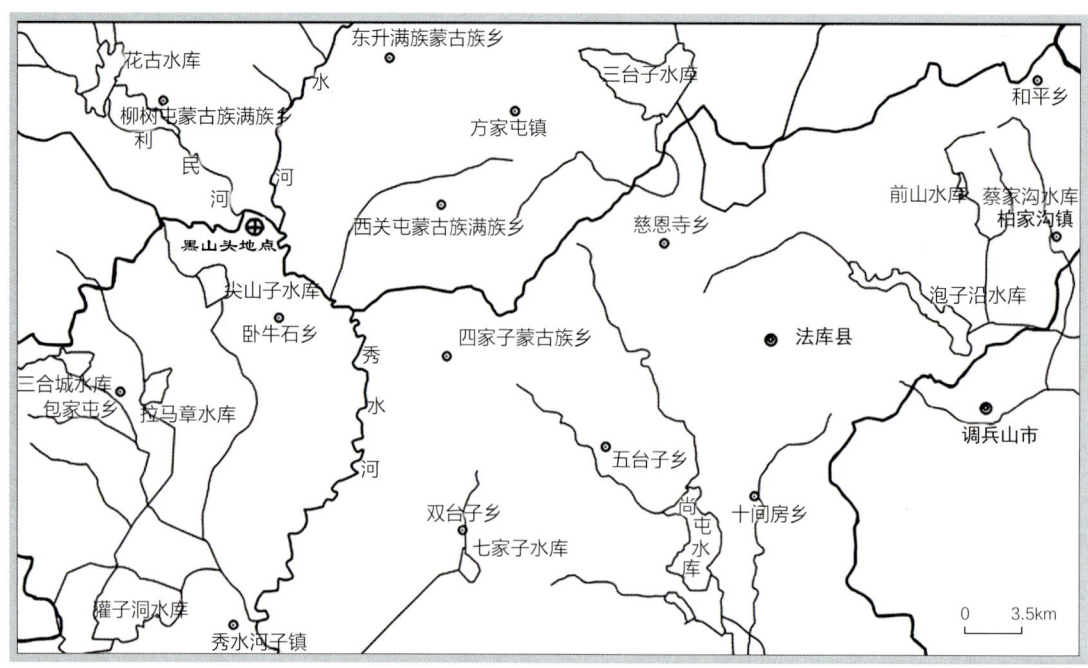

图 2-32 哈户硕村黑山头地点位置示意图

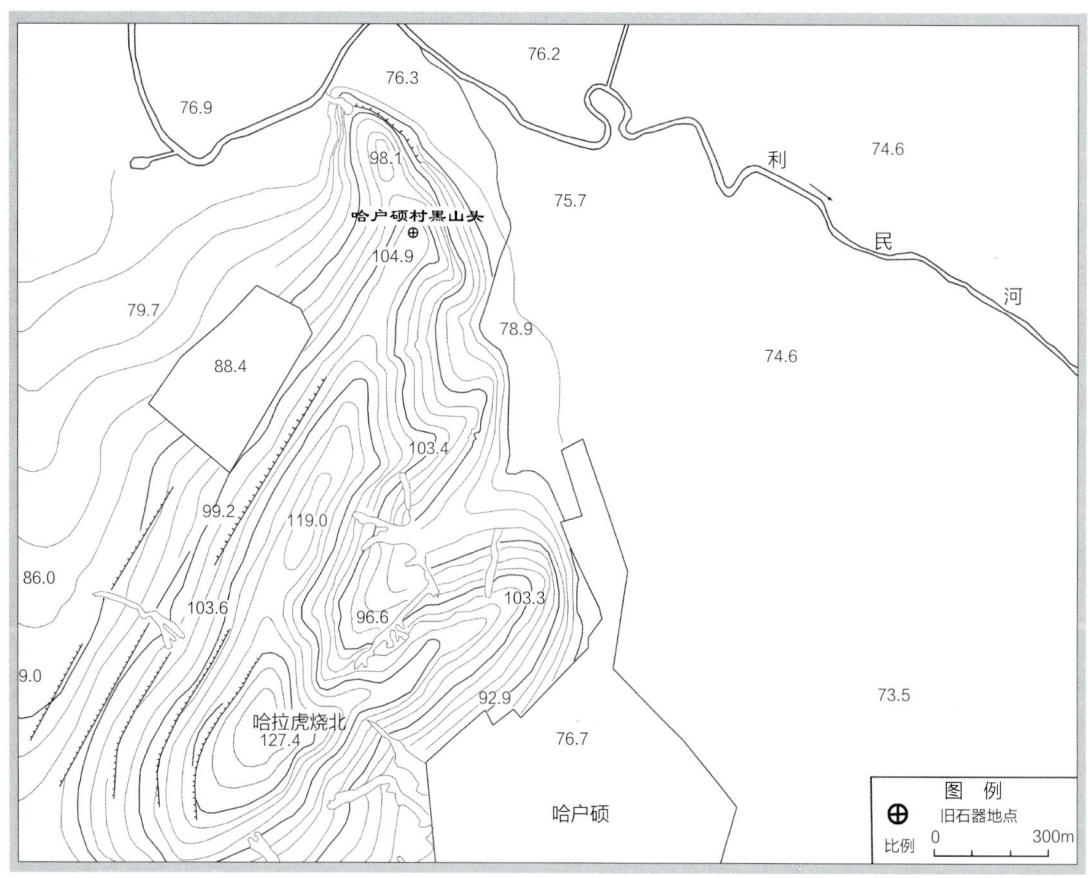

图 2-33 哈户硕村黑山头地点地形示意图

哈户硕村黑山头地点航拍图

哈户硕村黑山头地点远景

图 2-34　哈户硕村黑山头地点航拍及远景图

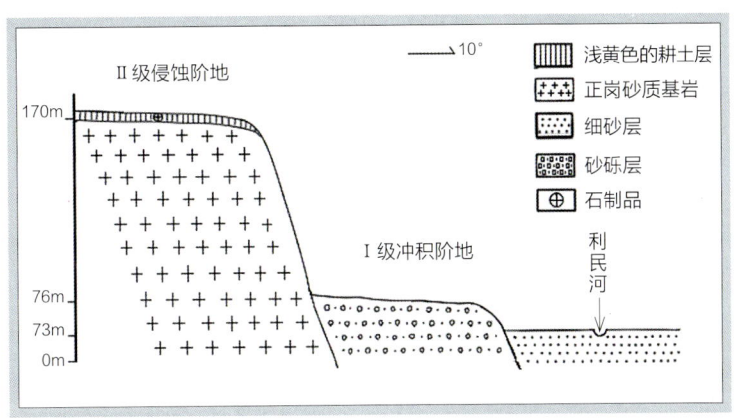

图 2-35　哈户硕村黑山头地点河谷剖面示意图

（三）石器

共 112 件。可分为石核、石片、工具和断块。

1. 石核

23 件。可分为单、双和多台面三类。

单台面　3 件。标本 11FHH：65，利用断片的断面作台面，剥片多集中于断片的背面，剥片均较小且细长，剥片疤痕密集重叠。剥片面积占石核的一半以上。长 31.6、宽 43.6、厚 15.5mm，重 21.6g（图 2-36：2；图 2-37：15）。

双台面　2 件。标本 11FHH：99，石英。自然台面。采用锤击法对向剥片，片疤大多小而浅平。长 55.7、宽 49.5、厚 22.9mm，重 64.5g（图 2-36：4；图 2-38：9）。标本 11FHH：102，石英岩。台面经过修整。采用转向打法剥片，剥片疤相对较小，远端多因解理而折断。长 55.4、宽 72.3、厚 68.1mm，重 364.5g（图 2-36：5）。

多台面　18 件。标本 11FHH：80，3 个台面，3 个剥片面，不能利用而废弃。长 49.7、宽 64.9、厚 56.4mm，重 192.3g（图 2-36：3）。

2. 石片

28件。可分为完整石片和断片两类。

（1）完整石片　18件。标本11FHH：31，石英岩。劈裂面打击点集中，半锥体凸，放射线清晰可见。背面微凸，半疤半砾。长40.9、宽53.1、厚20.5mm，重49.7g（图2-36：6；图2-37：7）。

（2）断片　10件。可分四类。

近端　4件。标本11FHH：61，石英岩。劈裂面打击点集中，半锥体凸，放射线、同心波清晰可见。背面微凸，全疤。长31.1、宽37.3、厚10.9mm，重14.1g（图2-36：1；图2-37：13）。

远端　3件。标本11FHH：41，劈裂面可见清晰的放射线和同心波。背面微凸。长28.5、宽60.8、厚14.9mm，重31.8g（图2-36：7；图2-37：10）。

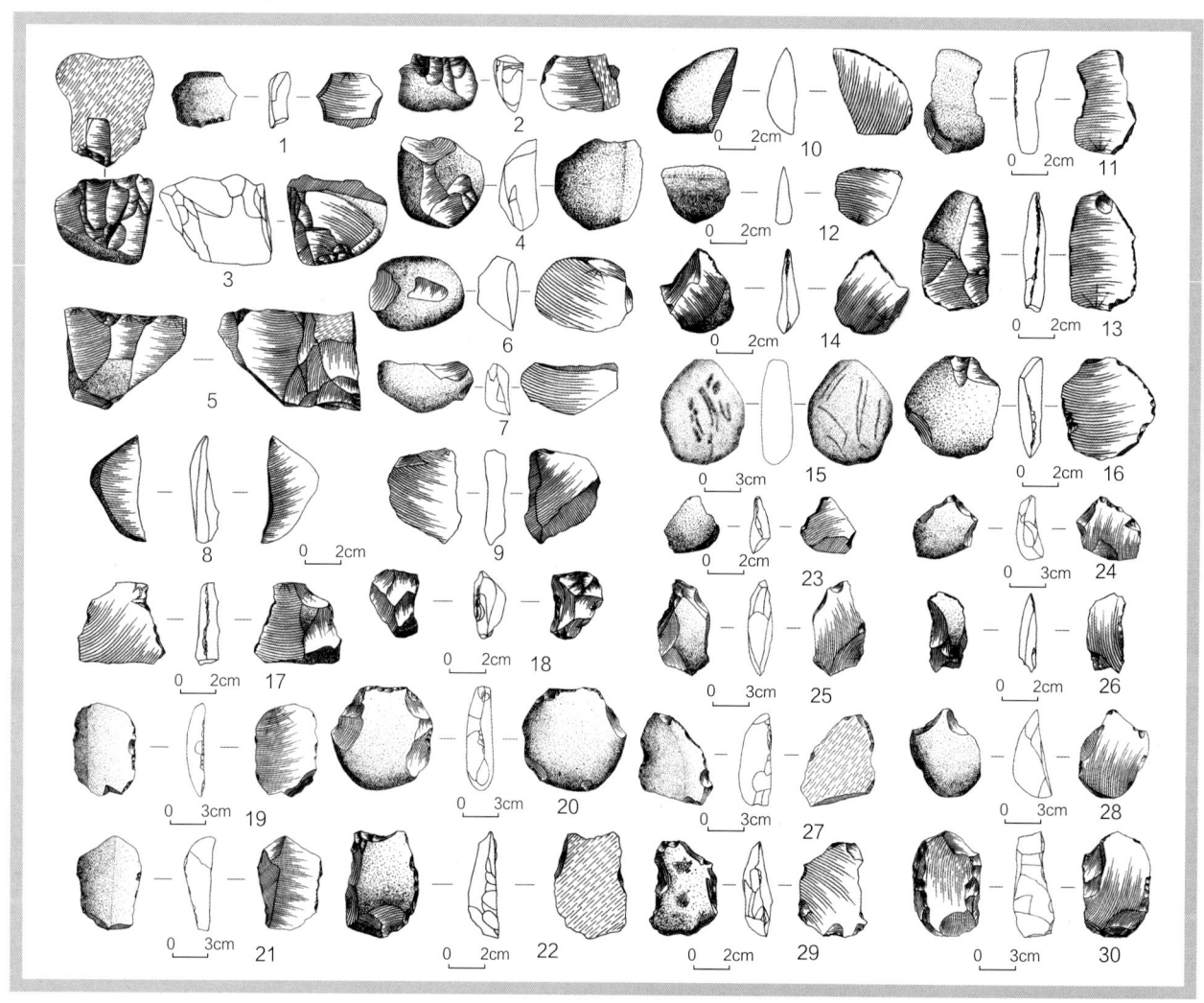

图2-36　哈户硕村黑山头地点发现的石器（一）

1、6～9.石片（11FHH：61、11FHH：31、11FHH：41、11FHH：33、11FHH：27）；2～5.石核（11FHH：65、11FHH：80、11FHH：99、11FHH：102）；10～14、16～29.刮削器（11FHH：1、11FHH：19、11FHH：64、11FHH：69、11FHH：79、11FHH：39、11FHH：10、11FHH：12、11FHH：109、11FHH：74、11FHH：92、11FHH：52、11FHH：56、11FHH：85、11FHH：100、11FHH：70、11FHH：89、11FHH：106、11FHH：78）；15.石锤（11FHH：101）；30.砍砸器（11FHH：104）

图 2-37 哈户硕村黑山头地点发现的石器（二）

1～5、9、11、12、14. 刮削器（11FHH：1、11FHH：10、11FHH：12、11FHH：19、11FHH：26、11FHH：39、11FHH：52、11FHH：56、11FHH：64）；6～8、10、13. 石片（11FHH：27、11FHH：31、11FHH：33、11FHH：41、11FHH：61）；15. 石核（11FHH：65）

左侧　2件。标本11FHH：27，劈裂面打击点集中，半锥体凸，可见同心波。背面全疤。长52.2、宽41.2、厚10.5mm，重27.4g（图2-36：9；图2-37：6）。

右侧　1件。标本11FHH：33，石英岩。劈裂面较平，打击点集中，可见同心波。背面半疤半砾。长58.6、宽32.9、厚13.1mm，重20.5g（图2-36：8；图2-37：8）。

3. 工具

53件。包括一类、二类和三类工具。

（1）一类工具　2件。大小适中，形状呈扁圆形。中部较平坦，有砸击使用留下的凹坑。边缘圆钝，便于把握。标本11FHH：101，石锤，长85.7、宽74.5、厚28.3mm，重237.6g（图2-36：15；图2-38：11）。

（2）二类工具　19件。均为刮削器。可分为六类。

单凸刃　5件。标本11FHH：1，以断片远端直接使用，有多次使用后留下的微小崩疤。长48.1、宽47.6、厚15.1mm，重29.8g。刃长75.9mm，刃角32°（图2-36：10；图2-37：1）。

单直刃　6件。标本11FHH：64，以石片远端直接使用，有使用后留下的密集崩疤。长32.3、宽39.5、厚8.1mm，重11.7g。刃长36.1mm，刃角21°（图2-36：12；图2-37：14）。

单凹刃　3件。标本11FHH：19，选择石片侧边使用，有使用疤。长35.9、宽57.5、厚18.5mm，重30.7g。刃长39.7mm，刃角42°（图2-36：11；图2-37：4）。

单尖刃　2件。标本11FHH：79，使用疤小而密集，多集中于尖部。长45.8、宽43.4、厚10.5mm，重15.9g（图2-36：14；图2-38：5）。

双直刃　1件。标本11FHH：39，石英岩。选择石片两侧边直接使用，有使用后留下的崩疤。长52.7、宽55.1、厚13.8mm，重42.1g。刃长32.9、37.4mm，刃角101°（图2-36：16；图2-37：9）。

直凸刃　2件。标本11FHH：69，以石片两侧边直接使用，有密集的崩疤。长39.4、宽65.6、厚11.9mm，重29.3g。刃长57、74.1mm，刃角32°、42°（图2-36：13；图2-38：1）。

（3）三类工具　32件。分为刮削器和砍砸器。

① 刮削器　30件。可分为七类。

单直刃　8件。标本11FHH：10，角岩。刃部采用硬锤复向修理，修疤较小且连续密集，且有使用后形成的微小崩疤。长44.9、宽45.7、厚12.2mm，重23.5g。刃长35.8mm，刃角31°（图2-36：17；图2-37：2）。

单凹刃　1件。标本11FHH：12，石英。刃部经过四层修理，把握部位经过简单修理。长30.2、宽37.4、厚17.9mm，重17.1g。刃长30.8mm，刃角67°（图2-36：18；图2-37：3）。

单尖刃　13件。标本11FHH：85，直直边。采用硬锤交互修理形成一尖刃，修疤较大且深。尖部有使用后留下的微小疤痕。长52.1、宽48.4、厚19.1mm，重46.4g（图2-36：24；图2-38：6）。标本11FHH：26，石英岩。凸凸边，两条侧边在远端形成尖刃，刃部采用正向修理。长45.8、宽38.3、厚13.9mm，重24.7g（图2-37：5）。标本11FHH：106，石英岩。凹凹边，刃部采用硬锤正向修理，修疤较大且深。尖部有使用疤。长72.8、宽65.8、厚27.7mm，重122.7g（图2-36：28；图2-38：13）。标本11FHH：56，石英岩。直凹边，

图 2-38　哈户硕村黑山头地点发现的石器（三）

1～8、10、13、14. 刮削器（11FHH：69、11FHH：70、11FHH：74、11FHH：78、11FHH：79、11FHH：85、11FHH：89、11FHH：92、11FHH：100、11FHH：106、11FHH：109）9. 石核（11FHH：99）11. 石锤（11FHH：101）12. 砍砸器（11FHH：104）

一使用边和反向修理边形成尖刃。长 31.47、宽 31.5、厚 12.7mm，重 8.9g（图 2-36：23；图 2-37：12）。标本 11FHH：89，直凸边。采用硬锤正向修理。修疤大小不一，但连续密集，尖刃处有使用后留下的崩疤。长 67.7、宽 65.9、厚 23.5mm，重 109.1g（图 2-36：27；图 2-38：7）。标本 11FHH：100，凸凹边，采用硬锤正向修理，修疤较大且深，经过多层重叠修理，形成锋利的尖刃。刃部留有使用后形成的崩疤。把握部位亦稍加修整。长 78.2、宽 45.6、厚 19.6mm，重 68.2g（图 2-36：25；图 2-38：10）。标本 11FHH：70，石英岩。凸凹边，一条使用边和一条修理边组成尖刃。长 43.2、宽 23.8、厚 10.9mm，重 9.9g（图 2-36：26；图 2-38：2）。

直凸刃　1 件。标本 11FHH：74，刃部分别采用硬锤交互和复向修理，疤痕较大且连续密集。长 82.4、宽 86.4、厚 21.1mm，重 200.8g。刃长 42.71、74.4mm，刃角 55°、41°（图 2-36：20；图 2-38：3）。

双直刃　2 件。标本 11FHH：92。一边采用硬锤交互法加工，修疤小而连续密集；另一边为使用边。长 60.5、宽 76.9、厚 23.2mm，重 99.8g。刃长 44.7、59.5mm，刃角 37°、48°（图 2-36：21；图 2-38：8）。标本 11FHH：109，一边直接使用，另一边经正向加工，修疤较大且连续密集。长 53.9、宽 75.9、厚 14.3mm，重 72.1g。刃长 65.4、70.8mm，刃角 21°、52°（图 2-36：19；图 2-38：14）。

尖凸刃　1 件。标本 11FHH：52，两刃均经过修理且留有使用疤。长 57.1、宽 58.3、厚 16.7mm，重 48.2g。凸刃长 63.2mm，刃角 71°（图 2-36：22；图 2-37：11）。

复刃　4 件。标本 11FHH：78，流纹岩。共有 3 个刃，刃部均采用正向修理。长 52.1、宽 40.9、厚 14.8mm，重 31.5g，刃长 33.7、31.9、26.5mm，刃角 49°、38°、68°（图 2-36：29；图 2-38：4）。

② 砍砸器　2 件。标本 11FHH：104，石英。以大石片侧边为刃，采用硬锤法正向加工。长 59.9、宽 86.2、厚 29.9mm，重 179.3g，刃长 57.3mm，刃角 59°（图 2-36：30；图 2-38：12）。

4. 断块

8 件。形状大小不一且不规则，多为剥片时崩裂所致。

（四）小结

哈户硕村黑山头地点石器原料以石英岩为主，还有石英、安山岩、流纹岩等。剥片方法为锤击法，石核、石片均以自然台面为主。工具类型多样，包括第一类工具（石锤）、第二类工具（使用石片）和第三类工具（刮削器、砍砸器）。工具均采用硬锤修理，以正向加工为主，反向、复向修理较少。

从埋藏特征、石器原料、剥片技术和工具类型等方面分析，该地点发现的石器与东北地区小石片工业类型相符。但其制作工艺和加工技术在精细程度方面要比周边遗址稍逊一些，也缺少加工制作更为精致的器形。因此，将哈户硕村黑山头地点年代暂定为旧石器时代晚期，距今 2 万年左右。

二、李家窝堡北山地点

（一）地理位置

李家窝堡北山地点位[1]于康平县东关屯镇五棵树村李家窝堡北山的Ⅱ级基座阶地上，海拔102m。地理坐标为北纬42°43′11″，东经123°17′49″，面积约500m²。东距五官营子950m，南距李家窝堡760m（图2-39～图2-41）。

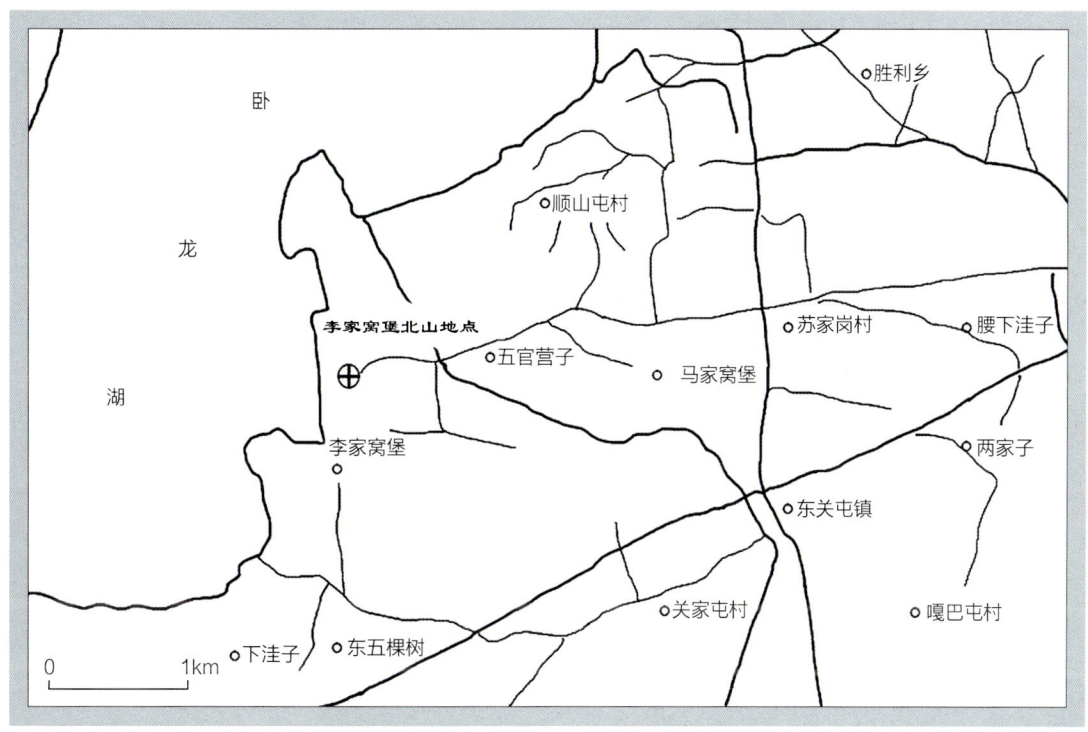

图2-39 李家窝堡北山地点位置示意图

（二）地层

该地点所在Ⅱ级基座阶地上的堆积自上而下分为3层：

第1层：黑垆土，厚0.8～1.5m。

第2层：黄色亚砂土，厚0.2～0.3m。

第3层：砂砾石层，3m未见底。堆积分选不好，磨圆中等，粒径0.02～0.08m，主要为石英砂岩、流纹岩和花岗岩等，砾石层厚度不均，出有石器和软体动物化石。堆积层之下为红色泥岩夹灰白色砂砾岩基岩（图2-42）。

（三）石器

共32件。分为石核、工具和断块。

---

[1] 陈全家等.李家窝堡北山旧石器地点发现的遗物研究，待刊.

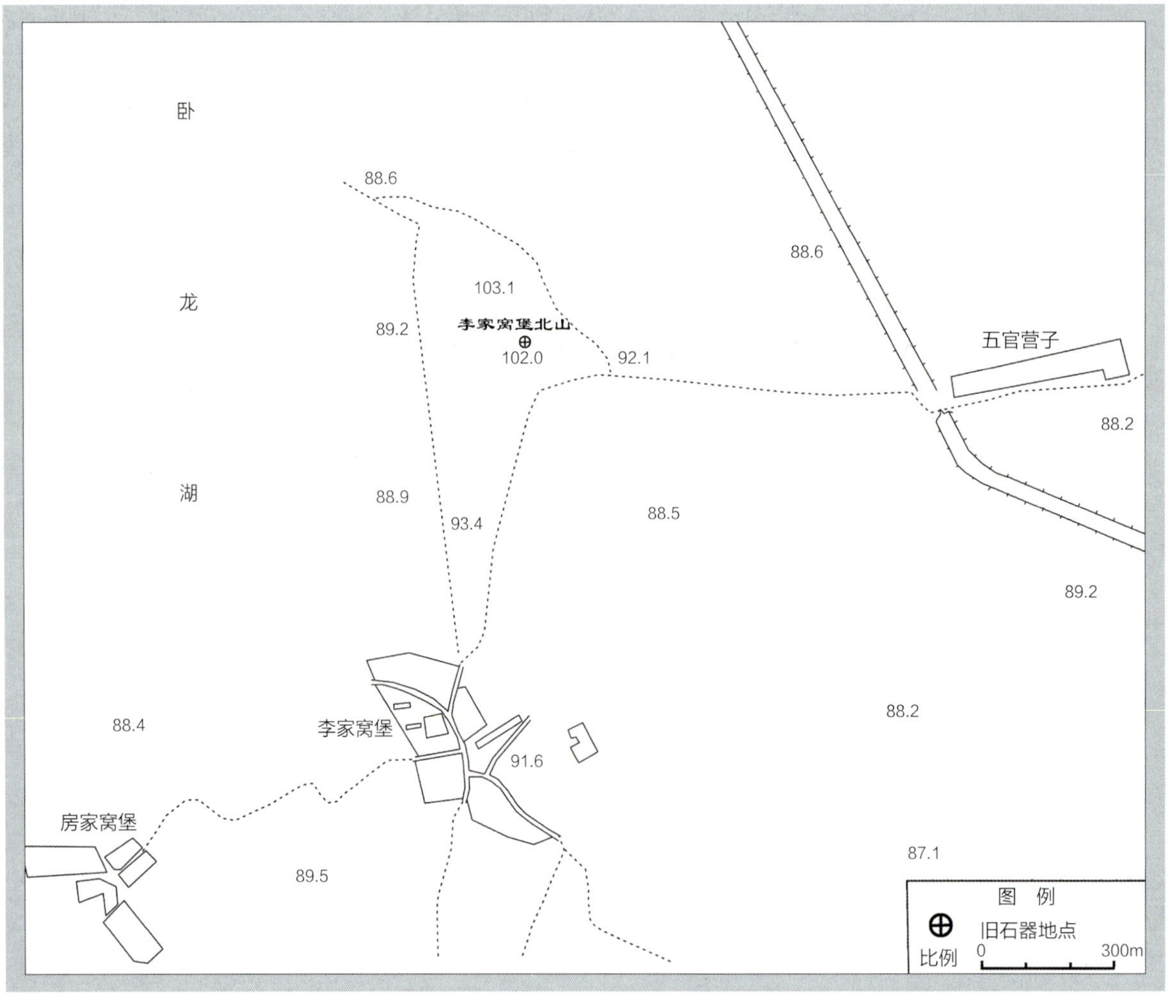

图 2-40　李家窝堡北山地点地形示意图

李家窝堡北山地点航拍图

李家窝堡北山地点远景

图 2-41　李家窝堡北山地点航拍及远景图

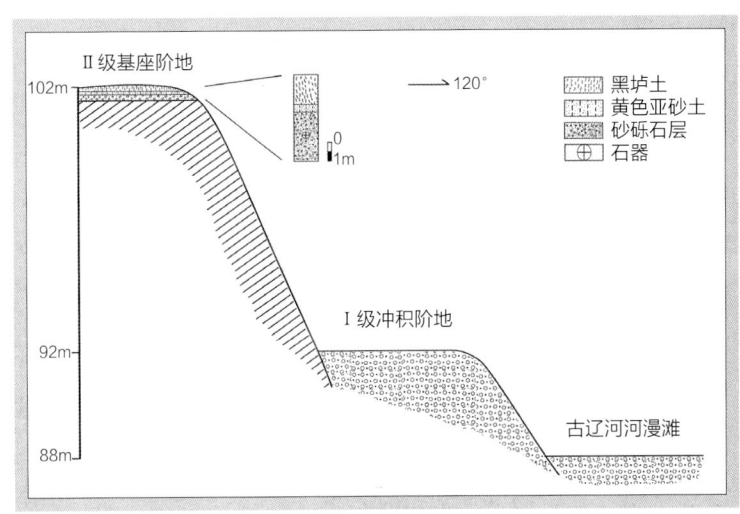

图 2-42 李家窝堡北山地点河谷剖面示意图

1. 石核

22件。均为锤击石核，分为单、双和多台面三类。

单台面 13件。标本11KLB：4，石英砂岩。自然台面，有1个剥片面，片疤为浅平鱼鳞状，观察台面角的大小及核体厚度，石核可以继续进行剥片，尚有较大的利用空间。长56、宽116、厚89.5mm，重554.8g（图2-43：1；图2-44：3）。

双台面 4件。标本11KLB：9，石英岩。均为人工台面，有5个剥片面。片疤延伸程度在中等以上，尚有较大的利用空间。长80、宽79、厚72mm，重466.7g（图2-43：2；图2-44：5）。

多台面 5件。标本11KLB：2，石英岩。有4个台面，7个剥片面。石核产生的石片疤均为浅平鱼鳞状，各台面的台面角均较小，仍可继续进行剥片。长63、宽79、厚111mm，重438.1g（图2-43：5；图2-44：2）。

2. 工具

7件。其中包括二类和三类工具。

（1）**二类工具** 1件。标本11KLB:28，石英砂岩。单凹刃刮削器，劈裂面有直接使用形成的疤痕。长58、宽40、厚26.5mm，重35.4g。刃长24mm，刃角42°（图2-43：7；图2-44：7）。

（2）**三类工具** 6件。类型有刮削器、雕刻器和砍砸器。

① 刮削器 3件。可分为三类。

单直刃 1件。标本11KLB：1，石英砂岩。刃口平齐。劈裂面一侧有使用形成的疤痕。存在对工具把手部位的调整。长70、宽45、厚49.5mm，重102.4g。刃长47mm，刃角59°（图2-43：9；图2-44：1）。

单凸刃 1件。标本11KLB：32，石英砂岩。刃口平齐。劈裂面一侧有反向修理形成的连续疤痕。长76.3、宽60.8、厚37mm，重75.1g。刃长48mm，刃角34.2°（图2-43：6；

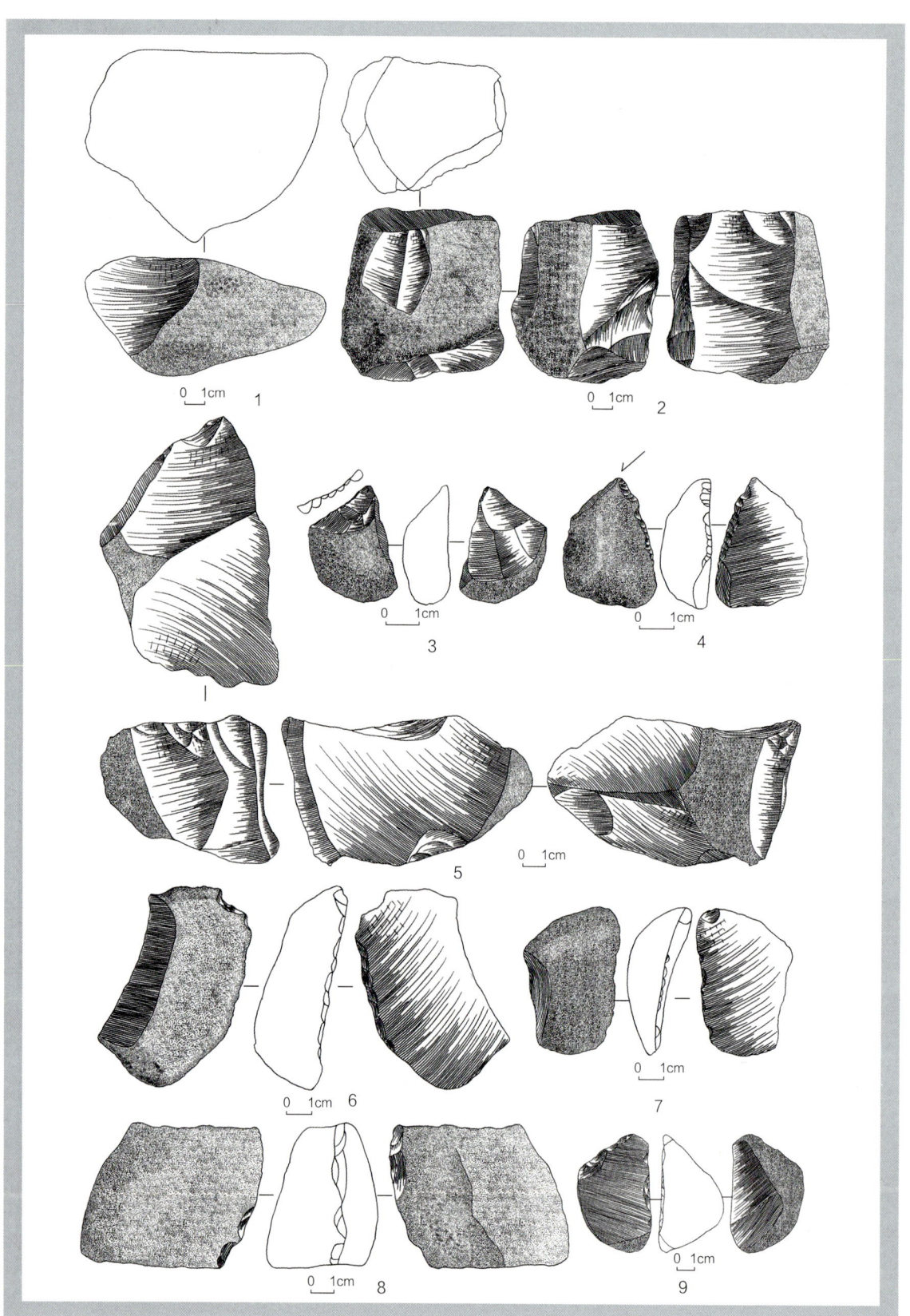

图 2-43　李家窝堡北山地点发现的石器（一）

1、2、5. 石核（11KLB：4、11KLB：9、11KLB：2）；3、6、7、9. 刮削器（11KLB：29、11KLB：32、11KLB：28、11KLB：1）；4. 雕刻器（11KLB：26）；8. 砍砸器（11KLB：5）

图 2-44 李家窝堡北山地点发现的石器（二）

1、7～9. 刮削器（11KLB：1、11KLB：28、11KLB：29、11KLB：32）；2、3、5. 石核（11KLB：2、11KLB：4、11KLB：9）；
4. 砍砸器（11KLB：5）；6. 雕刻器（11KLB：26）

图2-44：9）。

单尖刃 1件。标本11KLB：29，石英。组成尖刃的一侧边经过正向修理，另一边为使用边。长33.2、宽27.4、厚14.3mm，重14.7g（图2-43：3；图2-44：8）。

② 雕刻器 1件。标本11KLB：26，石英岩。利用石片远端两条侧边形成的夹角，由上方斜向打下一片，形成一个凿形刃口为典型的雕刻器刃口。长33.7、宽26.2、厚13.5mm，重12.1g（图2-43：4；图2-44：6）。

③ 砍砸器 2件。标本11KLB：5，安山岩。单凸刃，刃口不平齐。采用锤击法两面加工，有明显的修疤。存在对工具形态的调整。长60.5、宽79、厚48.9mm，重199.3g。刃长63mm，刃角56°（图2-43：8；图2-44：4）。

3. 断块

3件。形状不规则，表面多由石片疤和平齐的断面组成。应为石器加工过程中形成的废品。

（四）动物化石

在与石器共存的砂砾石层中发现软体动物化石11件，经鉴定均为背角无齿蚌（*Anodonta woodiana*），最小个体数为4，由于风化作用影响部分表面分层甚至脱落。

（五）小结

李家窝堡北山地点发现的石器原料有石英、石英砂岩、石英岩、安山岩和玛瑙五类，这些原料广泛分布在古辽河的河漫滩上，其中以石英岩的使用频率最高。石器重量多在100～500g。石器类型较为单一，仅有石核、工具和断块三类。使用锤击法剥片。工具均采用硬锤加工，除修理刃部外还对把手和器形进行调整。

由于该地点发现了动物化石，石器风化较严重且均分布在古辽河最高的Ⅱ级基座阶地上，亦不见新石器时代的磨制石器和陶片。所以推测李家窝堡北山旧石器地点的年代应较早，可能早于旧石器时代晚期。

三、杨家窝堡后山地点

（一）地理位置

杨家窝堡后山地点[1]位于康平县西关屯乡黑山村杨家窝堡后山的Ⅱ、Ⅲ级阶地上，地理位置为北纬42°32′40.4″，东经123°13′24.7″。东南距杨家窝堡300m（图2-45～图2-47）。

（二）地层

该地点表土为黄色砂质黄土，包含千枚岩风化碎块。石器采自Ⅱ、Ⅲ级阶地表面，无地层堆积（图2-48）。

---

[1] 付永平等.杨家窝堡后山旧石器地点发现的石器研究，待刊.

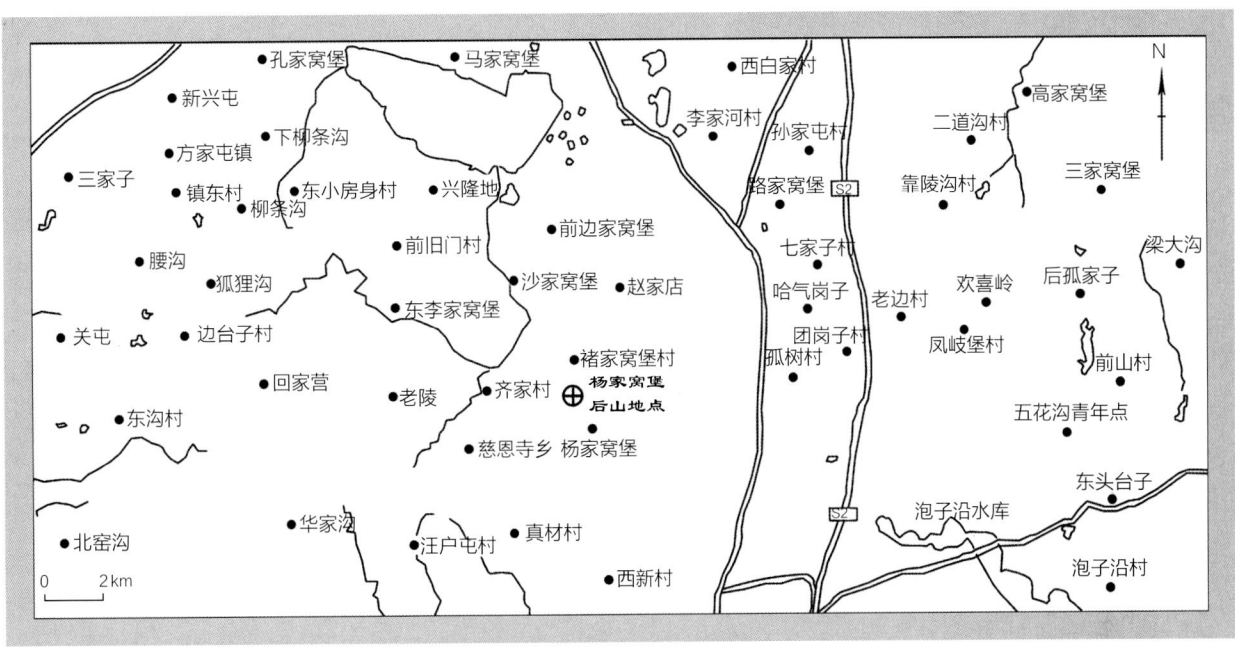

图 2-45　杨家窝堡后山地点地理位置意图

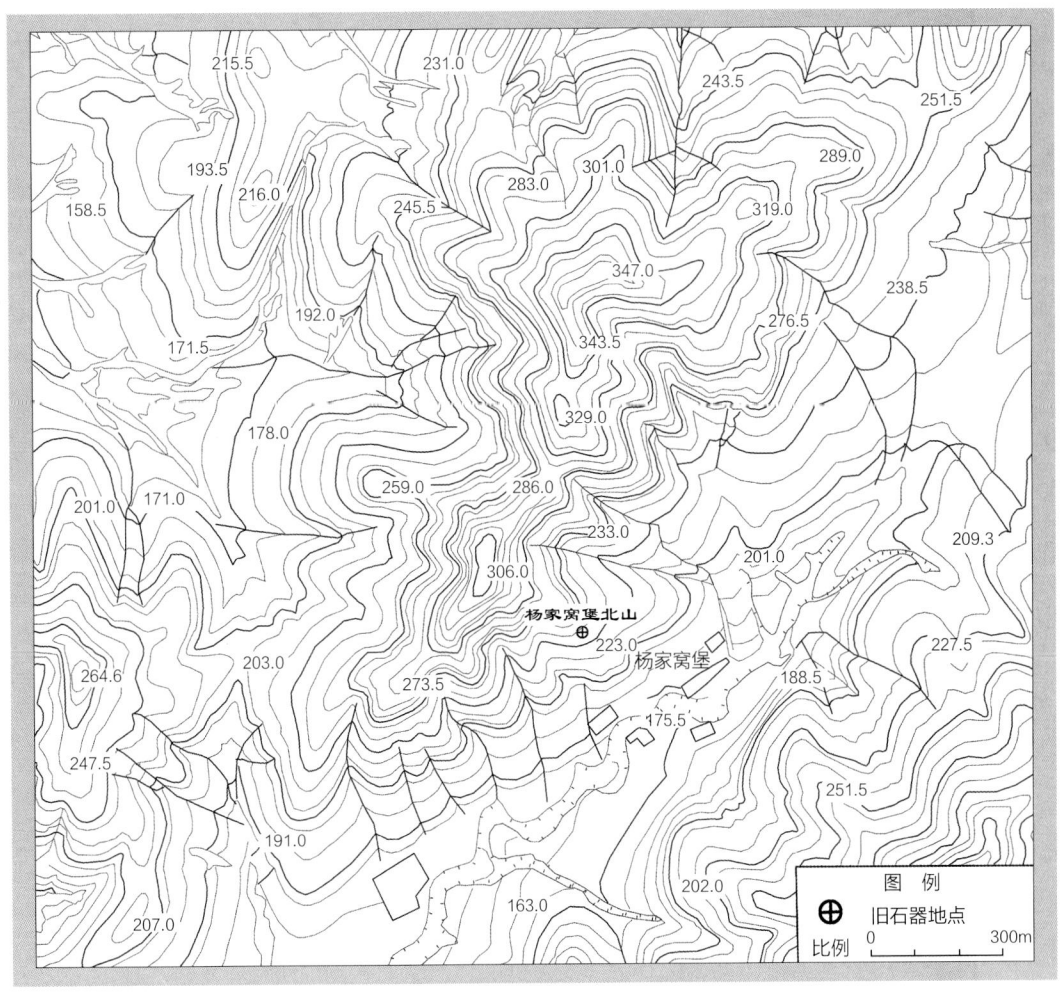

图 2-46　杨家窝堡后山地点地形示意图

杨家窝堡后山地点航拍图　　　　　　　　　　　　杨家窝堡后山地点远景

图2-47　杨家窝堡后山地点航拍及远景图

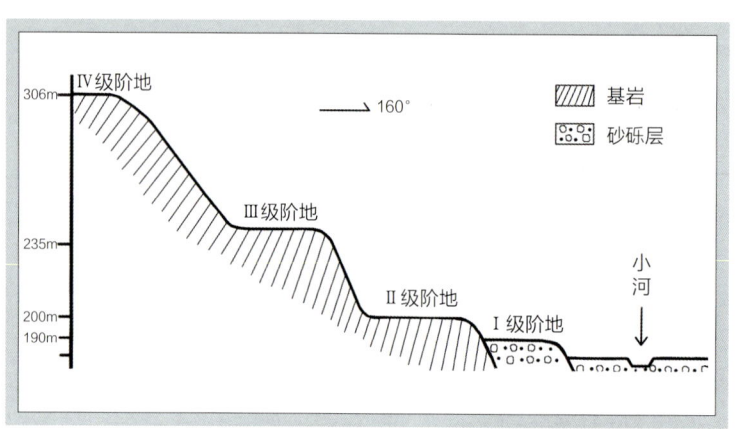

图2-48　杨家窝堡后山地点河谷剖面示意图

（三）石器

共45件。包括石片、工具和断块。

1. 石片

24件。均为锤击石片，分为两类。

（1）完整石片　16件。标本11KYH：31，有脊台面，劈裂面微凸，可见放射线，同心波不明显。背面全疤。长23.7、宽28.9、厚6.5mm，重4.8g（图2-49：1；图2-50：6）。

（2）断片　8件。均为横向断片，分为近端、中间和远端断片。

近端　2件。标本11KYH：13，有疤台面，劈裂面微凸，无锥疤，同心波明显，不见放射线。背面有4个明显片疤。长16.1、宽11.5、厚2.5mm（图2-49：5；图2-50：4）。

中间　3件。标本11KYH：30，玛瑙。同心波明显，无放射线，背面均为石片疤。长12、宽12.4、厚1.9mm，重0.2g（图2-49：3；图2-50：5）。

远端　3件。标本11KYH：43。劈裂面较凸，同心波明显。背面全疤。长16.1、宽10.9、厚4.2mm，重0.6g（图2-49：4；图2-50：8）。

2. 工具

11件。包括二、三类工具。

（1）二类工具　3件。均为刮削器，分为两类。

单直刃　2件。标本11KYH：8，经使用留有小疤。长21、宽15.6、厚6.3mm，重2g。刃长10.5mm，刃角41.2°（图2-49：2；图2-50：3）。

单凹刃　1件。11KYH：24，两侧均有零星小疤。长22.8、宽15.1、厚6.6mm，重1.6g。刃长13.2mm，刃角37.2°（图2-49：6）。

（2）三类工具　8件。刮削器居多，钻器次之。

① 刮削器　5件。分为两类。

单直刃　3件。标本11KYH：5，经正向修理。长18.3、宽17.8、厚4.4mm，重1.2g。刃长18.2mm，刃角29.4°（图2-49：8；图2-50：2）。

单尖刃　2件。标本11KYH：3，构成尖刃的两边均经复向修理，修疤较小。长19.3、宽21.5、厚12mm，重2.3g（图2-49：7；图2-50：1）。

② 钻器　3件。标本11KYH：35，构成尖部的两侧边均经过修理，尖部残缺圆钝，应经过长期使用。长28.6、宽19.4、厚6.5mm，重2.4g（图2-49：9；图2-50：7）。

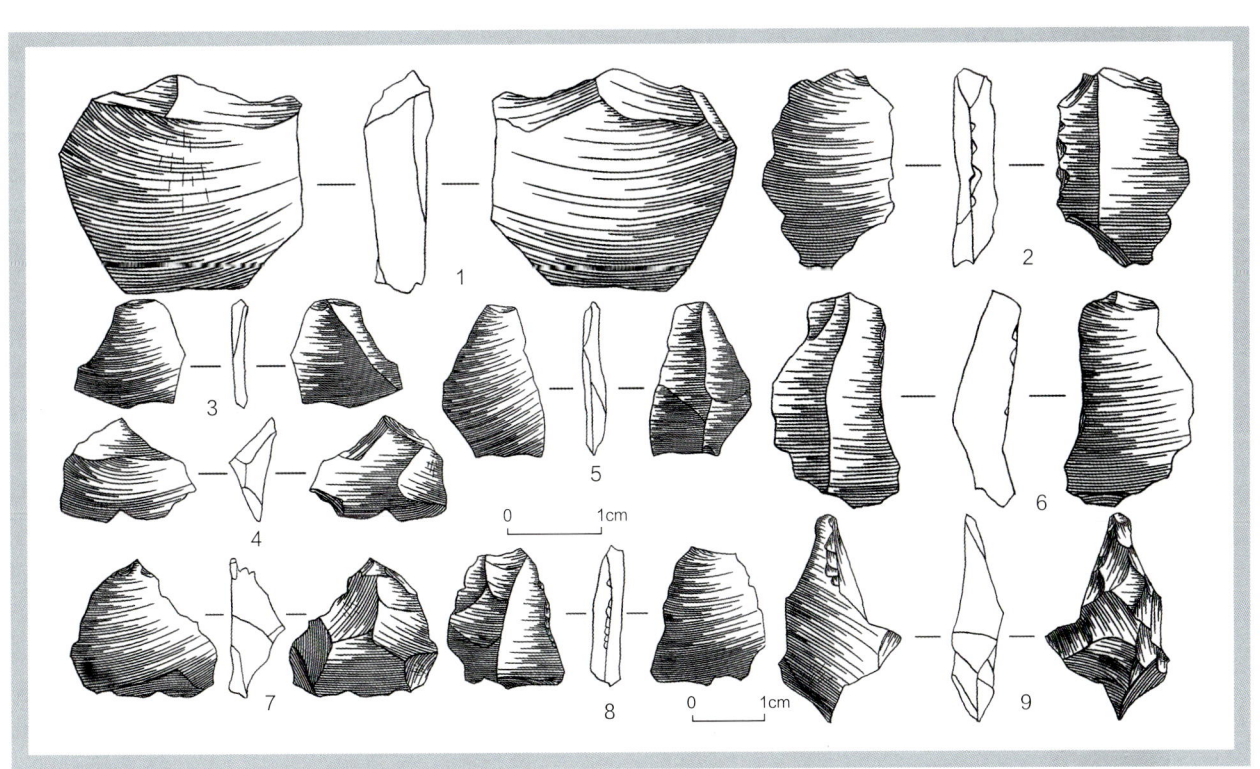

图2-49　杨家窝堡后山地点发现的石器（一）

1、3～5.石片（11KYH：31、11KYH：30、11KYH：43、11KYH：13）；2、6～8.刮削器（11KYH：8、11KYH：24、11KYH：3、11KYH：5）；9.钻器（11KYH：35）

图 2-50　杨家窝堡后山地点发现的石器（二）

1～3. 刮削器（11KYH:3、11KYH:5、11KYH:8）；4～6、8. 石片（11KYH:13、11KYH:30、11KYH:31、11KYH:43）；
7. 钻器（11KYH:35）

3. 断块

10件。呈不规则状。

（四）小结

杨家窝堡后山地点的石器原料种类简单，以玛瑙为主，占石器总数的97.8%。石器多小于1g，类型包括石片、工具和断块，工具为刮削器和钻器。采用硬锤剥片。工具则多采用硬锤复向加工，修刃和修形充分结合。明显具有旧石器时代晚期北方小石片石器的工业特征。此外，在该地点附近还发现石斧毛坯和夹砂红褐陶，故推测其年代最早不早于旧石器时代晚期，最晚不晚于青铜时代。

四、柏家沟西山地点

（一）地理位置

柏家沟西山地点[1]位于法库县柏家沟镇柏家沟村西山小河的Ⅲ级侵蚀阶地上，海拔121m。地理坐标为北纬42°33′26.6″，东经123°36′19.3″。东距镇中心学校400m，南距昌法公路400m（图2-51～图2-53）。

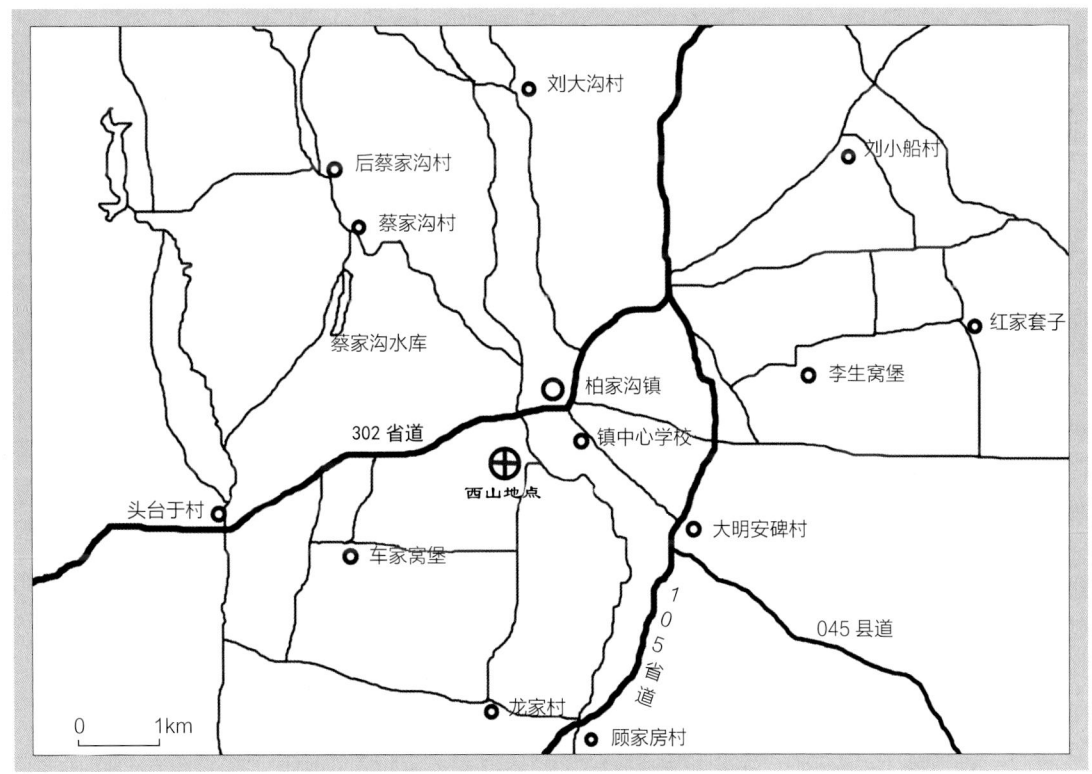

图2-51　柏家沟西山地点位置示意图

---

[1] 付永平,陈全家,袁文明.沈阳柏家沟西山旧石器地点石器研究[J].文物春秋,2015(1):3-6.

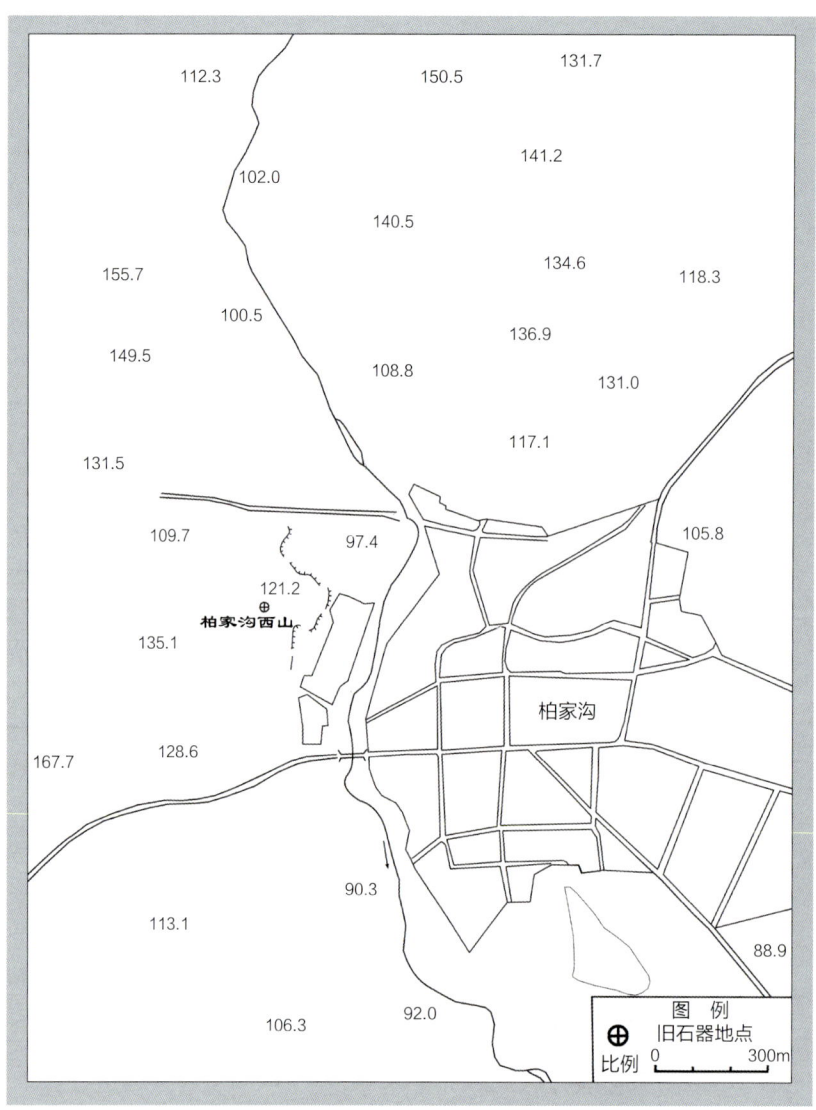

图 2-52 柏家沟西山地点地形示意图

柏家沟西山地点航拍图

柏家沟西山地点远景

图 2-53 柏家沟西山地点航拍及远景图

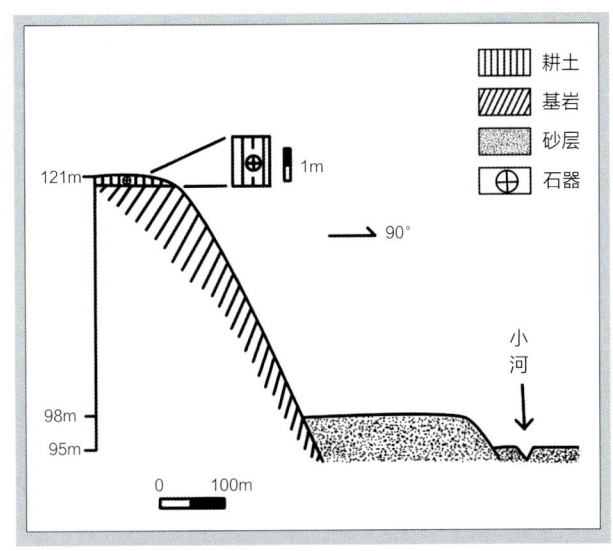

图 2-54　柏家沟西山地点河谷剖面示意图

（二）地层

该地点位于小河的Ⅲ级侵蚀阶地上。阶地上无文化层，耕土层厚约 1m，其下为花岗岩基岩。石制品均采自风化壳（图 2-54）。

（三）石器

共 9 件。分为石片和工具。

1. 石片

1 件。标本 11FBX:9，锤击石片，黑曜石。自然台面，人工背面。打击点集中，劈裂面凸，无锥疤，同心波和放射线不清晰。背面片疤为复向剥片。长 31.5、宽 39.7、厚 24.5mm，重 15.2g（图 2-55：8；图 2-56：8）。

2. 工具

8 件。包括二类和三类工具。

（1）二类工具　4 件。包括刮削器和石球。

① 刮削器　3 件。分为两类。

单凸刃　2 件。标本 11FBX:5，背面分布有不连续的使用疤。长 31、宽 24.5、厚 8.5mm，重 4.2g。刃长 26.5mm，刃角 23.5°（图 2-55：4；图 2-56：4）。

双刃　1 件。标本 11FBX:2，玛瑙。背侧有不连续鱼鳞状使用疤，腹侧有不连续鱼鳞状使用疤。长 19.2、宽 13.5、厚 3.4mm，重 0.7g。凸刃长 19.5mm，刃角 32.5°；凹刃长 15.9mm，刃角 45.6°（图 2-55：6；图 2-56：2）。

② 石球　1 件。标本 11FBX:1，石英岩。毛坯为椭圆形砾石，一侧较为平坦，保留砸击时产生的疤痕，疤痕较浅平。而与之相对的一侧凸起，适于手握。长 58、宽 47.5、厚

24.5mm，重110.2g（图2-55：5；图2-56：1）。

（2）三类工具 4件。均为刮削器，分为三类。

单直刃 1件。标本11FBX：7，石英。背侧有不连续鱼鳞状使用疤。毛坯远端经过硬锤修理，应为修形。长39、宽36.7、厚6.7mm，重3.7g。刃长23mm，刃角46.3°（图2-55：7；图2-56：6）。

单尖刃 2件。标本11FBX：6，石英。直凸边，一条自然边和一条修理边形成尖刃。长23.3、宽20.4、厚11.6mm，重10.7g（图2-55：2；图2-56：5）。标本11FBX：8，石英。直凹边，其中一边经硬锤正向加工。长32.5、宽22.5、厚6.5mm，重4.3g（图2-55：1；图2-56：7）。

双刃 1件。标本11FBX：4，玛瑙。双直刃，采用硬锤对向修理。长25.2、宽19.1、厚7.2mm，重1.9g。刃长13、19.1mm，刃角35.4°、45.6°（图2-55：3；图2-56：3）。

（四）小结

柏家沟西山地点石器原料以玛瑙为主，其余按比例依次为石英、蛋白石、石英岩和黑曜石。石器重量均小于50g，平均重5.2g。类型较为单一，包括石片和工具，工具中有刮削器和石球。剥片方法均为锤击法，不见砸击技术的出现。工具均为硬锤直接修理，修理部

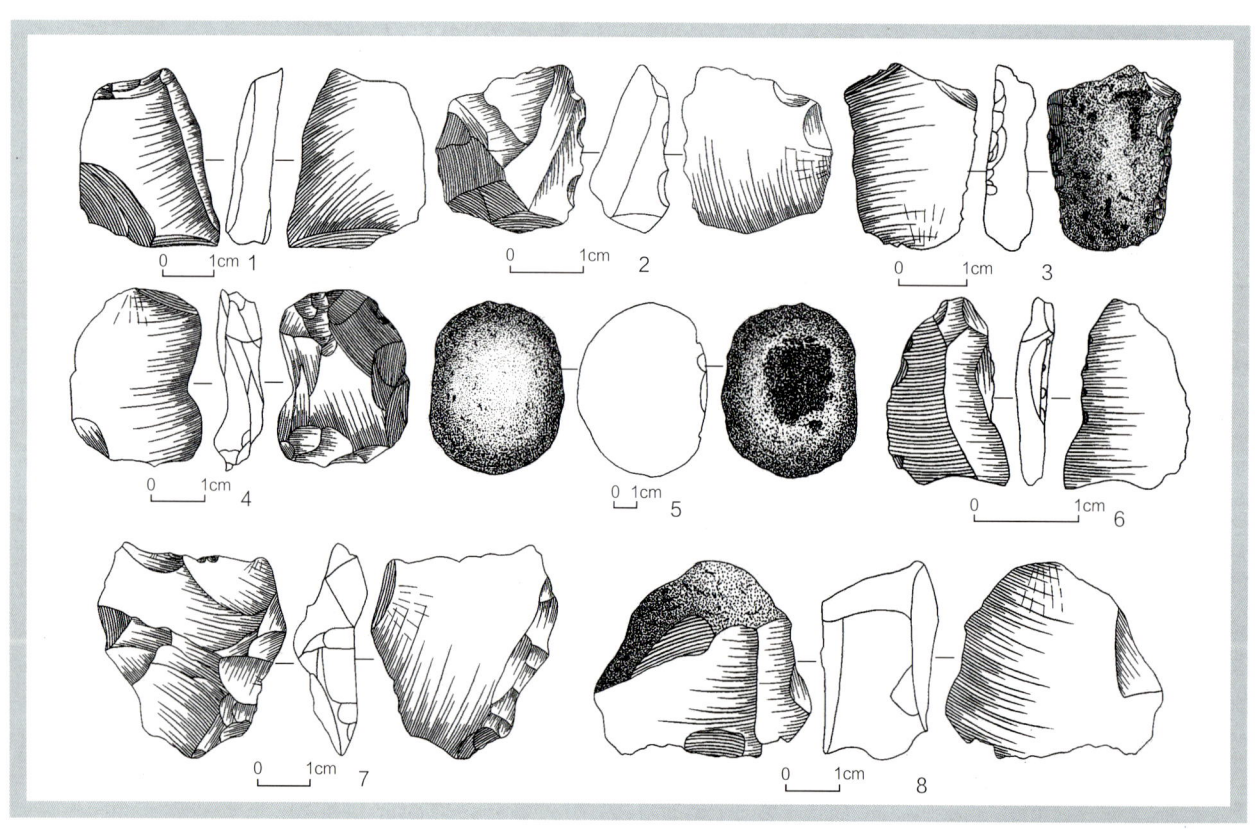

图2-55　柏家沟西山地点发现的石器（一）

1～4、6、7.刮削器（11FBX：5、11FBX：2、11FBX：7、11FBX：4、11FBX：6、11FBX：8）；5.石球（11FBX：1）；8.石片（11FBX：9）

图 2-56 柏家沟西山地点发现的石器（二）

1. 石球（11FBX:1）；2~7. 刮削器（11FBX:2、11FBX:4、11FBX:5、11FBX:6、11FBX:7、11FBX:8）；
8. 石片（11FBX:9）

位以刃缘为主，兼有修形，修疤形态以鱼鳞状为主，兼有阶梯状。总体来看工具的修理较为简单随意，不具备明确的规划性，对工具形制的要求亦无特定模式。

该地点位于小河Ⅲ级阶地上，石器采自基岩上层的黄色耕土层，不见新石器时代和青铜时代遗物。石器形体较小，原料以玛瑙等优质原料为主，工具组合中以刮削器为主，反映出以狩猎为主的经济类型。综合来看与该地区旧石器时代晚期小石片工业类型特点基本一致，且石器风化程度较轻，其年代应属于旧石器时代晚期，距今1.5万年左右。

五、邢家屯威虎山地点

（一）地理位置

邢家屯威虎山地点[1]位于法库县卧牛石乡邢家屯村东北的威虎山，海拔115m。地理坐标为北纬42°31′11″，东经122°57′41″，面积约8000m²。南距秦家屯1400m，西南距邢家屯380m（图2-57～图2-59）。

（二）地层

该地点位于Ⅲ级侵蚀阶地上，无文化层，基岩为流纹岩（图2-60）。

（三）石器

共18件。分为石核、石片、工具和断块。

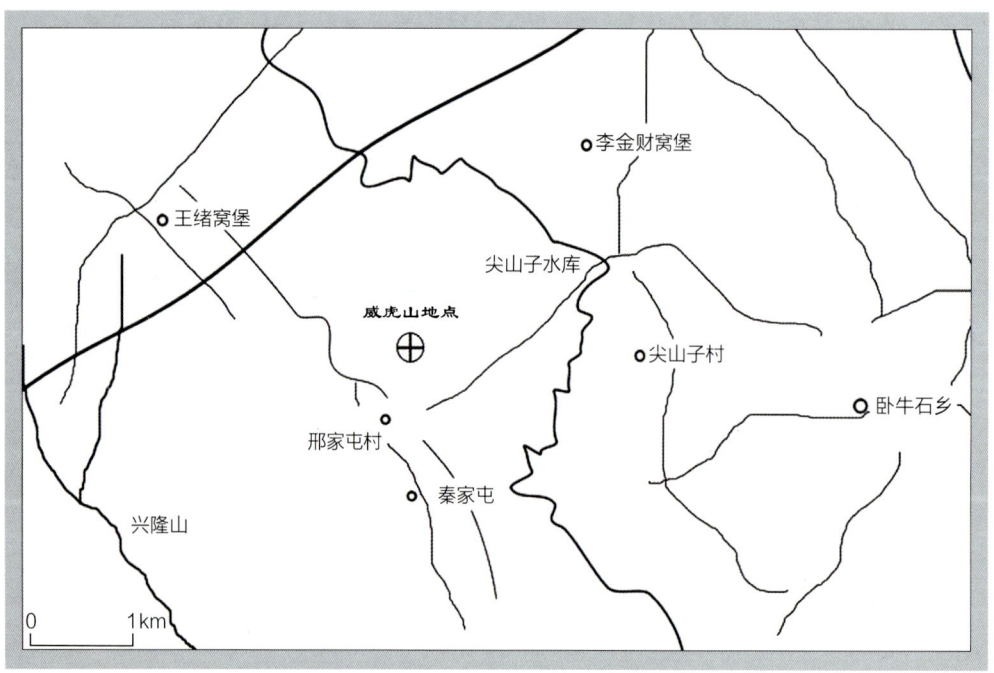

图2-57　邢家屯威虎山地点位置示意图

---

[1] 付永平，陈全家，石晶. 法库威虎山旧石器地点发现的石器研究[J]. 文博，2014（6）：14-17.

第二章　各地点发现与研究　|　65

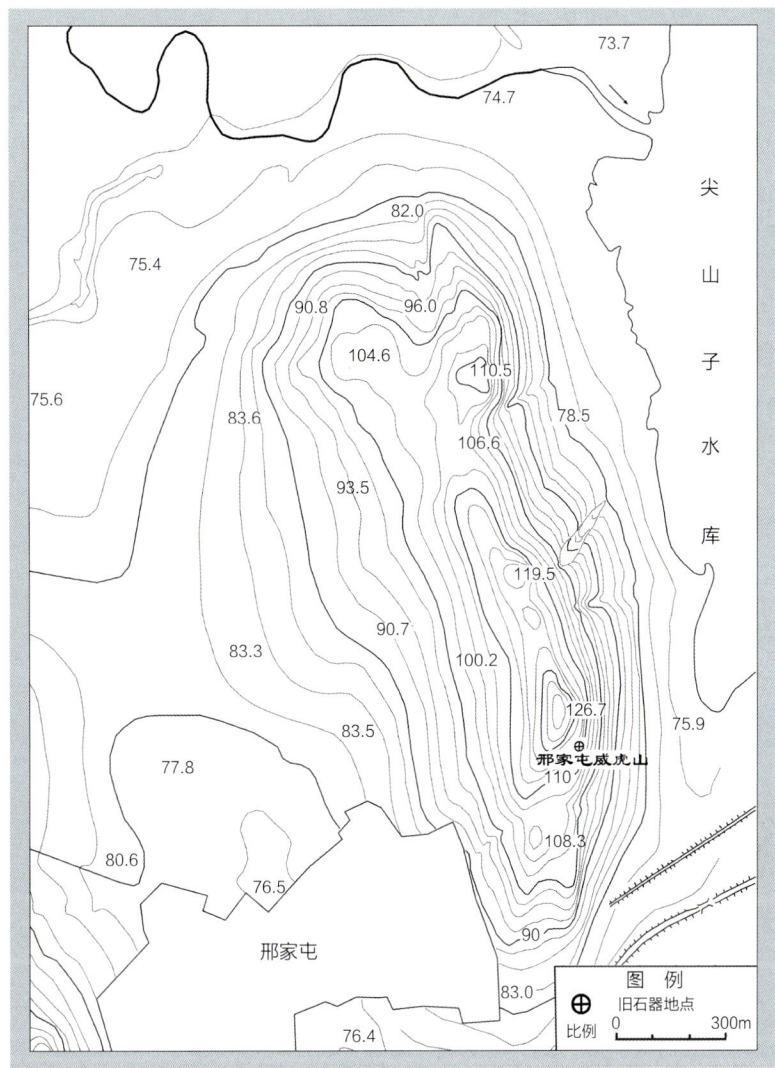

图 2-58　邢家屯威虎山地点地形示意图

邢家屯威虎山地点航拍图　　　　　　　　　　邢家屯威虎山地点远景

图 2-59　邢家屯威虎山地点航拍及远景图

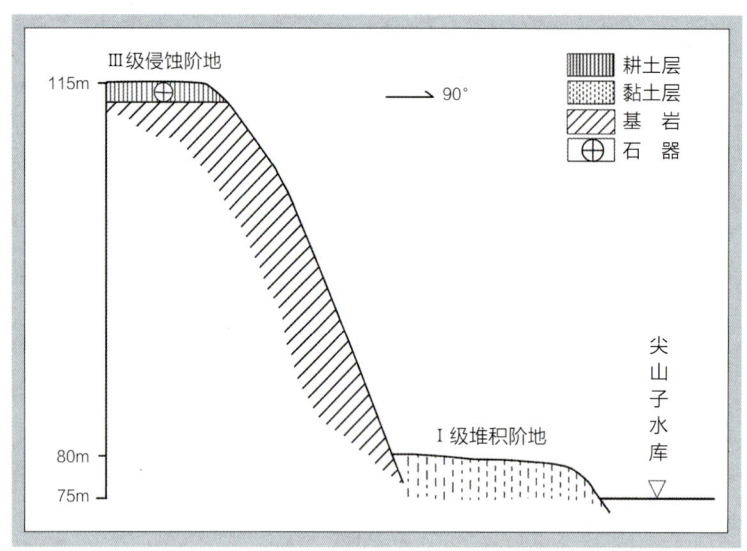

图 2-60　邢家屯威虎山地点河谷剖面示意图

1. 石核

3件。均为双台面锤击石核。台面均为人工台面，有2个剥片面。采用对向剥片，产生的片疤延伸程度较远，石核核体较薄，台面较窄，已无法继续剥片。标本11FXW：3，长46.8、宽75、厚24.4mm，重71.6g（图2-61：1）。

2. 石片

5件。分为完整石片和断片。

完整石片　4件。均为锤击石片。标本11FXW：5，燧石。自然台面，劈裂面较凸，打击点散漫，有同心波和半锥体，放射线不明显。石片边缘较钝。长25、宽27.8、厚6mm，重4.8g（图2-61：2；图2-62：3）。

断片　1件。标本11FXW:11，燧石。左边断片，劈裂面较凸，打击点集中，放射线和同心波清晰。背面均为石片疤。石片的右侧为断口。长29.3、宽22.8、厚11mm，重6.3g（图2-61：3；图2-62：5）。

3. 工具

8件。包括二类工具和三类工具。

（1）二类工具　1件。标本11FXW：14，燧石。直凸刃刮削器，两侧有直接使用形成的片疤。长34、宽20、厚9mm，重3.9g。刃长12、15mm，刃角27°、39.3°（图2-61：4；图2-62：7）。

（2）三类工具　7件。类型有刮削器和钻器。

① 刮削器　6件。分为三类。

单凸刃　4件。标本11FXW：8，燧石。采用锤击法两面修理，两侧留有单层鱼鳞状修疤。长54、宽29.5、厚16mm，重13.4g。刃长44mm，刃角53°（图2-61：5；图2-62：4）。

单尖刃　1件。标本11FXW：1，燧石。组成尖刃的两边采用错向加工。长64.5、宽

45.6、厚22mm，重38.2g（图2-61：6；图2-62：1）。

双刃 1件。标本11FXW：2，燧石。尖直刃，尖刃一边经过反向修理且有使用疤，背面有使用形成的密集小疤。长52、宽43、厚15.4mm，重24.8g。直刃刃长31mm，刃角34°（图2-61：7）。

② 钻器 1件。标本11FXW：12，燧石。尖部经过单面修理，密集修疤位于一侧。工具器体较厚，在使用中便于执握施力。长42、宽22.3、厚22mm，重16.6g（图2-61：8；图2-62：6）。

4. 断块

2件。形状不规则。表面由砾石面、石片疤和平齐的断面组成，可能为石器加工过程中的废品。

（四）小结

邢家屯威虎山地点已发现石器的原料有燧石和玛瑙两类，其中以燧石数量居多，约占总数

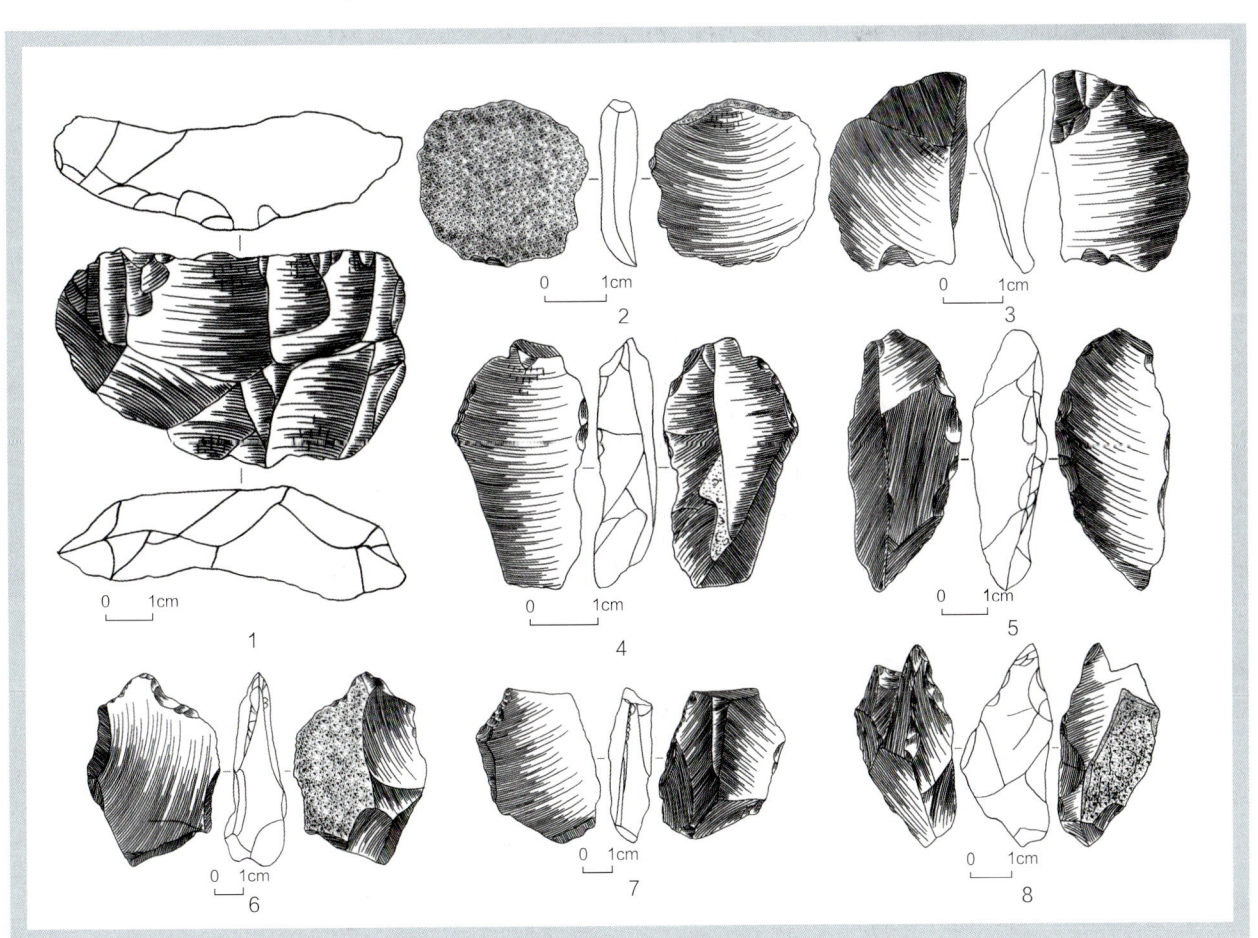

图2-61 邢家屯威虎山地点发现的石器（一）

1. 石核（11FXW：3）；2、3. 石片（11FXW：5、11FXW：11）；4～7. 刮削器（11FXW：14、11FXW：8、11FXW：1、11FXW：2）；8. 钻器（11FXW：12）

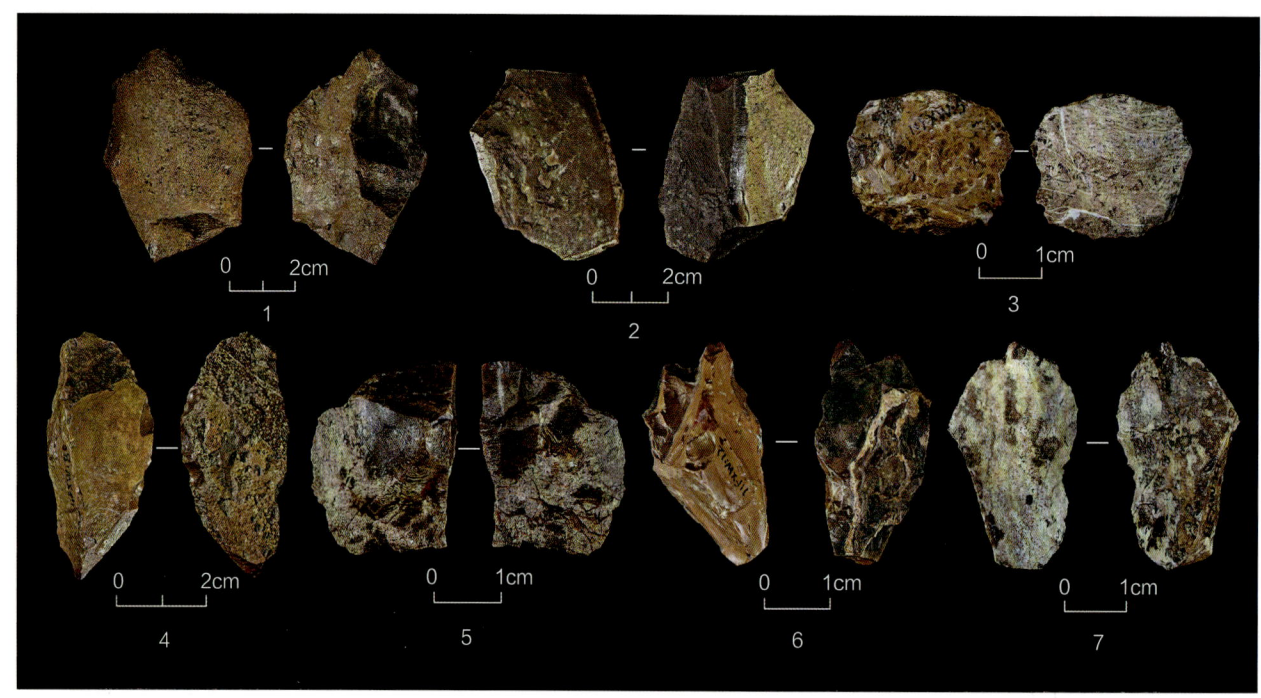

图 2-62　邢家屯威虎山地点发现的石器（二）

1、2、4、7.刮削器（11FXW：1、11FXW：2、11FXW：8、11FXW：14）；3、5.石片（11FXW：5、11FXW：11）；6.钻器（11FXW：12）

的 83.3%。中型石器数量最多，占 66.65%。采集的石器数量虽不多，但种类比较丰富，有石核、石片、工具和断块四类，并以工具（刮削器和钻器）数量居多。工具的加工部位集中在刃部，未发现修理器形和把手的行为；均以硬锤直接加工，修疤多为鱼鳞状。

该地点发现的石器多以燧石为原料，个体均较小，工具以刮削器等小型工具为主，且未见细石器工业典型器物，所以将其暂归为小石片工业类型。石器分布在河流最高的Ⅲ级侵蚀阶地上，且同一地点中不见新石器时代的磨制石器和陶片。所以推测邢家屯威虎山地点石器的年代不会晚于旧石器时代晚期。

六、陶家屯镇羊草沟南山地点

（一）地理位置

陶家屯镇羊草沟南山地点[1]位于新民市陶家屯镇羊草沟村南山的Ⅱ级阶地上，海拔 60m。地理位置为北纬 42°10′17.4″，东经 123°12′57.8″。北距羊草沟村 700m，西距南窑村 1700m，东距辽河 1800m，西北距陶家屯镇 2200m（图 2-63 ～图 2-65）。

（二）地层

该地点所在的基座阶地上部为灰黄色耕土层，厚 0.2 ～ 0.3m，存在青铜时代的陶片和

---

[1]　陈全家等.陶家屯镇羊草沟南山旧石器地点石器研究，待刊.

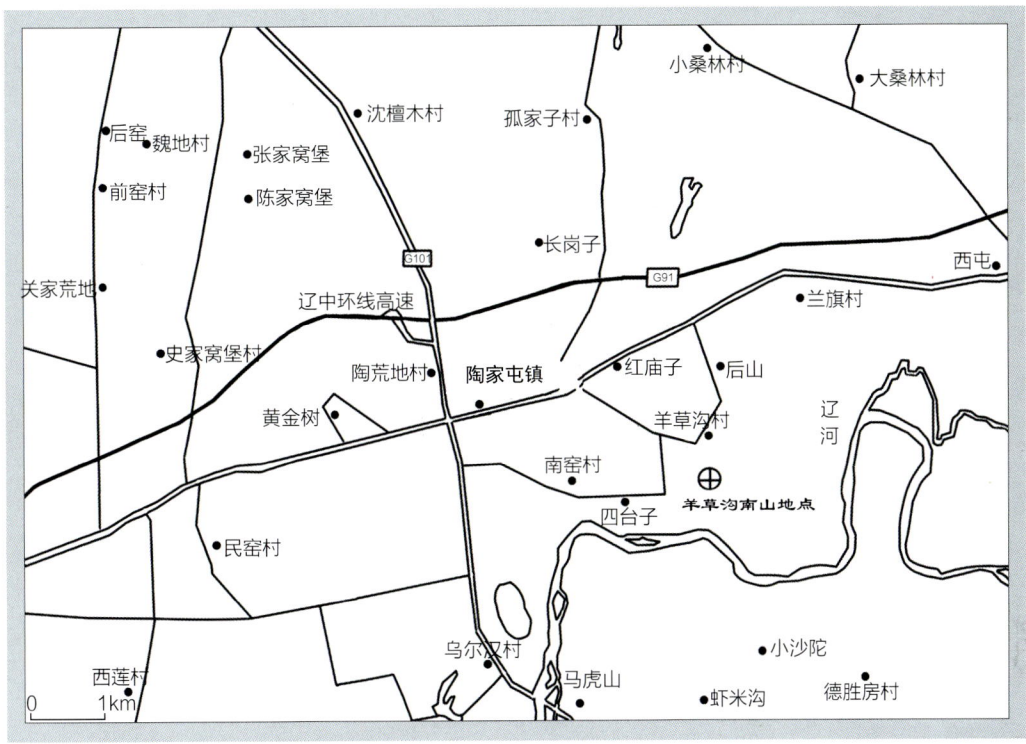

图 2-63 陶家屯镇羊草沟南山地点地理位置示意图

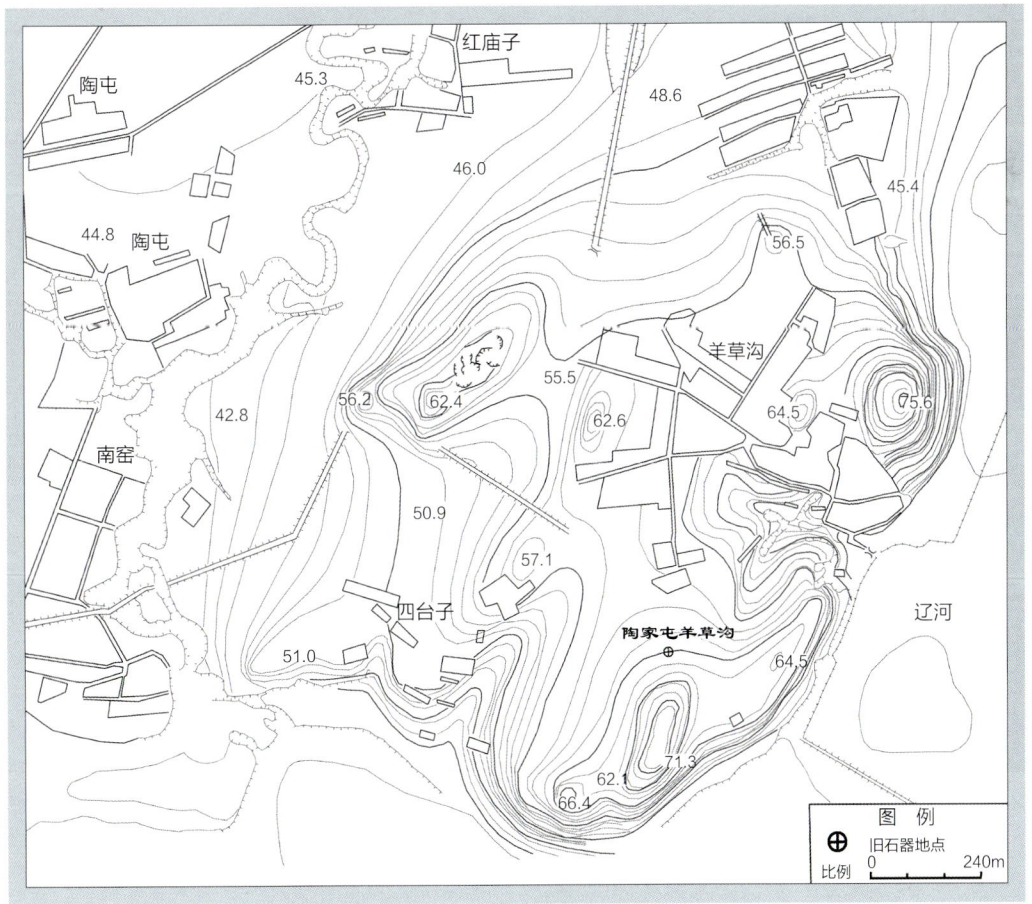

图 2-64 陶家屯镇羊草沟南山地点地形示意图

陶家屯镇羊草沟南山地点航拍图

陶家屯镇羊草沟南山地点远景

图 2-65　陶家屯镇羊草沟南山地点航拍及远景图

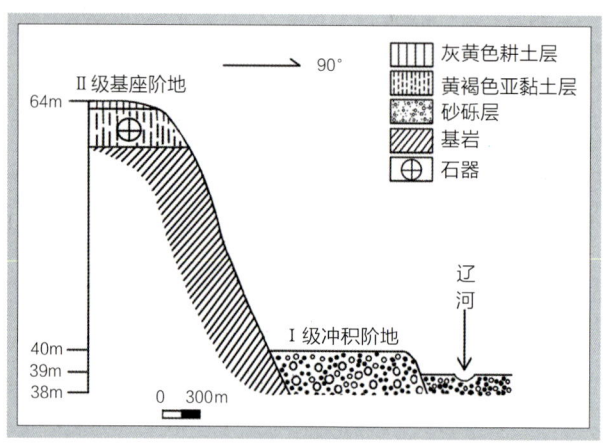

图 2-66　陶家屯镇羊草沟南山地点河谷剖面示意图

辽金时代的瓷片。耕土层下部为黄褐色亚黏土层，厚 0.2～2m，石器出于此层。下部为基岩，由流纹岩和流纹斑岩组成，未见底（图 2-66）。

（三）石器

22 件。包括石核、工具和断块。

1. 石核

4 件。均为锤击多台面石核。标本 12XYN:15，硅质泥岩。3 个台面中只有 1 个为自然台面，5 个剥片面，有 15 个明显片疤。长 30.6、宽 42.2、厚 19.1mm，重 26.9g（图 2-67: 1；图 2-68: 5）。

2. 工具

15 件。均为三类工具，刮削器居多，尖刃器次之。

（1）刮削器　9 件。分为四类。

单直刃　5 件。标本 12XYN:3，英安岩。刃缘经过复向修理，两侧留有修疤。另外还对把手部位进行了调整。长36、宽14.4、厚7.1mm，重3.6g。刃长28.1mm，刃角28.5°（图2-67：5；图2-68：1）。

单凸刃　1件。标本12XYN：7，英安岩。刃部经过复向修理。除修刃外还进行了修形和修把手。长48.7、宽31.3、厚26.7mm，重35.6g。刃长56.8mm，刃角48.4°（图2-67：4；图2-68：3）。

单凹刃　1件。标本12XYN：5，蛋白石。刃部经过修理，两侧留有鱼鳞状修疤。还对把手部位进行了修理。长36.5、宽28.2、厚21.1mm，重14.3g，刃长30.7mm，刃角38.7°（图2-67：3；图2-68：2）。

双刃　2件。标本12XYN：19，燧石。尖凸刃，尖刃两边经过复向修理，修疤细密连续。凸刃亦经复向修理。长20.7、宽22.9、厚5.9mm，重1.9g。刃长18.7mm，刃角11.7°（图2-67：2；图2-68：6）。

（2）尖刃器　6件。标本12XYN：8，英安岩。双直边，构成尖刃的两直边均经复向修理，修疤较小。对把手和器形进行了修理。长46.9、宽25.9、厚15.4mm，重14.7g（图2-67：6；图2-68：4）。

3. 断块

3件。均呈不规则状。

（四）小结

陶屯镇羊草沟南山地点石器原料以英安岩为主，占石器总数的32.2%。石器以小型占绝对优势，重量多在50g以下。类型较为简单，包括石核、工具和断块，其中工具最多，包括刮削器和尖刃器。多采用复向剥片，打制台面居多，偶见自然台面。工具以硬锤复向修理为主，修刃、修形和修把手结合充分。

该地点的石器以小型占绝对优势，包括刮削器、尖刃器和小石器等典型器形，明显具

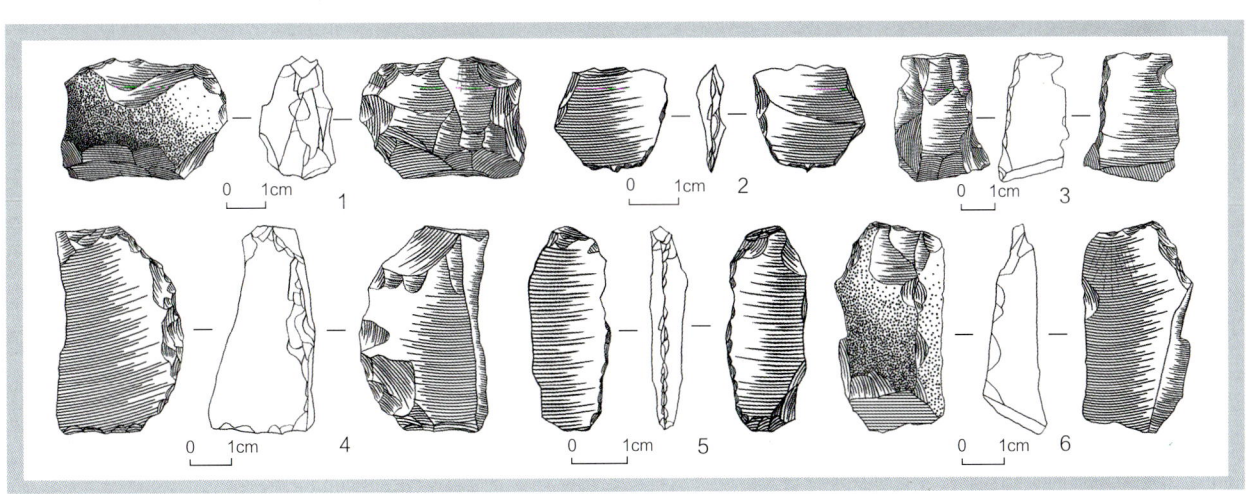

图2-67　陶家屯镇羊草沟南山地点发现的石器（一）

1. 石核（12XYN：15）；2～5. 刮削器（12XYN：19、12XYN：5、12XYN：7、12XYN：3）；6. 尖刃器（12XYN：8）

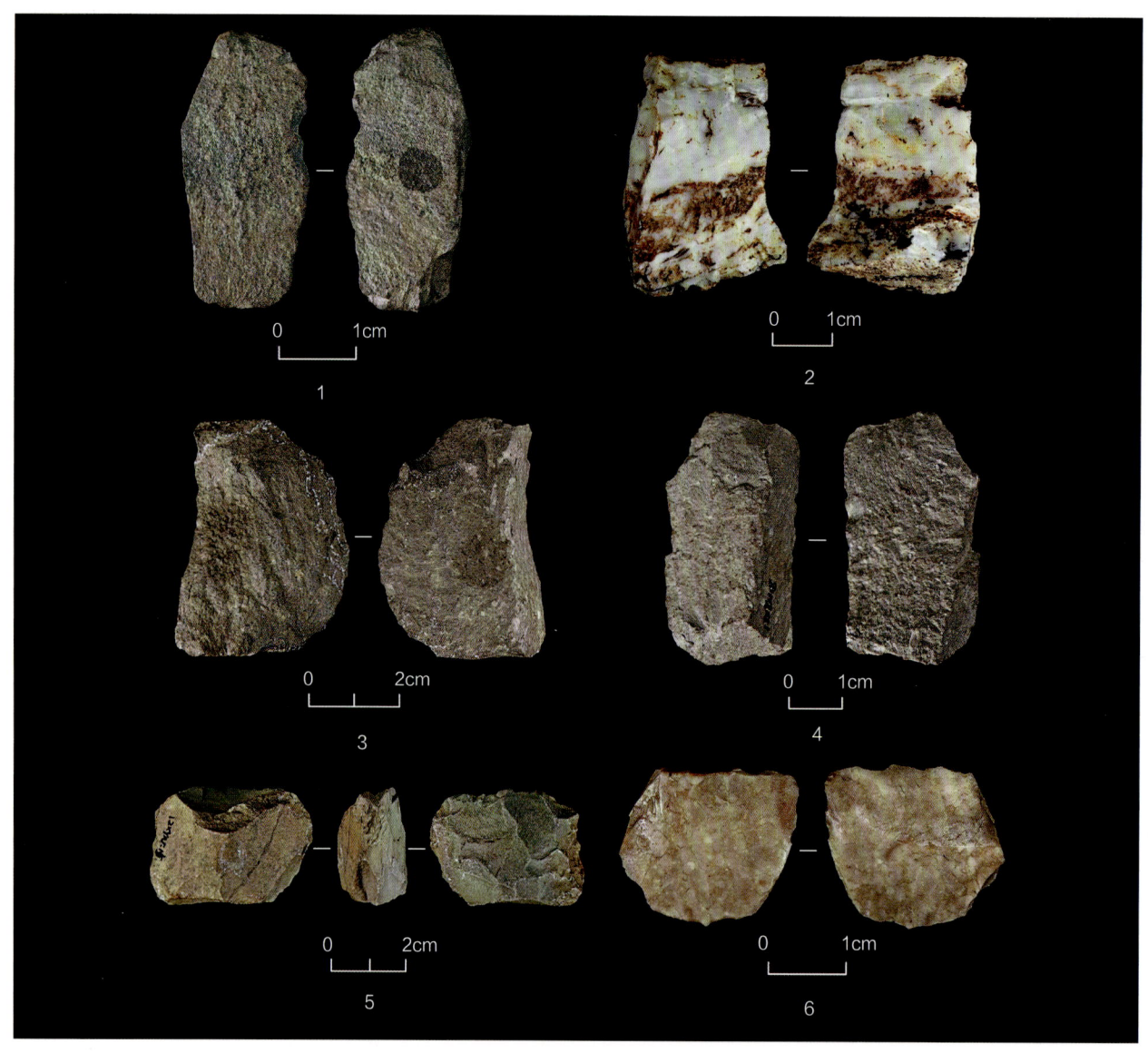

图 2-68　陶家屯镇羊草沟南山地点发现的石器（二）

1~3、6.刮削器（12XYN:3、12XYN:5、12XYN:7、12XYN:19）；4.尖刃器（12XYN:8）；5.石核（12XYN:15）

有旧石器时代晚期北方小石片工业的特征。此外，在该地点附近未见新石器时代以后的陶片和磨制石器，故推测其年代为旧石器时代晚期。

七、古城子地点

（一）地理位置

古城子旧石器地点[1]位于沈阳市东陵区古城子镇古城子村小河的Ⅱ级冲积阶地上，海拔95.4m。地理坐标为北纬41°43′51.5″，东经123°35′12.7″。东距李相村2000m，东南距收兵台1750m，南距施家寨村1700m，北距古城子镇900m

---

[1] 陈全家等.古城子旧石器地点发现的石器研究，待刊.

第二章　各地点发现与研究 | 73

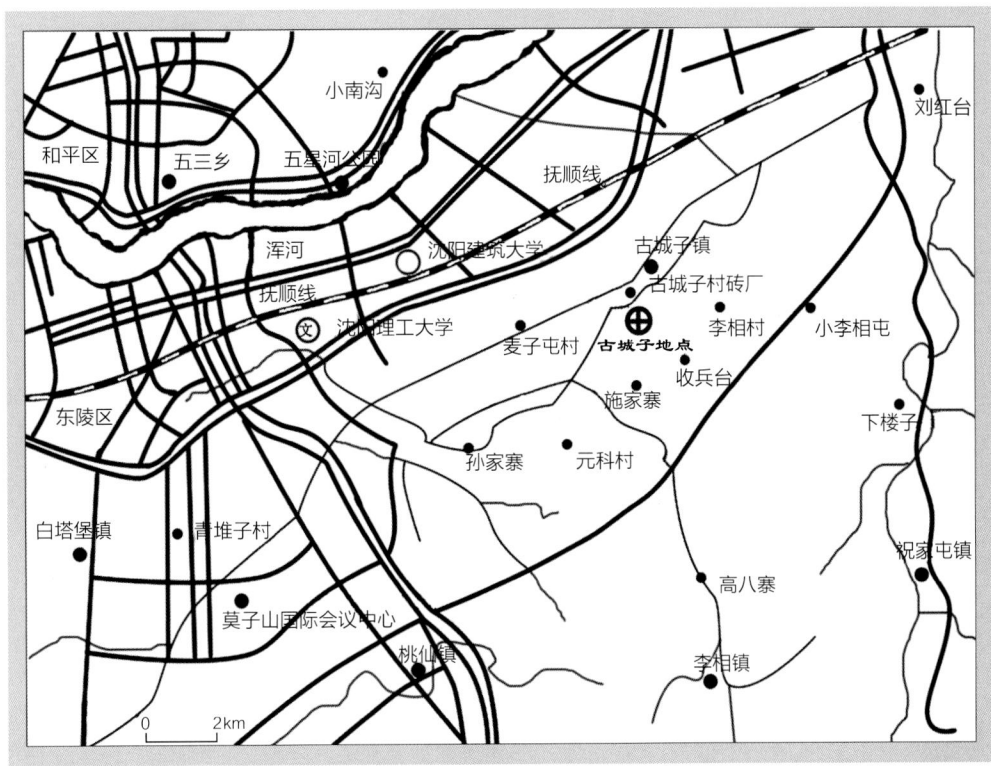

图 2-69　古城子地点位置示意图

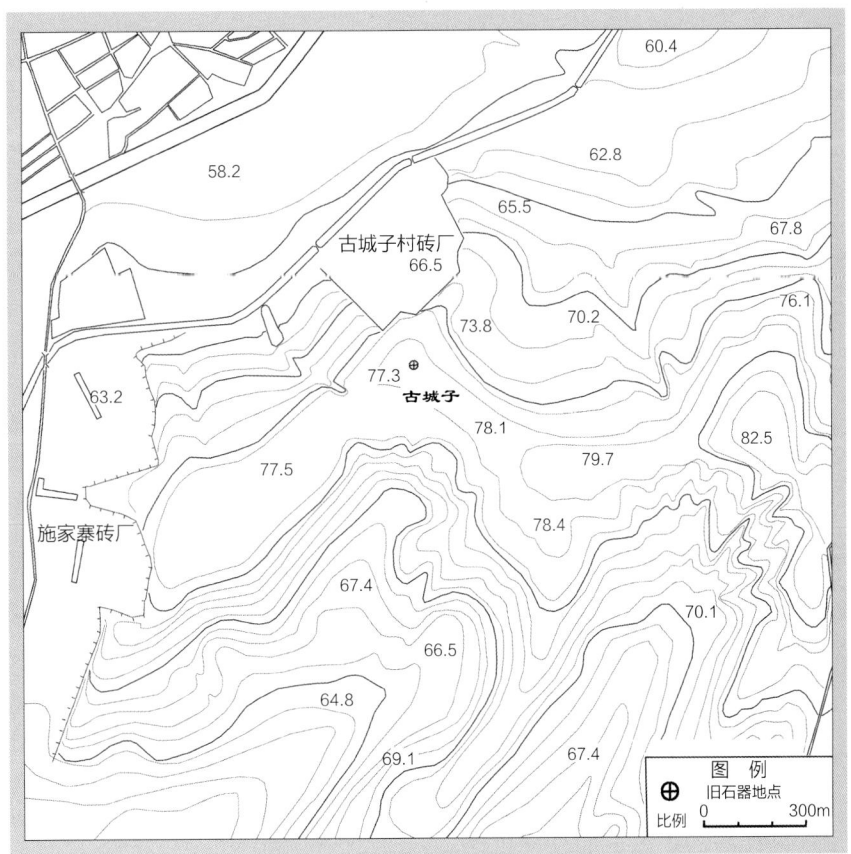

图 2-70　古城子地点地形示意图

古城子地点航拍图

古城子地点远景

图 2-71　古城子地点航拍及远景图

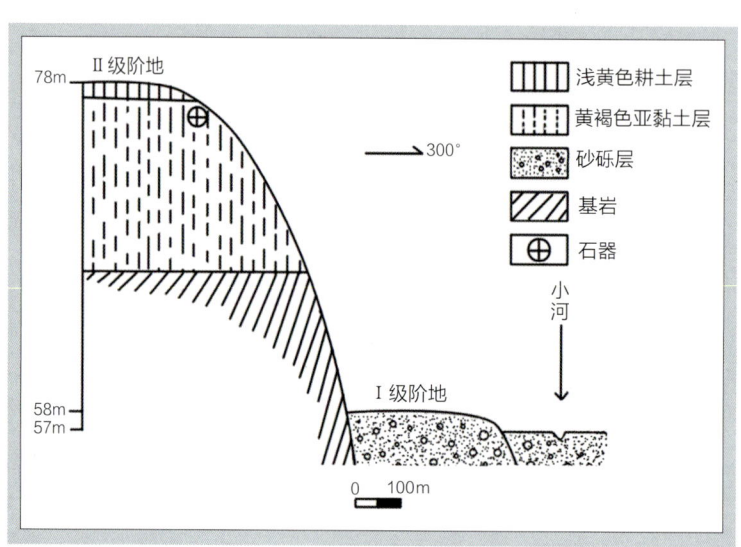

图 2-72　古城子地点河谷剖面示意图

（图 2-69 ～图 2-71）。

（二）地层

该地点位于浑河支流小河的 Ⅱ 级冲积阶地上。阶地堆积可分为 3 层（图 2-72）：

第 1 层：浅黄色耕土层，厚 20 ～ 30cm，包含辽金时代瓷片等。

第 2 层：黄褐色亚黏土层，土质较黏，厚约 1m，石器出自该层。

第 3 层：红色风化壳，未见底。

（三）石器

共 35 件，分为石核、石片、工具和断块。

1. 石核

3 件。均为锤击石核，分为单台面和多台面两类。

单台面 2件。标本12SDG：12，细晶花岗岩。自然台面，有2个剥片面，有11个明显片疤。从石核残存的形状来看当时的人类已经具备利用石核的形状来间接控制石片形状。长72.5、宽62.5.5、厚31.9mm，重122.2g（图2-73：2；图2-74：4）。

多台面 1件。标本12SDG：10，石英。块状毛坯，有3个台面，5个剥片面。石核形状不规整，核体厚度较小，且内部脉理发育，导致部分剥片短小，远端呈断坎状。长34.9、宽44.1、厚43mm，重47.5g（图2-73：4；图2-74：2）。

2. 石片

7件。均为锤击石片，分为完整石片和断片。

（1）完整石片 3件。可分为二型。

Ⅰ型 2件。标本12SDG：29，硅质泥岩。碰砧石片，打击点散漫，劈裂面微凸，无锥疤，同心波和放射线不清晰。背面均为石片疤。长34.9、宽50.5、厚22.9mm，重27.8g（图2-73：6）。

Ⅱ型 1件。标本12SDG：30，石英。刃状台面，打击点集中，劈裂面凸，同心波、放射线模糊，无锥疤。背面有4个石片疤。长33.9、宽30.1、厚19.7mm，重22.3g。

（2）断片 4件。可分为近端和远端两类。

近端 3件。标本12SDG：25，细晶花岗岩。刃状台面，劈裂面微凸，打击点较散漫，放射线和同心波不明显，无锥疤。背面均为石片疤。石片的远端为断口。长30.1、宽25.5、厚5.6mm，重3.4g（图2-73：1；图2-74：9）。

远端 1件。标本12SDG：31，劈裂面平坦，不见半锥体，放射线较清晰，同心波模糊。背面为石片疤。断面较为平整。长34.2、宽48、厚18mm，重24.7g（图2-73：3；图2-74：11）。

3. 石叶

1件。标本12SDG：32，板岩。打制台面，劈裂面较平坦，放射线较清晰，同心波模糊。背面半疤半砾，并有脊。综合来看该石叶可能并不是古人刻意生产，而是在人类掌握了修理台面技术之后在剥取石片时偶然形成。长54.5、宽15.6、厚13mm，重11.4g（图2-73：5；图2-74：12）。

4. 工具

20件，包括二类工具和三类工具。

（1）二类工具 2件。均为刮削器，分为两类。

单凸刃 1件。标本12SDG：20，石灰岩。刃缘两侧分布有不连续的鱼鳞状使用疤。长53.5、宽49.9、厚28.5mm，重59.6g。刃长34.5mm，刃角61.5°（图2-73：11；图2-74：6）。

单尖刃 标本12SDG：28，细晶花岗岩。以石片的远端自然形成的尖作为刃，劈裂面侧有不连续阶梯状使用疤。长33、宽28.5、厚5.5mm，重5.1g（图2-73：9；图2-74：10）。

（2）三类工具 18件。包括刮削器、砍砸器和锛形器。

① 刮削器 14件。分为三类。

单直刃 8件。标本12SDG：7，细晶花岗岩。采用硬锤复向修理，兼有修理形制和把手。总体来看其修理精致。长59.1、宽53、厚30.5mm，重89.1g。刃长30.5mm，刃角54.2°（图2-73：13；图2-74：1）。

单凸刃 4件。标本12SDG：19，石灰岩。刃缘采用硬锤修理，兼顾修形和修把手。长75.5、宽30.1、厚18mm，重43.7g。刃长57.5mm，刃角50.5°（图2-73：10；图2-74：5）。

锯齿刃 2件。标本12SDG：11，安山岩。刃缘呈锯齿状，采用硬锤直接修理。长69.1、宽42、厚20mm，重44.6g。刃长28.5mm，刃角68.3°（图2-73：12；图2-74：3）。

② 砍砸器 3件。可分为两类。

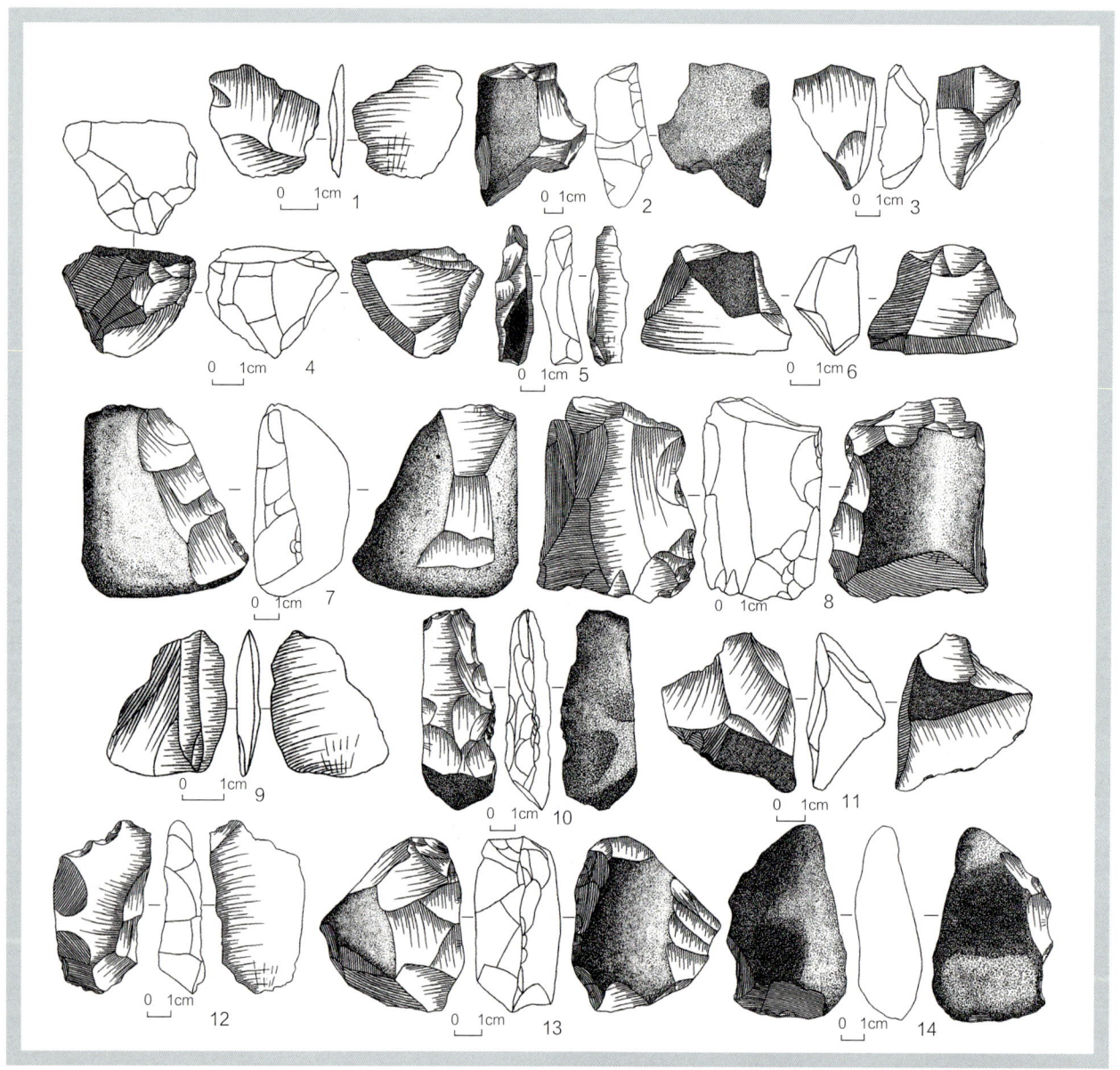

图2-73 古城子地点发现的石器（一）

1、3、6. 石片（12SDG：25、12SDG：31、12SDG：29）；2、4. 石核（12SDG：12、12SDG：10）；5. 石叶（12SDG：32）；7、8. 砍砸器（12SDG：22、12SDG：21）；9～13. 刮削器（12SDG：28、12SDG：19、12SDG：20、12SDG：11、12SDG：7）；14. 锛形器（12SDG：33）

单直刃 2件。标本12SDG:22,修理部位包括刃缘、形制和把手,采用硬锤直接修理,单面加工。长74.2、宽68.5、厚38.9mm,重192g。刃长69.1mm,刃角84.5°(图2-73:7;图2-74:8)。

单凹刃 1件。标本12SDG:21,石英岩。修理部位包括刃缘、形制和把手,采用硬锤复向加工。长73.5、宽60、厚45.8mm,重214.9g。刃长52.5mm,刃角71.5°(图2-73:8;图2-74:7)。

③ **锛形器** 1件。标本12SDG:33,细晶花岗岩。采用硬锤复向加工,修疤有鱼鳞状和阶梯状。其与东北地区以及华北地区等遗址发现的锛形器半成品在修理方法、程序以及形制等完全一致,故其应为尚未加工完成的锛形器。长81.9、宽53.1、厚30mm,重114.7g

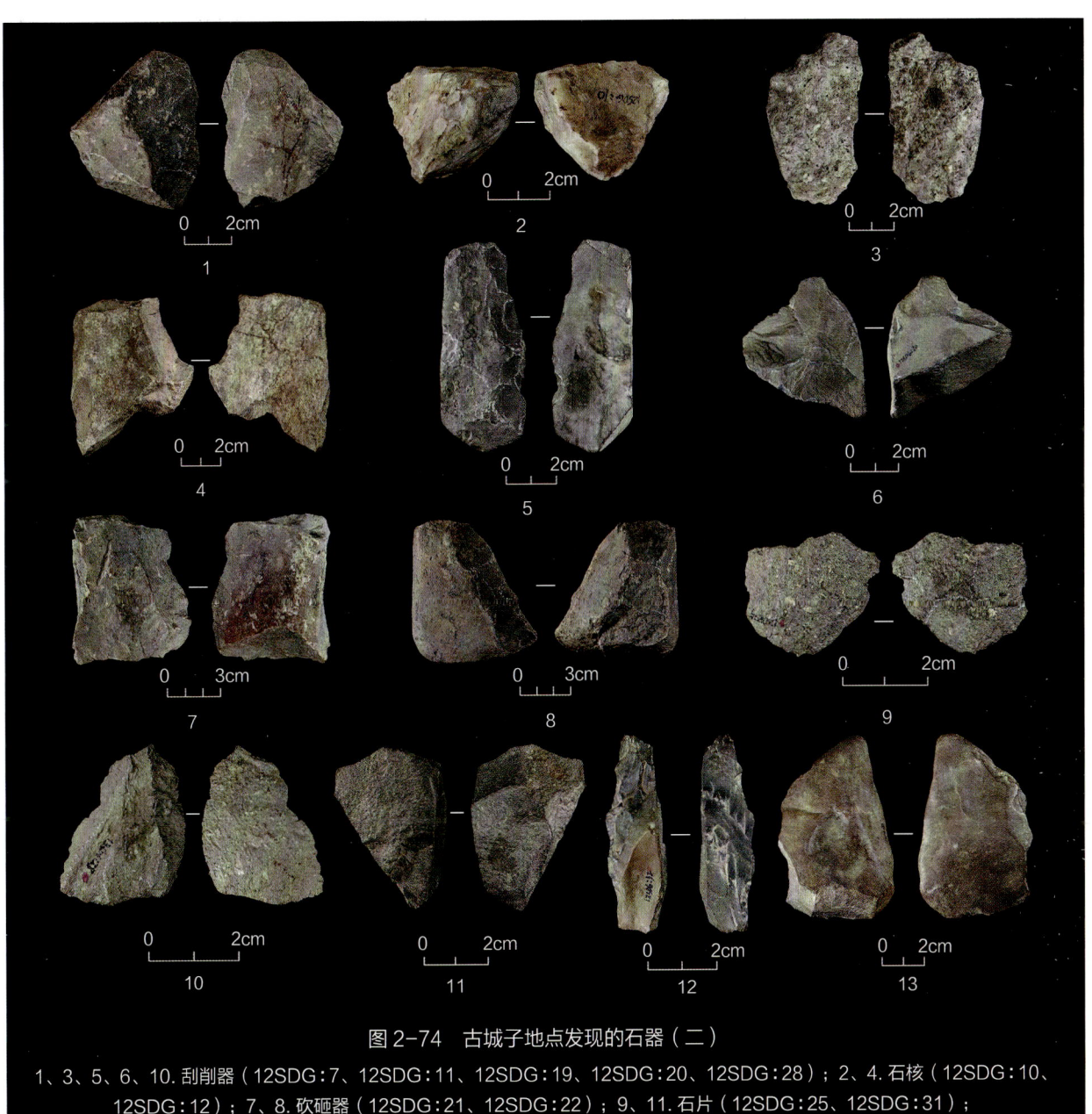

图2-74 古城子地点发现的石器(二)

1、3、5、6、10.刮削器(12SDG:7、12SDG:11、12SDG:19、12SDG:20、12SDG:28);2、4.石核(12SDG:10、12SDG:12);7、8.砍砸器(12SDG:21、12SDG:22);9、11.石片(12SDG:25、12SDG:31);12.石叶(12SDG:32);13.锛形器(12SDG:33)

（图2-73：14；图2-74：13）。

5. 断块

4件。个体变异较大，形状不规则，多有人工痕迹，其中部分断面为人为截断，可能为工具修理过程中截断修形时产生。另有少量为带有较多剥片疤，应为剥片过程中产生的废品。

（四）小结

古城子地点石器原料种类多样，以石英为主，其余按比例依次为细晶花岗岩、硅质泥岩、石灰岩、安山岩等。质地多较粗糙，部分解理发育，石质良莠不齐。石器类型丰富，包括石核、石片、工具和断块，其中工具包括刮削器、砍砸器和锛形器三类。均采用硬锤直接修理，不见砸击修理、压制修理等。修理方式以正向为主，其次为复向，不见反向以及交互加工等。修理部位以修刃为主，其次为修形和修把手。

该地点位于浑河支流小河的Ⅱ级阶地上，石器出自黄褐色亚黏土层上部，不见新石器时代和青铜时代陶片。石器工业类型属于旧石器时代晚期北方小石片工业传统，石器技术与该地区同处旧石器时代晚期的金牛山遗址上层等具有极大的一致性。石器风化程度较轻，且工具的性质及加工工具有一定的概念模板性，其形制已基本定型。综上推测其年代可能为旧石器时代晚期或者稍晚。

八、三家子北山地点

（一）地理位置

三家子北山地点[1]位于沈阳市东陵区高坎镇三家子村北山。地理坐标为北纬41°51′15.45″，东经123°40′04.57″，面积约10000m^2。东距高坎镇1300m、山崴子600m，南距三家子村200m、高坎村800m，南邻沈阳市四环（在建），南距浑河1600m（图2-75～图2-77）。

（二）地层

该地点地层堆积自上而下可分为3层（图2-78）：

第1层：灰黄色的耕土层，厚10～40cm，包含青铜石器陶片等。

第2层：黄色亚砂土，厚0～50cm，出有石器。

第3层：基岩，为混合花岗岩，未见底。

（三）石器

共77件。包括石核、石片、工具和断块。

---

[1] 陈全家，付永平，刘亚林.三家子北山旧石器地点石器研究[A].中国·乌珠穆沁边疆考古国际学术研讨会论文集[C].北京：科学出版社，2014：127-143.

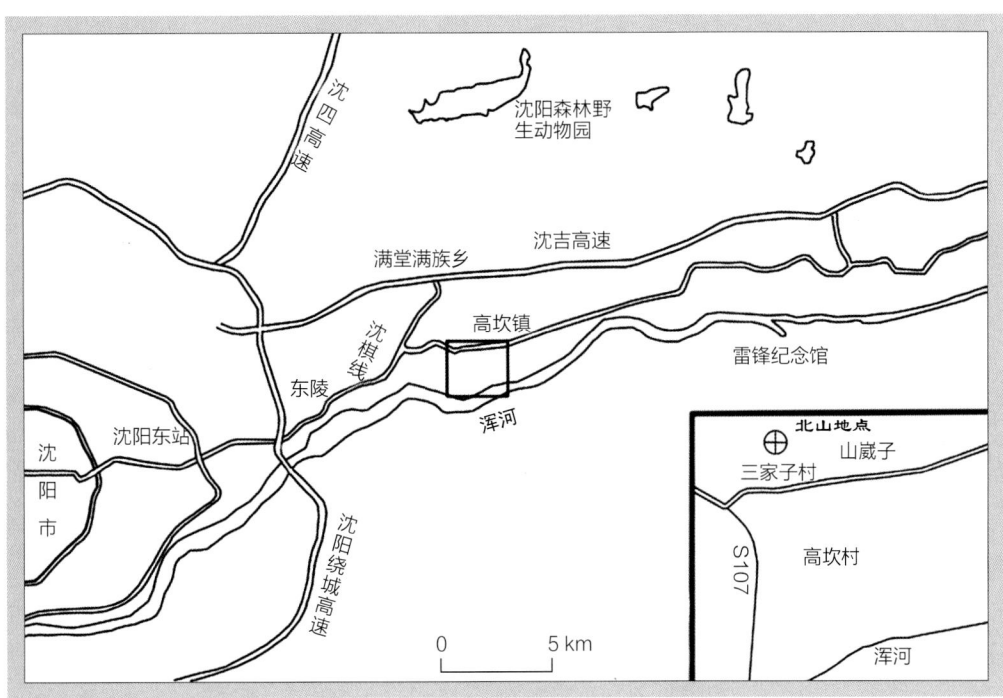

图 2-75 三家子北山地点位置示意图

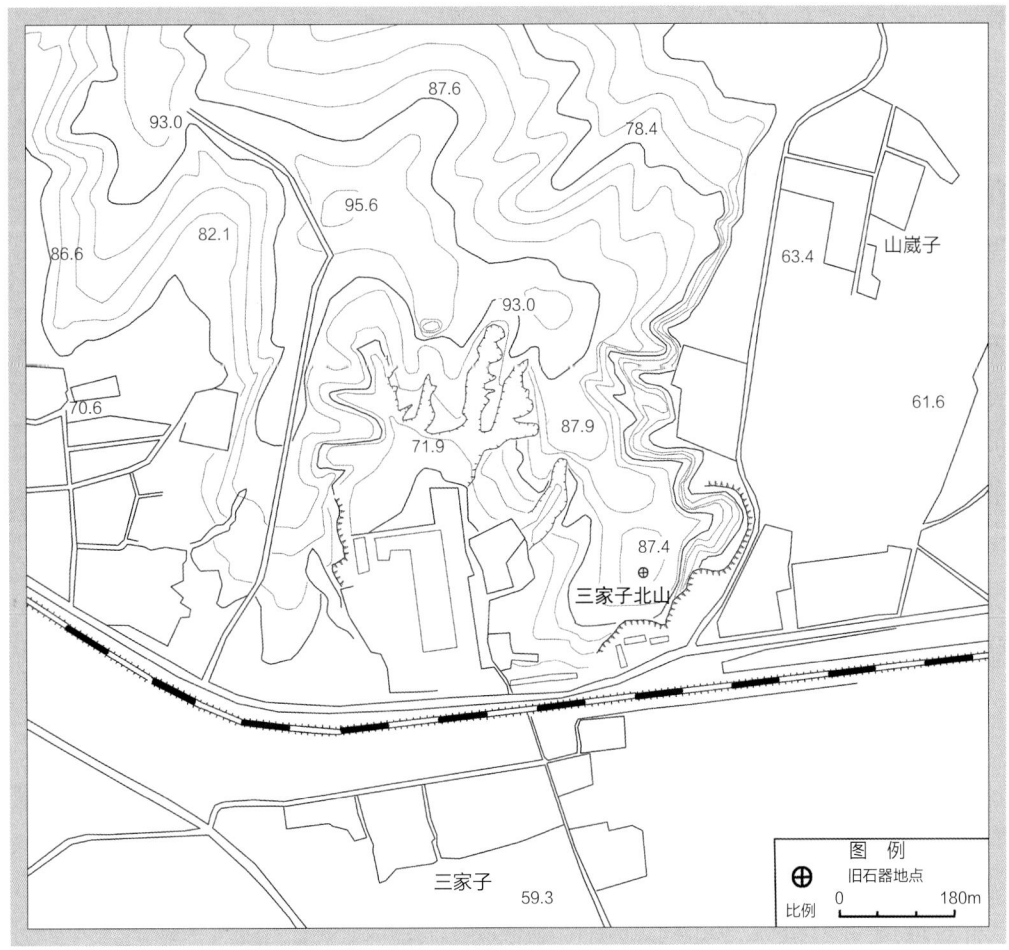

图 2-76 三家子北山地点地形示意图

三家子北山地点航拍图

三家子北山地点远景

图 2-77　三家子北山地点航拍及远景图

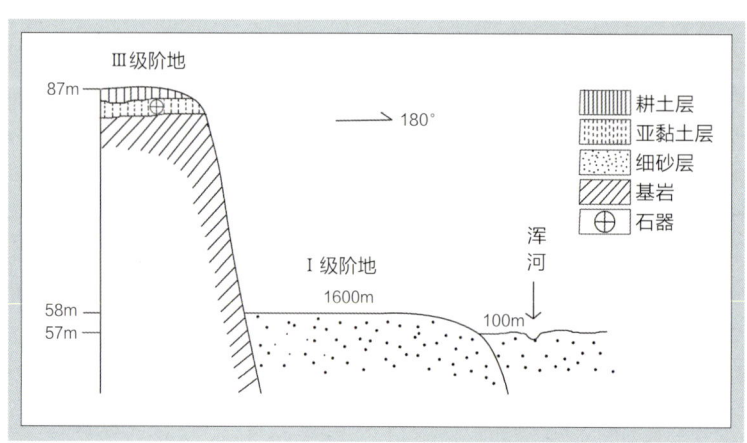

图 2-78　三家子北山地点河谷剖面示意图

1. 石核

7 件。分为锤击和砸击两类。

（1）锤击石核　5 件。可分为单、双和多台面。

单台面　1 件。标本 12DSB：21，板岩。线状台面，有 2 个相对剥片面，剥片方向均为同向。该石核的剥片面仅占 30% 左右，剥片疤也都较小。长 38.4、宽 46、厚 8.7mm，重 16.4g（图 2-79：1；图 2-80：7）。

双台面　3 件。标本 12DSB：6，石英岩。有 2 个相连的台面和 2 个相连的剥片面，复向剥片。长 71.8、宽 85.4、厚 55.5mm，重 282.5g（图 2-79：2；图 2-80：1）。

多台面　1 件。标本 12DSB：74，角岩。有 4 个台面和 4 个剥片面，可见片疤有 50 多个，复向剥片。长 63.2、宽 72.9、厚 27.2mm，重 103.3g（图 2-79：3；图 2-81：10）。

（2）砸击石核　2 件。标本 12DSB：7，硅质泥岩。有两个相对的刃状台面，分别从台面两端剥片。长 68.6、宽 39.4、厚 27.1mm，重 80.03g（图 2-79：4；图 2-80：2）。

2. 石片

21 件。根据完整程度分为完整石片和断片。

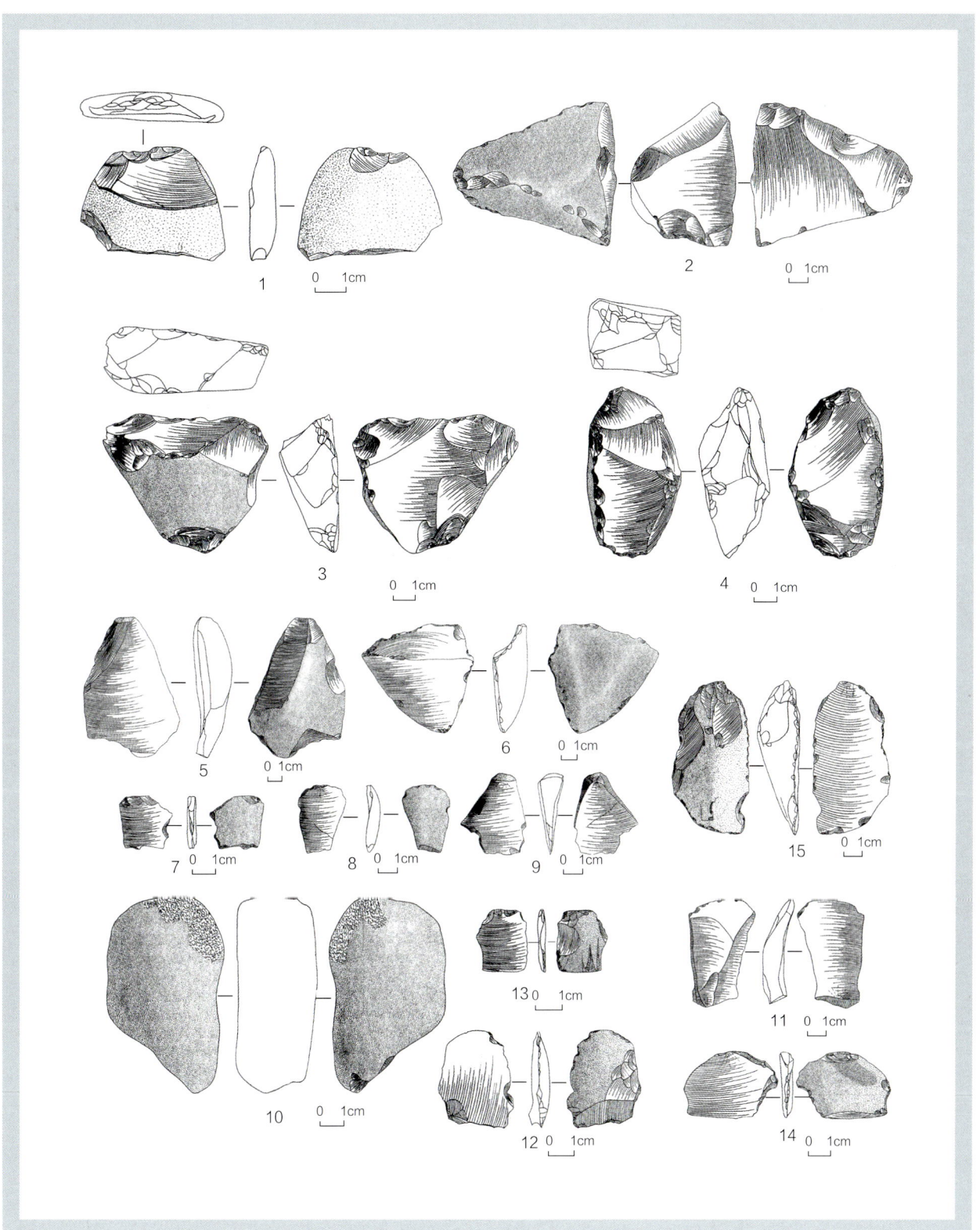

图 2-79A 三家子北山地点发现的石器（一）

1～4. 石核（12DSB：21、12DSB：6、12DSB：74、12DSB：7）；5～9. 石片（12DSB：11、12DSB：77、12DSB：54、12DSB：37、12DSB：29）；10. 石锤（12DSB：76）；11～15. 刮削器（12DSB：34、12DSB：42、12DSB：44、12DSB：36、12DSB：10）

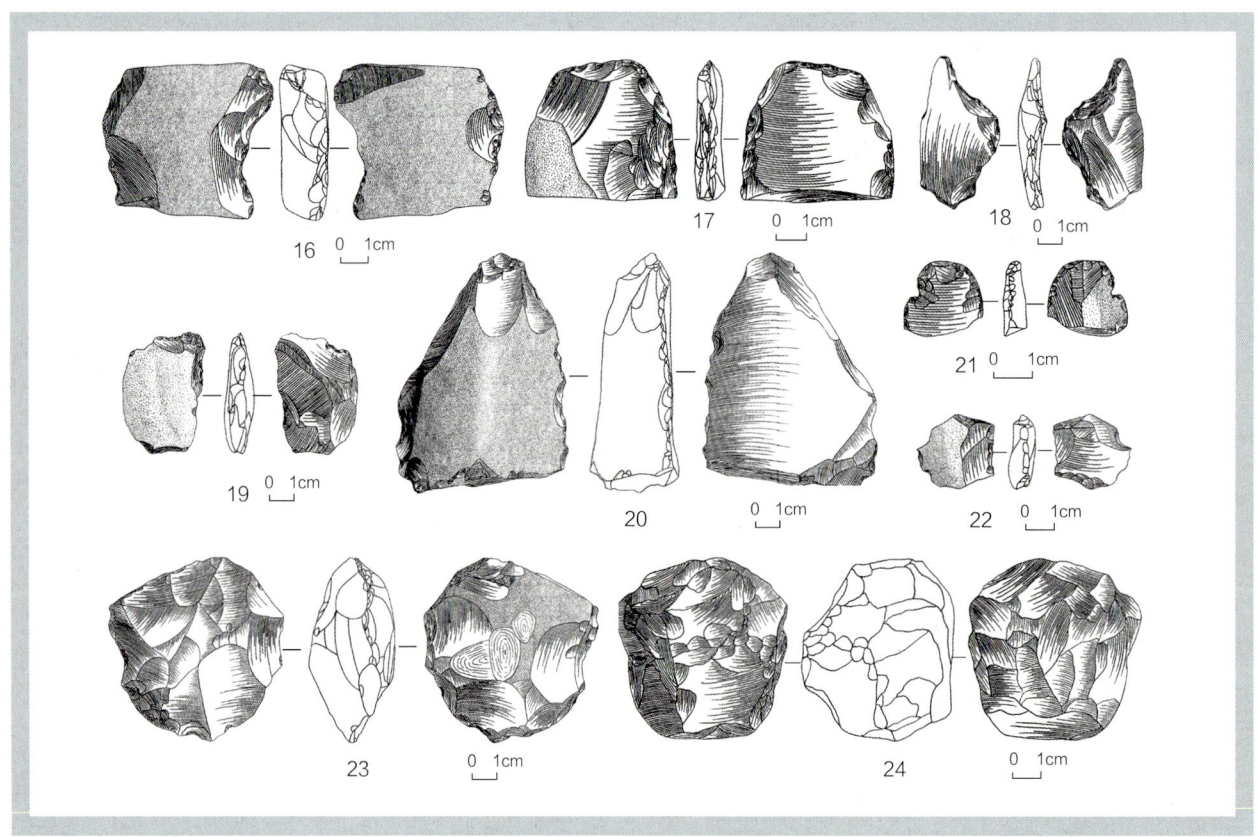

图 2-79B　三家子北山地点发现的石器（一）
16、21、22. 刮削器（12DSB：31、12DSB：66、12DSB：38）；17. 残器（12DSB：17）；18. 钻器（12DSB：57）；
19. 尖刃器（12DSB：56）；20、23. 砍砸器（12DSB：72、12DSB：71）；24. 球形器（12DSB：9）

（1）完整石片　7件。可分为三型。

Ⅱ型　1件。标本12DSB：11，石英细晶岩。劈裂面略凸，无同心波和放射线。背面绝大部分为石皮。长92.6、宽63.3、厚23.8mm，重108.8g（图2-79：5；图2-80：5）。

Ⅲ型　2件。标本12DSB：12，角岩。劈裂面平坦，无半锥体、同心波和放射线。背面有6个石片疤。长32.9、宽39.1、厚16.8mm，重18.7g。

Ⅴ型　4件。标本12DSB：64，角岩。劈裂面微凸，打击点、同心波和放射线清晰。背面近端有较多阶梯状碎疤。长43.2、宽41.2、厚16.9mm，重21.2g。

（2）断片　14件。可分为四类。

近端　5件。标本12DSB：37，流纹岩。有疤台面，劈裂面略向背面弯曲，有唇，无半锥体，打击点、放射线和同心波模糊。背面为石皮。长33.5、宽23.6、厚7.4mm，重5.3g（图2-79：8；图2-80：12）。

中间　1件。标本12DSB：54，板岩。劈裂片较平，半锥体、同心波和放射线均不明显，近端和远端折断。在背面除了几个折断时留下的小疤，余下皆为石皮。残长23.8、宽24.9、厚4.2mm，重3.2g（图2-79：7；图2-81：4）。

远端　7件。标本12DSB：77，硅质泥岩。劈裂面较平，无放射线和同心波。近端有一斜坡状的断坎，无打击点，但同心波和放射线较清晰。长67.04、宽69.4、厚21.7mm，重

83.9g（图2-79：6；图2-81：12）。

左裂片　1件。标本12DSB：29，硅质灰岩。自然台面。半锥体右边缺失，放射线清晰。背面至少有7个片疤。长45.6、宽37.4、厚14.1mm，重13.9g（图2-79：9；图2-80：8）。

3. 工具

36件。可分为一类、二类和三类。

（1）一类工具　2件。均为单端锤击石锤。标本12DSB：76，流纹岩。形状近似竖梯形。

图2-80　三家子北山地点发现的石器（二）

1、2、7.石核（12DSB：6、12DSB：7、12DSB：21）；3.球形器（12DSB：9）；4、9～11.刮削器（12DSB：10、12DSB：31、12DSB：34、12DSB：36）；5、8、12.石片（12DSB：11、12DSB：29、12DSB：37）；6.残器（12DSB：17）

图 2-81 三家子北山地点发现的石器（三）
1～3、7.刮削器（12DSB：38、12DSB：42、12DSB：44、12DSB：66）；4、12.石片（12DSB：54、12DSB：77）；
5.尖状器（12DSB：56）；6.钻器（12DSB：57）；8、9.砍砸器（12DSB：71、12DSB：72）；
10.石核（12DSB：74）；11.石锤（12DSB：76）

石锤近端右侧，有一块较突起的地方，其上布满无数密密麻麻的小疤，无较大的剥片疤。长80.9、宽49.01、厚33.03mm，重194.9g（图2-79：10；图2-81：11）。

（2）二类工具　17件。均为刮削器，可分为四类。

单直刃　5件。标本12DSB：44，角岩。长22.9、宽19.3、厚3.1mm，重1.4g。刃长11.4mm，刃角15.3°（图2-79：13；图2-81：3）。

单凸刃　10件。标本12DSB：34，角岩。留有小的使用疤。长57.8、宽35.6、厚12.6mm，重25g。刃长25.6mm，刃角25.5°（图2-79：11；图2-80：10）。标本12DSB：42，硅质泥岩。有小的崩疤。长36.6、宽30.6、厚6.7mm，重8.4g。刃长42.4mm，刃角28.9°（图2-79：12；图2-81：2）。

单凹刃　1件。标本12DSB：36，板岩。布满大小不等、形状不规则的使用疤。长27.6、宽40.8、厚5.01mm，重6.1g。刃长14.3mm，刃角26°（图2-79：14；图2-80：11）。

双刃　1件。标本12DSB：10，角岩。长85.1、宽43.1、厚23.6mm，重74.2g。直刃长48.8mm，刃角50.6°；凸刃长57.8mm，刃角39.4°（图2-79：15；图2-80：4）。

（3）三类工具　17件。有刮削器、砍砸器、钻器、尖刃器、球形器和残器。

① 刮削器　10件，分为三类。

单直刃　5件。标本12DSB：38，硅质灰岩。经正向修理，修疤规整。长24.2、宽26.8、厚8.3mm，重5.7g。刃长16.2mm，刃角43.4°（图2-79：22；图2-81：1）。

凹凸刃　1件。标本12DSB：66，硅质灰岩。长19.3、宽21.3、厚6.3mm，重2.3g。凸刃长15.9mm，刃角32.6°；凹刃长9.5mm，刃角为35°（图2-79：21；图2-81：7）。

单凸刃　1件。标本12DSB：58，角岩。刃部经硬锤修理，有1层连续的修疤。长36.8、宽52.1、厚5.4mm，重12.9g。刃长47.6mm，刃角26°。

单凹刃　3件。标本12DSB：31，硅质灰岩。刃部有连续的修理疤和崩疤，多为鱼鳞状，此外还对把手进行了修整。长55.1、宽61.6、厚16.6mm，重81.9g（图2-79：16；图2-80：9）。

② 砍砸器　2件。标本12DSB：71，安山岩。把手经过交互加工。长73.2、宽71.9、厚31.7mm，重162.01g。凸刃长63.7mm，刃角50.3°～75.9°（图2-79：23；图2-81：8）。标本12DSB：72，硅质泥岩。两侧有使用疤。另外还对把手进行修理。长88.5、宽69.7、厚35.7mm，重182.1g。直刃长54.4mm，刃角38.2°（图2-79：20；图2-81：9）。

③ 钻器　2件。标本12DSB：57，角岩。尖部经正向加工，修疤较深，钻尖部分。长58.1、宽31.6、厚10.02mm，重14.8g（图2-79：18；图2-81：6）。

④ 尖刃器　1件。标本12DSB：56，板岩。组成尖刃的两边都经修理，有至少3层鱼鳞状修疤。长44.7、宽31.2、厚10.5mm，重16.8g（图2-79：19；图2-81：5）。

⑤ 球形器　1件。标本12DSB：9，石英。通体复向加工，无自然面，器身布满形状不规则的碎屑疤，这与石料本身有关，也可能是使用过程中留下的崩疤。长63.7、宽59.7、厚62.2mm，重217.02g（图2-79：24；图2-80：3）。

⑥ 残器　1件。标本12DSB：17，硅质泥岩。两侧留下细碎的崩疤。长45.8、宽50.1、厚8.4mm，重26.9g。凸刃残长46.9mm，刃角40.2°（图2-79：17；图2-80：6）。

4.断块

13件。

（四）小结

三家子北山地点石器原料以角岩为主，其次为板岩、石英、硅质灰岩和安山岩等。石制品类型多样，有石核、石片、断块、一类工具（石锤）、二类工具（使用石片）和三类工具（刮削器、砍砸器、钻器、尖刃器、球形器），其中刮削器占工具总数的57%。剥片方法以锤击为主，工具主要采用锤击法修理，不见软锤和压制修理。正向修理为主，其次为复向，反向、对向和交互较少。石制品尤其是工具，以中型和小型为主，无大型和巨型工具，属于小石片工业传统。

该地点石制品没有明确的出土层位，均采自浑河沿岸Ⅲ级阶地裸露于地表的黄色亚砂土，没有明确可以断代的古生物化石，附近的耕土层中发现有少量青铜时期的陶片，推测该地点的年代较晚，应为旧石器时代晚期。

九、中和南山地点

（一）地理位置

中和南山地点[1]位于沈阳市高坎镇中和村南山的Ⅲ级侵蚀阶地上，海拔120.9m。地理位置为北纬41°55′33.48″，东经123°43′13.98″。北距中和村500m，北东距友爱水库3200m，东距胡家沟1200m（图2-82～图2-84）。

（二）地层

无地层，石器分布在花岗风化壳上（图2-85）。

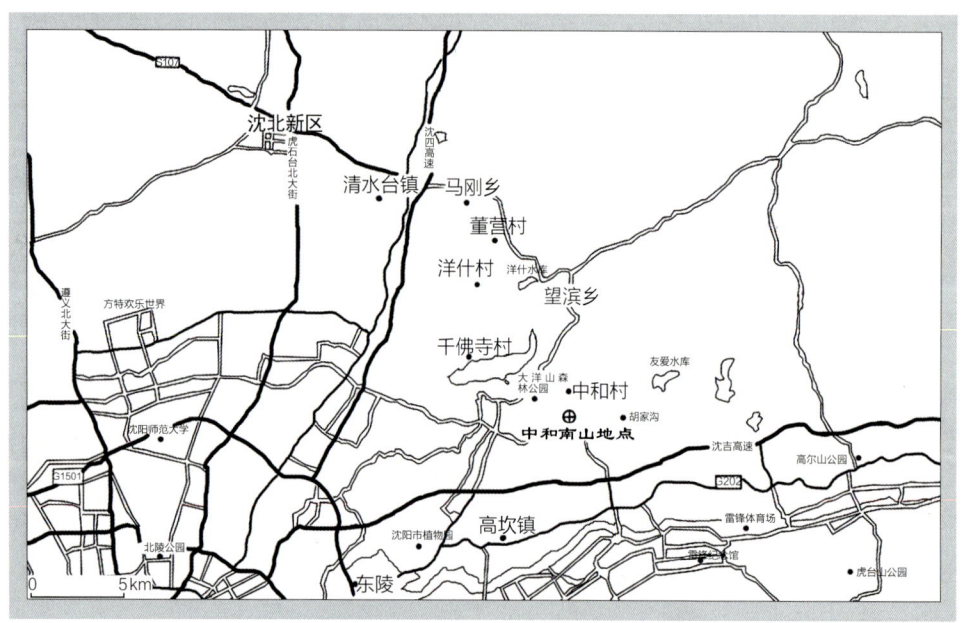

图2-82　中和南山地点位置示意图

---

[1] 付永平等.中和南山旧石器地点发现的石器研究，待刊.

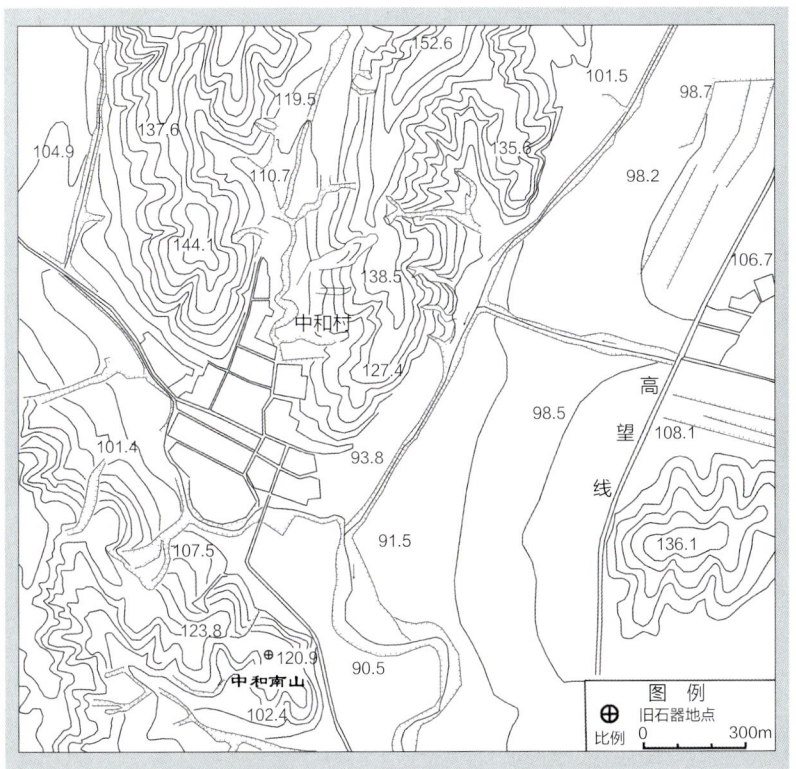

图 2-83 中和南山地点地形示意图

中和南山地点航拍图

中和南山地点远景

图 2-84 中和南山地点航拍及远景图

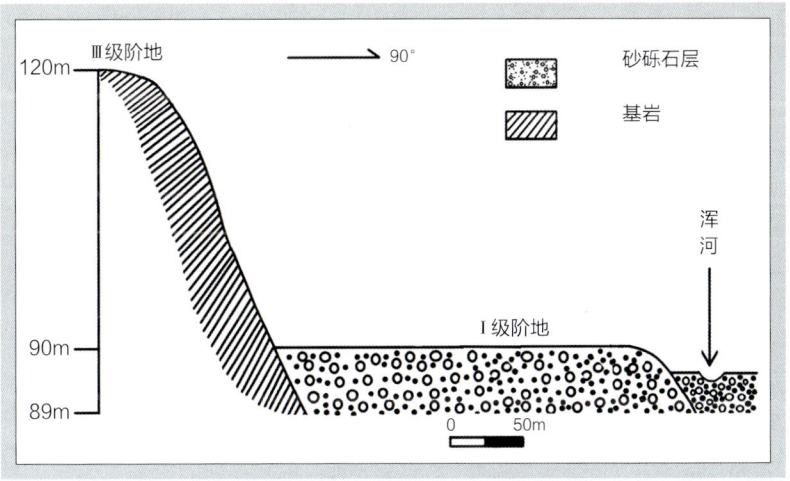

图 2-85 中和南山地点河谷剖面示意图

（三）石器

共 19 件。包括石核、石片、工具和断块。

1. 石核

2 件。均为锤击石核，分为双台面和多台面两类。

双台面　1 件。标本 12GZN：16，凝灰岩。均为打制台面，有 2 个剥片面，2 个较大的剥片疤。砾石面约占核体面积的30%，利用率不高。长31.5、宽45.2、厚28.9mm，重67.1g（图2-86：4）。

多台面 1件。标本12GZN：15，板岩。3个台面中有1个为自然台面，3个剥片面，有3个明显的鱼鳞状剥片疤。石核采用复向剥片。长38.4、宽47.6、厚25.3mm，重39.7g（图2-86：2）。

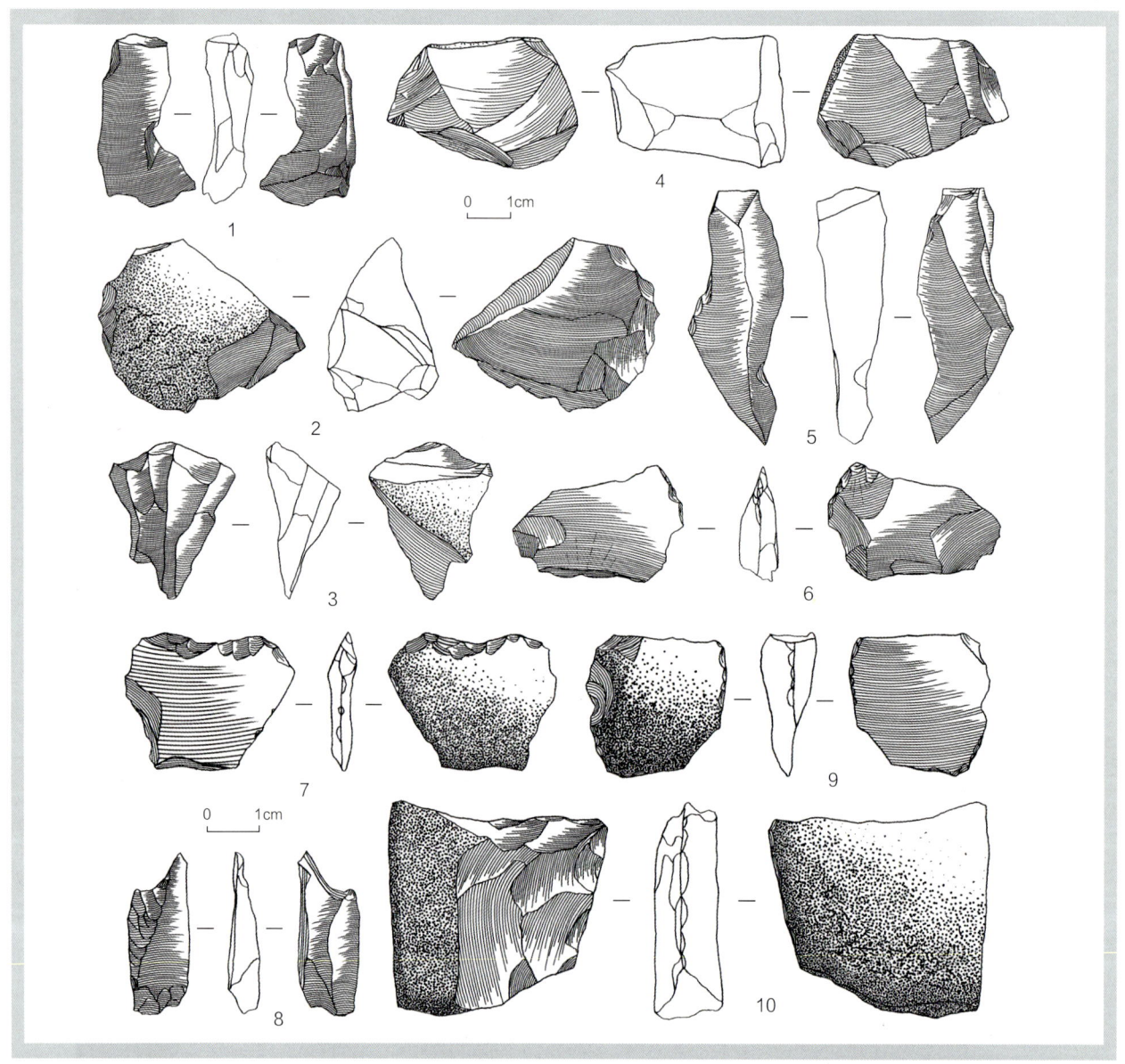

图2-86 中和南山地点发现的石器（一）

1、3、5. 石片（12GZN：10、12GZN：6、12GZN：12）；2、4. 石核（12GZN：15、12GZN：16）；6. 尖刃器（12GZN：13）；7、9、10. 刮削器（12GZN：8、12GZN：9、12GZN：17）；8. 雕刻器（12GZN：7）

2. 石片

3件。均为锤击石片的断片，分为三类。

中间 1件。标本12GZN：6，角岩。劈裂面较平坦。背面均为片疤。长34.9、宽

29.3、厚16.1mm，重7.7g（图2-86：3；图2-87：1）。

左边　1件。标本12GZN：12，板岩。打制台面，劈裂面较凸，放射线和同心波均不明显。背面均为石片疤。长57.1、宽21.7、厚16.8mm，重11.7g（图2-86：5；图2-87：6）。

右边　1件。标本12GZN：10，板岩。打制台面，劈裂面凸，不见放射线，同心波明显。背面全疤，断面较平齐。长39.1、宽22.7、厚11.4mm，重7.1g（图2-86：1；图2-87：5）。

3. 工具

7件。均为三类工具。包括刮削器、尖刃器、雕刻器和残器。

（1）刮削器　4件。可分为三类。

单直刃　1件。标本12GZN：17，板岩。经过复向修理。除修刃外还对器形进行调整。长39.3、宽42.4、厚13.5mm，重26.6g。刃长27.1mm，刃角33.5°（图2-86：10；图2-87：8）。

直凹刃　2件。标本12GZN：8，板岩。经过复向修理。直刃为使用边。另外还对把手进行修理。长26.1、宽32.9、厚5.6mm，重3.4g。凹刃长28.2mm，刃角29.2°（图2-86：7；图2-87：3）。

复刃　1件。标本12GZN：9，角岩。经正向修理，经复向修理，两侧留有修疤。尖刃亦经过两面修理。长26.4、宽26.8、厚10.7mm，重7g。凹刃长4.3mm，刃角47.9°；直刃长15.2mm，刃角41.1°（图2-86：9；图2-87：4）。

（2）尖刃器　1件。标本12GZN：13，角岩。凸凹边，形成尖刃的两边中有一条为自然使用边，另一边经过复向修理。长26.6、宽39.6、厚8.9mm，重6.4g（图2-86：6；图2-87：7）。

（3）雕刻器　1件。标本12GZN：7，玛瑙。器形经过调整，以截面为台面斜向打下1片，形成厚刃。长30.3、宽12.2、厚6.6mm，重2.2g（图2-86：8；图2-87：2）。

（4）残器　1件。标本12GZN：19，板岩。片状毛坯，呈等腰三角形。劈裂面和背面均较平坦。顶端经复向加工，修疤层叠细密。左缘经人为截断，断面平齐。推测是要加工单直刃刮削器。残长20.9、残宽13.8、残厚3.7mm，残重1.1g。

4. 断块

7件。均呈不规则状，尺寸均属小型。断块是石器加工的副产品，无法将其归于某种特定的石器类型。

（四）小结

中和南山地点石器原料种类多样，以板岩为主，玛瑙次之，还有凝灰岩、角岩等。石器多为50g以下，以小型占绝对优势，占石器总数的94.7%。器类包括石核、石片、断块和工具，其中工具均为三类工具（刮削器、尖刃器、雕刻器和残器）。采用锤击剥片，工具多以硬锤复向修理居多，修刃、修形和修把手结合充分，其中以修刃为主。

该地点的石器以小型占绝对优势，包括尖刃器、刮削器和小石器等典型器形，另有加工精细的雕刻器，明显具有旧石器时代晚期北方小石片的工业特征。此外，该地点附近未见新石器时代以后的陶片和磨制石器，故推测其年代为旧石器时代晚期。

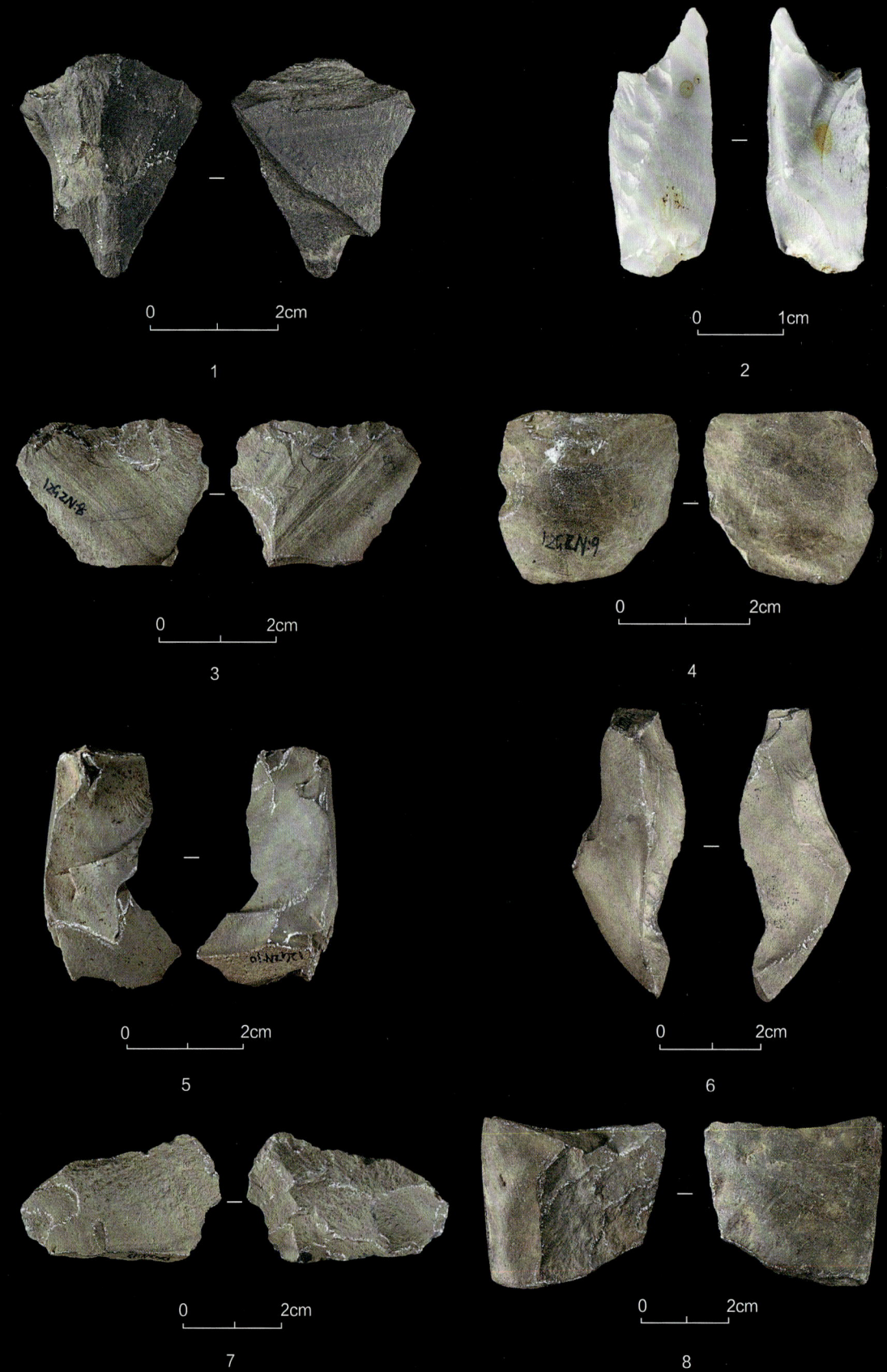

图 2-87　中和南山地点发现的石器（二）

1、5、6. 石片（12GZN：6、12GZN：10、12GZN：12）；2. 雕刻器（12GZN：7）；
3、4、8. 刮削器（12GZN：8、12GZN：9、12GZN：17）；7. 尖刃器（12GZN：13）

十、农业大学后山地点

（一）地理位置

农业大学后山地点[1]位于沈阳市沈河区东陵路 120 号的沈阳农业大学后山果园和百草园处的黄土岗地上，海拔 82.6m。地理坐标为北纬 41°49′35″，东经 123°33′49″，面积约 80000m²。北距沈阳农业科技开发学院 800m，东距东陵公园 2000m，南距沈阳农业大学 400m、浑河 2600m（图 2-88～图 2-90）。

（二）地层

该地点所在的Ⅲ级阶地为基座阶地，最上部为厚 0.2～0.3m 的灰黄色耕土层；耕土层下为厚 0.1～0.2m 的透镜状砾石层，砾石磨圆较好，砾径大多在 2～5cm；砾石层下为厚 1～2m 的黄褐色亚黏土，未见底；最下部为混合花岗岩风化壳基岩。石器多分布在耕土层上，探掘发现其应出自下部的亚黏土地层中。Ⅱ级阶地缺失。Ⅰ级阶地发育，最宽可达 2400m（图 2-91）。

（三）石器

共 201 件。分为石核、石片、断块、工具和砾石五类。

图 2-88　农业大学后山地点位置示意图

---

[1]　陈全家等．农大后山旧石器地点发现的石器研究．边疆考古研究，待刊．

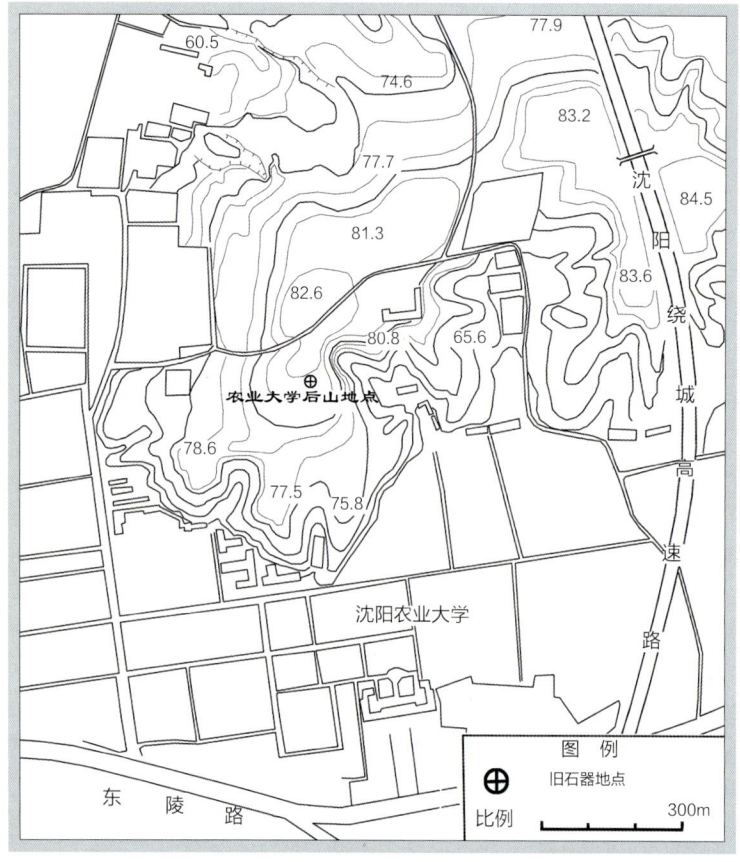

图 2-89　农业大学后山地点地形示意图

农业大学后山地点航拍图

农业大学后山地点远景

图 2-90　农业大学后山地点航拍及远景图

1. 石核

59 件。可分为锤击和砸击两类。

（1）锤击石核　55 件。分为单、双和多台面三类。

单台面　8 件。标本 12SSH：167，角岩。人工台面，2 个剥片面，18 个明显片疤。观

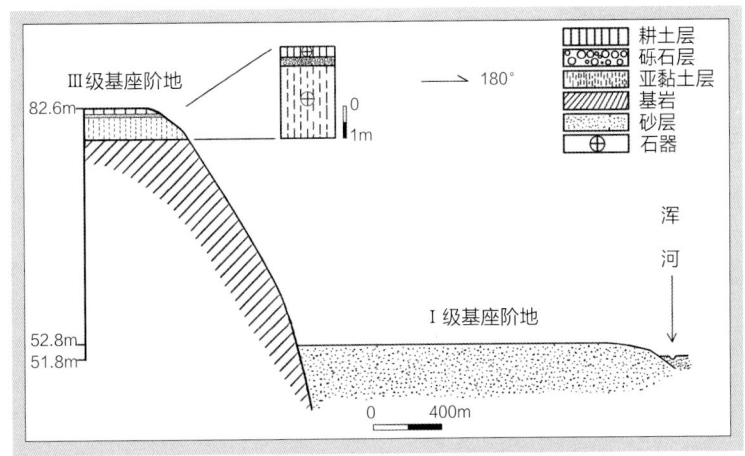

图 2-91　农业大学后山地点河谷剖面示意图

察台面角的大小及核体厚度，石核剥片并不充分，尚有较大的利用空间。长 43、宽 88、厚 85mm，重 280g（图 2-92：1）。

双台面　24 件。标本 12SSH：33，硅质细砂岩。台面保留有部分砾石面，3 个剥片面，23 个剥片疤。长 98、宽 95、厚 45mm，重 444.8g（图 2-92：2）。

多台面　23 件。标本 12SSH：35，石英岩。3 个台面，4 个剥片面，剥片疤较多。石核采用复向剥片，产生的石片疤均为浅平的鱼鳞状。长 60、宽 100、厚 77mm，重 509.1g（图 2-92：3；图 2-94：8）。

（2）砸击石核　4 件。标本 12SSH：18，硅质泥岩。刃状台面，共 4 个剥片面，24 个明显片疤。长 101、宽 68、厚 37mm，重 308.2g（图 2-92：4；图 2-94：6）。

2. 石片

47 件。均为锤击石片，分为完整石片和断片。

（1）完整石片　44 件。可分为五型。

Ⅰ型　2 件。标本 12SSH：200，石英岩。劈裂面较凸，打击点集中，放射线和同心波非常清晰，半锥体不明显。石片边缘薄锐。长 45、宽 59.9、厚 12.6mm，重 30.3g。

Ⅱ型　14 件。标本 12SSH：92，辉长玢岩。劈裂面较凸，打击点散漫，放射线、同心波和半锥体清晰。石片的边缘薄锐，有磕碰形成的 3 个小疤。长 41、宽 69、厚 15mm，重 48.6g（图 2-92：5；图 2-95：2）。

Ⅳ型　1 件。标本 12SSH：20，硅质细砂岩。劈裂微凸，打击点集中，放射线和同心波清晰，不见半锥体。石片边缘较钝。长 57.7、宽 74、厚 20.5mm，重 79g。

Ⅴ型　23 件。标本 12SSH：110。劈裂面微凸，打击点散漫，放射线和同心波清晰，半锥体不明显。石片边缘薄锐。长 46、宽 59、厚 12.3mm，重 29g。

Ⅵ型　4 件。标本 12SSH：138，硅质细砂岩。劈裂面较凸，打击点散漫，放射线和同心波不清晰，无半锥体。侧缘还有磕碰形成的零星小疤，边缘较钝。长 39、宽 55.6、厚 14.5mm，重 27.1g。

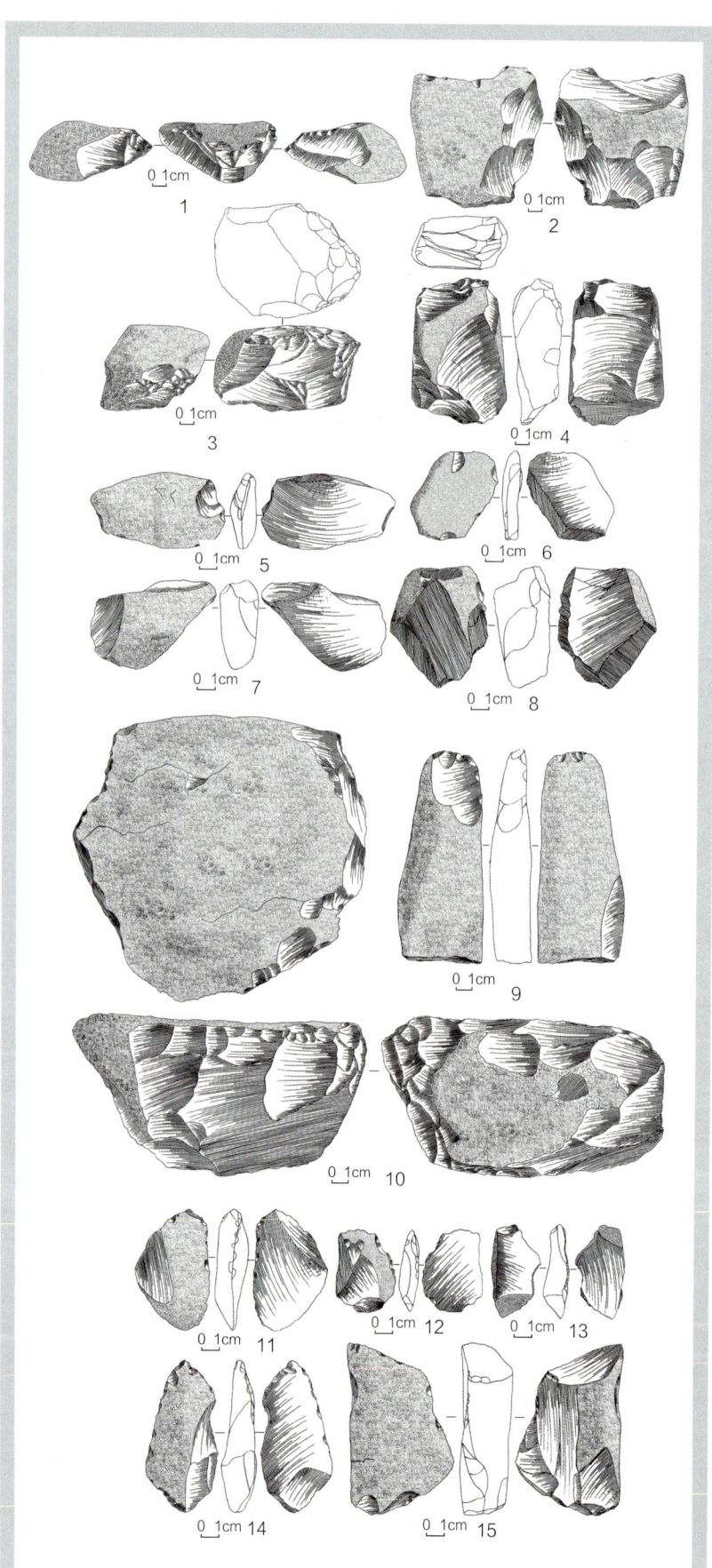

图2-92 农业大学后山地点发现的石器（一）
1～4.石核（12SSH：167、12SSH：33、12SSH：35、12SSH：18）；5～7.石片（12SSH：92、12SSH：11、12SSH：119）；8.断块（12SSH：85）；9.石锤（12SSH：174）；10.石砧（12SSH：80）；11～14.刮削器（12SSH：86、12SSH：2、12SSH：4、12SSH：116）；15.砍砸器（12SSH：121）

（2）断片　3件。可分为三类。

近端　1件。标本12SSH：11，硅质泥岩。自然台面，劈裂面微凸，打击点散漫，放射线清晰，同心波和半锥体不明显。背面半疤半砾。石片的远端为断口。长48、宽48、厚11.5mm，重27.5g（图2-92：6；图2-94：4）。

远端　1件。标本12SSH：119，石英岩。劈裂面微凸，不见打击点和半锥体，放射线清晰。半疤半砾。石片的近端为断口。长48、宽70、厚22mm，重59.8g（图2-92：7；图2-95：6）。

左边　1件。标本12SSH：198，硅质细砂岩。劈裂面较凸，打击点散漫，放射线和同心波清晰。背面半疤半砾。石片的右侧为断口。长74.1、宽34.4、厚26.8mm，重58.5g。

3. 工具

74件。包括一类、二类和三类工具。

（1）一类工具　4件。分为石锤和石砧两类。

石锤　3件。均为锤击石锤。标本12SSH：174，石英砂岩。单端单面经过使用，产生8个使用疤，可能只经过较短时间的使用，使用率不高。另一端较为平齐，应为有意截断产生的断面，以便于石锤使用时执握。长126、宽64、厚26mm，重167.5g（图2-92：9；图2-95：13）。

石砧　1件。为碰砧石砧。标本12SSH：80，石英砂岩。四周都经过使用，留有比较明显的碰击痕迹，与地面接触的一面较为平坦，有利于增加石砧的稳定性。长96、宽178、厚175mm，重3560g（图2-92：10；图2-94：12）。

（2）二类工具　23件。类型有刮削器和砍砸器。

① 刮削器　22件。均为锤击石片，分为四类。

单直刃　4件。标本12SSH：86，石英砂岩。两侧留有不连续使用疤。长66、宽42、厚19.5mm，重31.7g。刃长37.9mm，刃角29.4°（图2-92：11；图2-95：1）。

单凸刃　12件。标本12SSH：2，角岩。背面有直接使用形成的连续片疤。长47.5、宽44.9、厚13.1mm，重13g。刃长53mm，刃角29.4°（图2-92：12；图2-94：1）。

单凹刃　3件。标本12SSH：4，硅质泥岩。劈裂面有直接使用形成的连续片疤。长51、宽27、厚15.6mm，重12.5g。刃长20.1mm，刃角34.1°（图2-92：13；图2-94：2）。

单尖刃　3件。标本12SSH：116，硅质粉砂岩。尖刃及侧边两侧均留有直接使用形成的连续片疤。长83、宽40、厚21mm，重34.5g（图2-92：14；图2-95：5）。

② 砍砸器　1件。标本12SSH：121，硅质泥岩。块状毛坯，单凸刃，工具重量适中，适于执握砍砸，除刃缘两侧留有不连续的鱼鳞状使用疤外，在工具的侧缘还有磕碰形成的石片疤。长93、宽61、厚30mm，重171.9g（图2-92：15；图2-95：7）。

（3）三类工具　47件。有刮削器、砍砸器和薄刃斧。

① 刮削器　35件。可分为八类。

单直刃　3件。标本12SSH：149，采用锤击法两面修理，其中以反向修理为主；在两侧均留有鱼鳞状修疤。器形亦经过调整。长100、宽72.5、厚26mm，重137g。刃长71.8mm，刃角39.2°（图2-93：1；图2-95：10）。

单凸刃 15件。标本12SSH：81，角岩。锤击法两面修理，以正向修理为主，两侧留有修疤。把手亦经过修理。长60、宽60、厚15.7mm，重41.3g。刃长86mm，刃角16.4°（图2-93：2；图2-94：13）。

单凹刃 3件。标本12SSH：93，硅质泥岩。用锤击法两面修理，两侧均留有连续的鱼鳞状修疤，最多可达3层。长64、宽62、厚28mm，重88.3g。刃长30mm，刃角58°（图2-93：3；图2-95：3）。

单尖刃 8件。标本12SSH：99，板岩。双直边，由一条修理边和一条使用边形成，尖刃已残，可能是在制作过程中打断或在使用过程中破损。长64、宽38.8、厚22mm，重27.8g（图2-93：4；图2-95：4）。标本12SSH：172，硅质细砂岩。凹直边，尖刃两边经锤击法两面修理。长89、宽63、厚41mm，重87.7g（图2-93：5；图2-95：12）。标本12SSH：71，角岩。双凸边，两侧边经锤击法正向修理。长85、宽47、厚24mm，重64.7g（图2-93：6；图2-94：11）。标本12SSH：168，硅质细砂岩。双凹边，除修理尖部外还对器形进行调整。长56、宽85、厚32mm，重101.5g（图2-93：7；图2-95：11）。

双直刃 2件。标本12SSH：8，硅质泥岩。除修理刃部外还对器形进行了调整。长76、宽50、厚24mm，重83.7g。刃长36.2、49.5mm，刃角49.3°、50.6°（图2-93：8；图2-94：3）。

直凸刃 2件。标本12SSH：187，硅质泥岩。背面有连续细密的使用疤痕，两侧有不连续的使用疤。工具有人为截断产生的断面，是对工具形态的修理。长38、宽34、厚6.5mm，重7.3g。直刃长23.4mm，刃角34°；凸刃长32.5mm，刃角32.6°（图2-93：9；图2-95：14）。

直凹刃 1件。标本12SSH：136，采用锤击法两面修理，两侧有不连续的使用疤。长62、宽63、厚29mm，重76.1g。直刃长25.5mm，刃角52°；凹刃长37.6mm，刃角59°（图2-93：10；图2-95：8）。

凸凹刃 1件。标本12SSH：27，采用锤击法正向修理，背面修疤连续，锤击法正向修理。长80、宽66、厚27mm，重115.5g。凸刃长38mm，刃角43.2°；凹刃长22.1mm，刃角51.3°（图2-93：11；图2-94：7）。

② 砍砸器 11件。分为四类。

单直刃 3件。标本12SSH：143，硅质泥岩。采用锤击法交互加工，两侧均留有连续的鱼鳞状修疤，最多可达4层。长77、宽76.8、厚30.5mm，重215g。刃长71.8mm，刃角62°（图2-93：12；图2-95：9）。

单凸刃 6件。标本12SSH：142，石英岩。锤击法正向修理。对工具把手部位亦进行修整，便于把握。长85、宽102、厚56mm，重470g。刃长83mm，刃角49.2°（图2-93：13）。

双刃 1件。标本12SSH：50，硅质泥岩。双直刃，采用锤击法修理，一侧留有连续密集的鱼鳞状修疤。长58、宽68、厚43mm，重169.8g。刃长55.8、45.8mm，刃角75°、74°（图2-93：14；图2-94：10）。

复刃 1件。标本12SSH：13，硅质泥岩。两面均保留有砾石面。四周均为刃部，锤击法交互加工。长65、宽73.5、厚19.5mm，重93.9g。刃长230mm，刃角58°

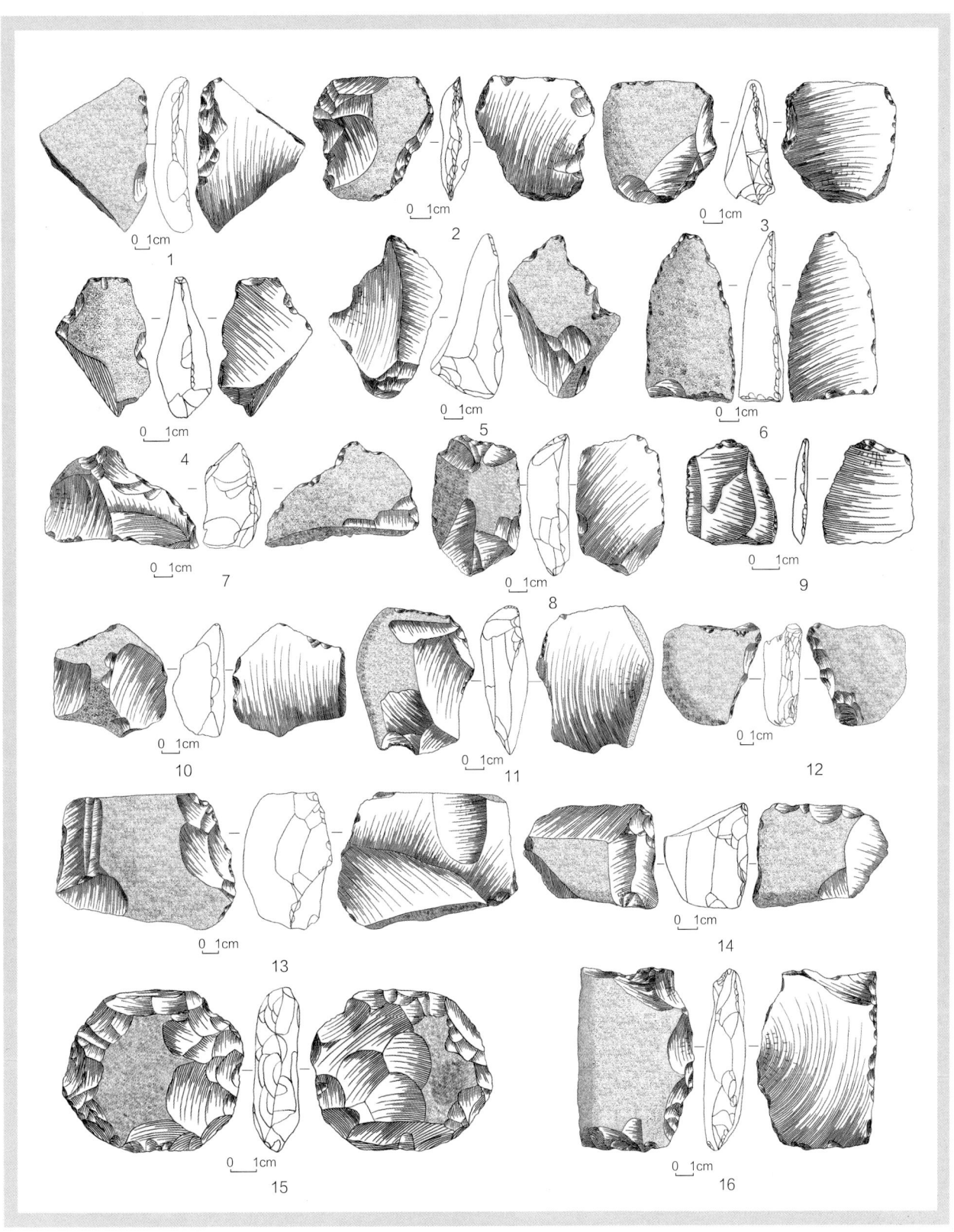

图 2-93　农业大学后山地点发现的石器（二）

1～11. 刮削器（12SSH：149、12SSH：81、12SSH：93、12SSH：99、12SSH：172、12SSH：71、12SSH：168、12SSH：8、12SSH：187、12SSH：136、12SSH：27）；12～15. 砍砸器（12SSH：143、12SSH：142、12SSH：50、12SSH：13）；16. 薄刃斧（12SSH：28）

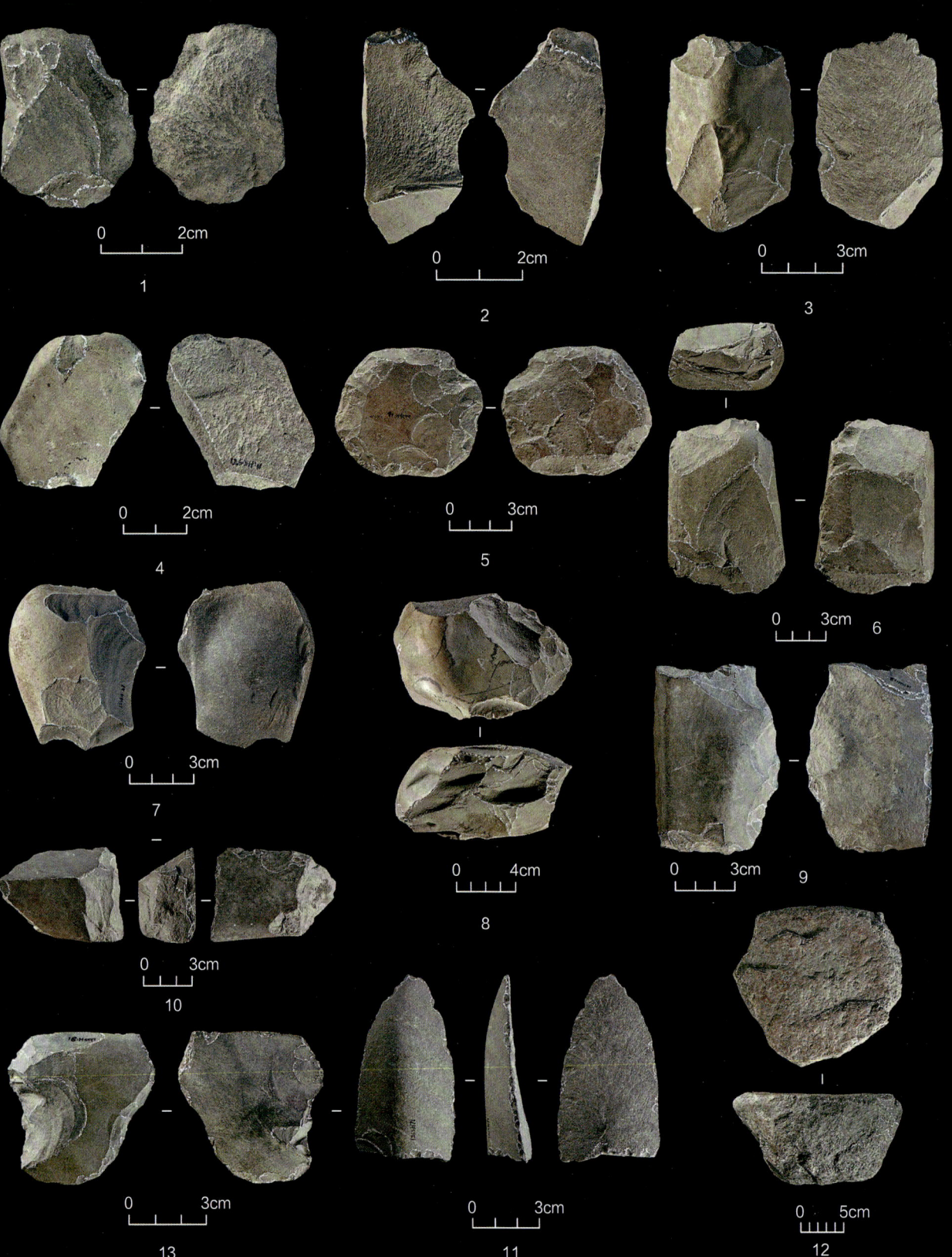

图 2-94　农业大学后山地点发现的石器（三）

1～3、7、11、13. 刮削器（12SSH：2、12SSH：4、12SSH：8、12SSH：27、12SSH：71、12SSH：81）；
4. 石片（12SSH：11）；5、10. 砍砸器（12SSH：13、12SSH：50）；
6、8. 石核（12SSH：18、12SSH：35）；9. 薄刃斧（12SSH：28）；12. 石砧（12SSH：80）

图 2-95　农业大学后山地点发现的石器（四）

1、3～5、8、10～12、14. 刮削器（12SSH：86、12SSH：93、12SSH：99、12SSH：116、12SSH：136、12SSH：149、12SSH：168、12SSH：172、12SSH：187）；2、6. 石片（12SSH：92、12SSH：119）；
7、9. 砍砸器（12SSH：121、12SSH：143）；13. 石锤（12SSH：174）

（图 2-93：15；图 2-94：5）。

③ 薄刃斧　1 件。标本 12SSH：28，采用正向修理。工具器形及把手部位亦经过修理。长 100、宽 66.1、厚 24.1mm，重 170.9g。刃长 97.9mm，刃角 43.8°（图 2-93：16；图 2-94：9）。

4. 断块

19 件。标本 12SSH：85，表面由石片疤和平齐的断面组成，应为石器加工过程中形成的废品。长 66、宽 55.7、厚 32.5mm，重 134g（图 2-92：8）。

5. 砾石

2 件。与石器伴生，个体大小与石器并无较大差异。原料为石英砂岩，亦为该地点石器常用原料之一，应为古人类活动的产物，作为加工石器的备选石料。

（四）小结

农业大学后山地点的石器原料丰富，有 14 类，其中硅质细砂岩和硅质泥岩所占比例最高，其次为石英岩、石英砂岩和角岩等。小型石器数量最多，多在 100g 以下，占 59.7%。类型丰富，包括石核、石片、断块、工具和砾石五类。工具数量最多，类型有石锤、石砧、刮削器、砍砸器和薄刃斧。采用锤击法和砸击法剥片。工具均以硬锤直接修理，修理方式有正向和反向，其中以正向为主，修疤最多可达 4 层，均为鱼鳞状。除加工刃部以外，对工具形态和把手部位的修理也大量存在。

该地点发现的石器均分布在河流最高的Ⅲ级基座阶地上，地层状况保存良好，深厚的黄土层位为更新世的典型堆积。石器的加工技法及工具组合与同属一个地区的金牛山、鸽子洞等旧石器遗址的石器显现出高度的一致性；且在地点中不见新石器时代的磨制石器和陶片。所以推测农业大学后山地点的年代最晚不会晚于旧石器时代晚期。

（五）发掘概况

经国家文物局批准，沈阳市文物考古研究所与吉林大学边疆考古研究中心组成旧石器联合考古队，于 2012 年 8～10 月、2013 年 5～8 月和 2014 年 4～8 月对沈阳农业大学后山遗址进行了 3 次发掘（图 2-96）。发掘严格按照《田野考古工作规程（2009 版）》进行操作，共布正方向 1m×1m 探方 209 个，发掘面积 209 平方米，分为 6 个区。

根据土质土色的变化，目前可将沈阳农业大学后山遗址的地层划分为 9 层，其中文化层为第 2～6 层（图 2-97）。为确定地层堆积的准确年代，了解古环境方面的相关信息，在发掘过程中我们邀请了北京大学考古文博学院年代学实验室及中国科学院古脊椎动物与古人类研究所的专家对发掘地层进行光释光、古地磁测年和沉积学、孢粉采样分析。综合各方数据，对其中几个文化层的年代有了具体认识。

第 1 层：耕土层，呈灰黑色，厚 4～20cm。包含物有打制石器、夹砂陶片、鬲足、红烧土块及瓷片等。石器原料主要为硅质泥岩、石英岩、石英砂岩、砂岩角岩、石英，还有少量板岩、辉长岩。

图 2-96　农业大学后山地点发掘现场

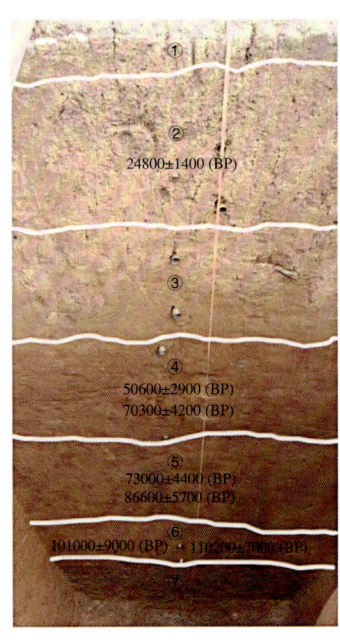

图 2-97　农业大学后山地点的地层与年代状况

第2层：黄褐色黏土，深4～20、厚55～90cm，土质较致密。包含物有打制石器，石器原料包括石英砂岩、石英岩、硅质泥岩、石英。年代约为24800±1400（BP）。

第3层：黄色黏土，深70～110、厚70～90cm，土质较松散，含少量铁锰结核。包含物有打制石器，石器原料主要为石英、石英岩、石英砂岩、角岩，还有少量砂岩、硅质泥岩。

第4层：棕褐色黏土层，深150～170、厚95～110cm，质地较硬、致密，含小团块结构的铁锰结核。包含物有打制石器，石器原料主要为石英、石英岩，还有少量硅质泥岩、砂岩、石英砂岩、板岩。在该层下发现4处遗迹。年代为50600±2900～70300±4200（BP）。

第5层：深黄色黏土，深260～270、厚50～85cm，质地坚硬，含较大的铁锰结核。包含物有打制石器，石器原料主要为石英、石英岩，还有少量石英砂岩、硅质泥岩。该层局部被开口于第4层下的遗迹打破。年代为73000±4400～86600±5700（BP）。

第6层：灰黄色粉砂土，深310～350、厚30～80cm，质地较为坚硬、致密。包含物有少量打制石器，石器原料有石英、石英岩、硅质泥岩。年代为101000±9000～110200±7000（BP）。

第7层：浅灰褐色团块状黏土，深370～400、厚40～50cm，质地很坚硬，柱状节理明显，节理状土块颗粒度较小，节理面之间有大量铁锰质沉积物。未见石器出土。

第8层：黄褐色团块状黏土，土色微泛红，深410～450、厚60～74cm，质地很坚硬，柱状节理明显，节理状土块颗粒度较大，节理面之间的铁锰质沉积物较第7层少。未见石器出土。

第9层：灰黄褐色黏土，深500～506、厚44～52cm，质地非常坚硬，水平层理明显，铁锰质沉积物较少。未见石器出土。

通过3次发掘，共发现石器850余件，其中包括石核、石片、工具、断块和砾石，工具类型有刮削器、雕刻器和手镐等（图2-98），石器原料有石英、石英岩、石英砂岩、硅质泥岩、砂岩、角岩、板岩、辉长岩等。除石器外，在2013年和2014年发掘区内发现多处遗迹，开口于第4层下，打破第5层。遗迹形状清晰，土质较硬，土色较为斑驳，以红、

图 2-98　农业大学后山地点发现的石器（五）

1.2013SSHT088136 ⑤：2；2.2012SSHT103135 ②：1；3.2013SSHT094137 ⑤：2；4.2012SSHT036158 ④：1；5.2013SSHT085135 ⑥：1；6.2013SSHT090136 ⑤：1；7.2012SSHT035159 ②：1；8.2012SSHT107136 ⑤：1

灰色为主。可能与古人类搭建的建筑遗迹有关。

通过发掘，找到了地表出露的大量石器的原生层位，建立了本遗址较为完整的旧石器文化序列，具有人工建筑特点遗迹的发现在沈阳地区乃至东北地区的露天遗址中尚属首次。沈阳农业大学后山遗址的发掘对于揭示东北亚地区古人类的迁徙演变及文化的传播与交流提供了直接的资料证据，对于研究现代人起源这一重大国际学术课题有着非常重要的意义。目前相关发掘材料仍在进一步整理之中，日后将会陆续公布。

十一、农业大学百草园地点

（一）地理位置

农业大学百草园地点[1]位于沈阳市沈河区沈阳农业大学百草园实验厂的Ⅲ级基座阶地上，海拔 83.6m。地理坐标为北纬 41°49′43″；东经 123°34′18″。南距浑河 1950m，东邻沈阳绕城公路、距东陵公园 1200m，东南距天柱山老年公寓 300m（图 2-99～图 2-101）。

（二）地层

地点位于浑河的Ⅲ级基座阶地上。最上层为厚 20～30cm 的黄色耕土层，包含青铜和辽金时代的陶片和瓦片。下为厚 10～20cm 呈透镜体状的砾石层，砾石较小且磨圆度较好。砾石层下为厚 1～5m 的褐黄和黄色黏土层。最下层为混合花岗岩基岩。石器出自耕土层和黏土层上部（图 2-102）。

---

[1] 陈全家等.农大百草园旧石器地点发现的石器研究，待刊．

图 2-99　农业大学百草园地点位置示意图

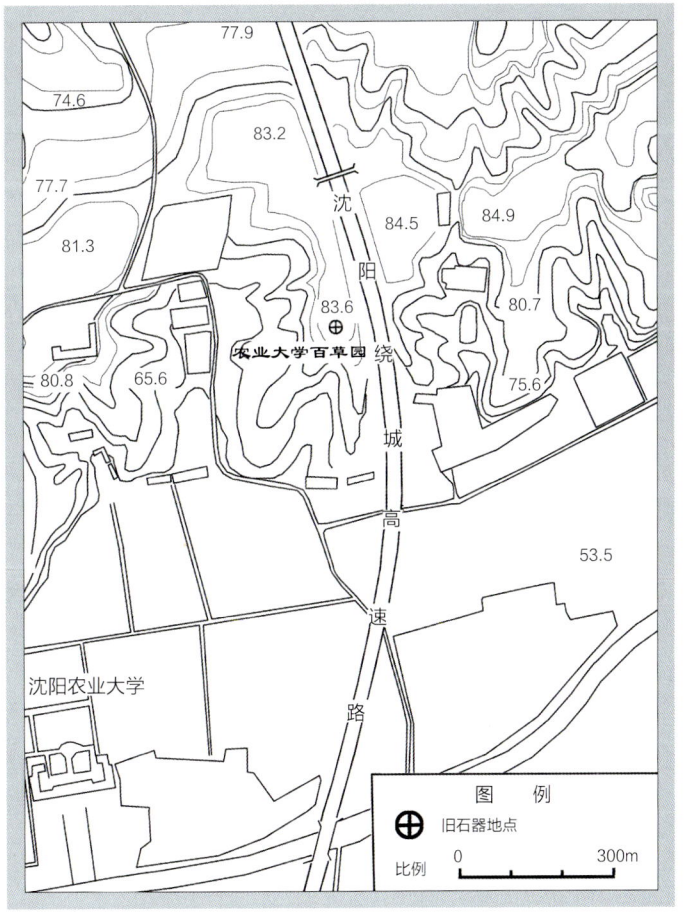

图 2-100　农业大学百草园地点地形示意图

农业大学百草园地点航拍图　　　　　　　　　　农业大学百草园地点远景

图 2-101　农业大学百草园地点航拍及远景图

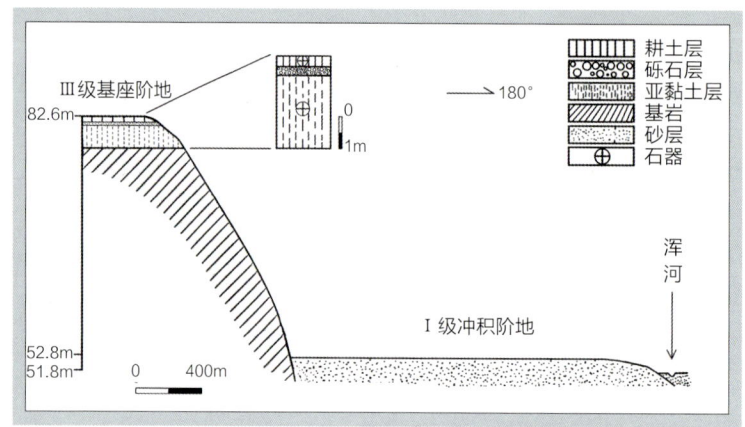

图 2-102　农业大学百草园地点河谷剖面示意图

（三）石器

共 102 件。分为石核、石片、工具和断块。

1. 石核

22 件。可分为锤击和砸击石核。

（1）锤击石核　15 件。分为单、双和多台面三类。

单台面　4 件。标本 12DSB : 69，硅质泥岩。打制台面，有 2 个剥片面，有 16 个明显片疤。石核采用同向剥片，片疤呈鱼鳞状，石核表面还保存有较大面积的石皮。长 43.5、宽 93.5、厚 50.1mm，重 195.7g（图 2-103 : 1；图 2-105 : 3）。

双台面　2 件。标本 12DSB : 75，板岩，台面分别为打制和自然台面，有 3 个剥片面。石核采用对向剥片。由于石核的厚度较薄，已经无法继续剥片。长 82.3、宽 39.1、厚 21.5mm，重 64.3g（图 2-103 : 2；图 2-105 : 6）。

多台面　9 件。标本 12DSB : 39，板岩。有 3 个台面，3 个剥片面。长 92.1、宽 65.2、厚 40.1mm，重 241.1g（图 2-103 : 3；图 2-104 : 5）。

（2）砸击石核　7件。标本12DSB：41，板岩。刃状台面，有5个剥片面。长61.9、宽43.5、厚31.1mm，重86.1g（图2-103：4；图2-104：6）。

2. 石片

30件。均为锤击石片，分为完整石片和断片。

（1）完整石片　19件。可分为五型。

Ⅰ型　2件。标本12DSB：15，板岩。打击点集中，劈裂面平坦，无同心波、放射线和锥疤。侧缘有疤，底缘完整。长39.9、宽27.1、厚11.1mm，重12.1g。

Ⅱ型　2件。标本12DSB：64，板岩。双阳面石片，打击点集中，劈裂面平坦，无锥疤，同心波和放射线清晰。背面有1个石片疤。侧缘、底缘均有疤。长61.7、宽46.5、厚23.6mm，重79.8g（图2-103：5；图2-105：1）。

Ⅲ型　2件。标本12DSB：67，板岩。打击点集中，劈裂面凸，无同心波、锥疤和放射线。侧缘有疤，底缘完整。长26.6、宽43.3、厚8.1mm，重11.2g（图2-103：6；图2-105：2）。

Ⅳ型　2件。标本12DSB：34，板岩。劈裂面凸，无同心波、锥疤和放射线。侧缘完整，底缘有疤。长31.2、宽19.6、厚8.1mm，重5g。

Ⅴ型　11件。标本12DSB：28，板岩。劈裂面平坦，无同心波、锥疤和放射线。砾石面约占背面的55%。侧缘完整，底缘有疤。长19.6、宽38.5、厚8.9mm，重7.7g。

（2）断片　11件。可分为近端、远端和右边断片。

近端　5件。标本12DSB：100，刃状台面。劈裂面平坦，打击点散漫，放射线和同心波不明显，无锥疤。背面砾石面占90%。石片的远端为断口，侧缘完整。长28.9、宽43.7、厚12.4mm，重14.5g（图2-103：7；图2-105：10）。

远端　3件。标本12DSB：89，劈裂面平坦，不见打击点和半锥体，同心波清晰。背面为砾石面和疤。长46.3、宽24.8、厚8.6mm，重13g（图2-103：8；图2-105：9）。

右边　3件。标本12DSB：62，劈裂面平坦，不见打击点、半锥体和同心波。背面半疤半砾。长32.6、宽23.1、厚11.3mm，重9.5g（图2-103：9；图2-104：10）。

3. 工具

29件。包括一类、二类和三类工具。

（1）一类工具　2件。均为单端单面石锤。标本12DSB：1，石英细砂岩。有1个剥片面，产生4个较深的使用疤。从使用端保存程度来看已不能继续剥片，所以被废弃。长71.5、宽65.5、厚47.1mm，重291.7g（图2-103：10；图2-104：1）。

（2）二类工具　5件。均为刮削器，可分为两类。

单直刃　3件。标本12DSB：31，两侧有大小不一的鱼鳞状使用疤。长29.5、宽27.9、厚9.1mm，重5.2g。刃长27.5mm，刃角25.5°（图2-103：11；图2-104：4）。

单凸刃　2件。标本12DSB：56，两侧均有使用形成的不连续片疤。长51.5、宽19.1、厚11.9mm，重8.1g。刃长51.1mm，刃角35.2°（图2-103：12；图2-104：7）。

（3）三类工具　22件。包括刮削器和砍砸器。

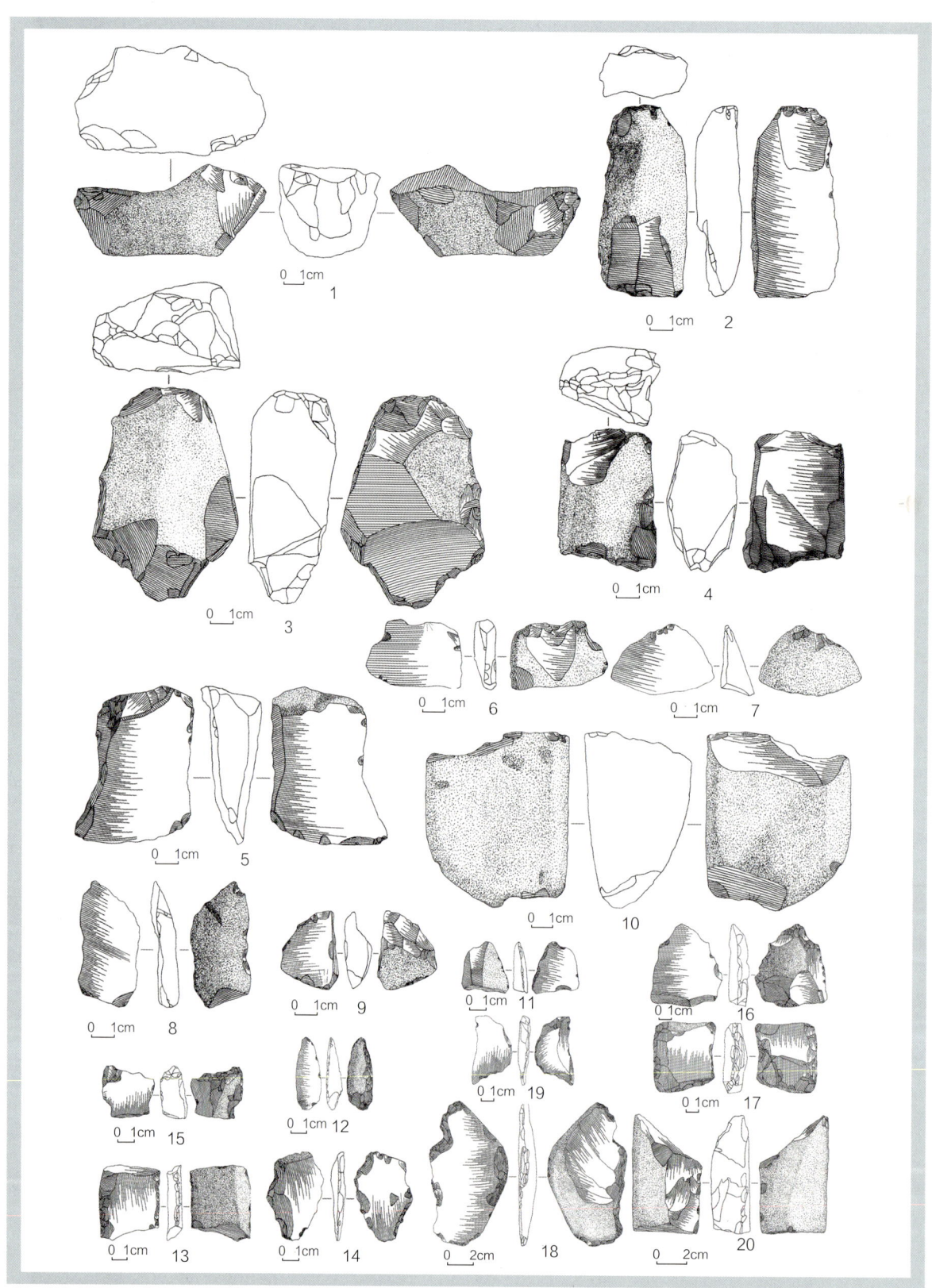

图 2-103 农业大学百草园地点发现的石器（一）

1～4.石核（12DSB：69、12DSB：75、12DSB：39、12DSB：41）；5～9.石片（12DSB：64、12DSB：67、12DSB：100、12DSB：89、12DSB：62）；10.石锤（12DSB：1）；11～19.刮削器（12DSB：31、12DSB：56、12DSB：70、12DSB：79、12DSB：57、12DSB：74、12DSB：84、12DSB：4、12DSB：60）；20.砍砸器（12DSB：24）

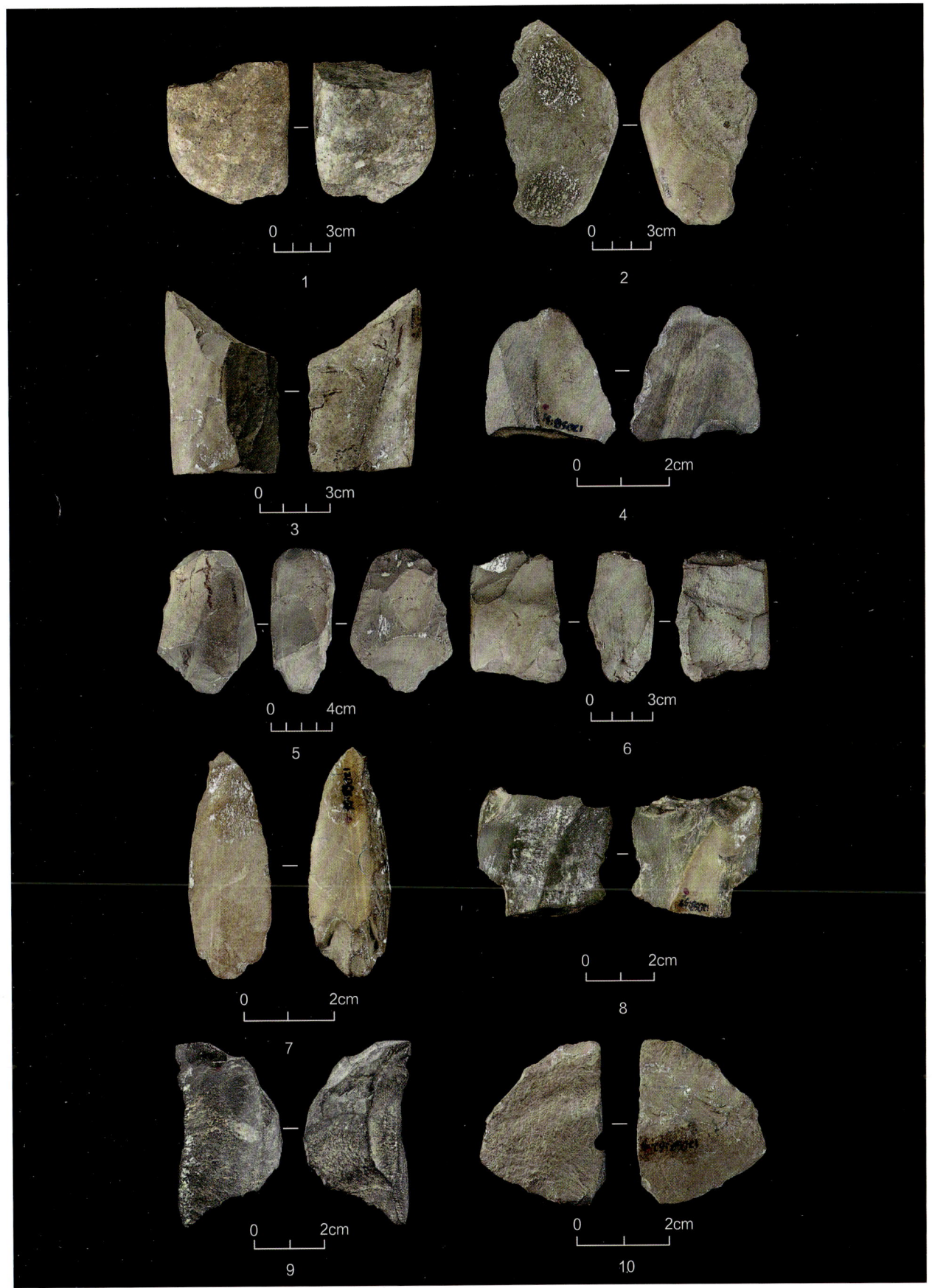

图 2-104　农业大学百草园地点发现的石器（二）

1. 石锤（12DSB：1）；2、4、7～9. 刮削器（12DSB：4、12DSB：31、12DSB：56、12DSB：57、12DSB：60）；
3. 砍砸器（12DSB：24）；5、6. 石核（12DSB：39、12DSB：41）；10. 石片（12DSB：62）

图 2-105　农业大学百草园地点发现的石器（三）

1、2、9、10. 石片（12DSB:64、12DSB:67、12DSB:89、12DSB:100）；3、6. 石核（12DSB:69、12DSB:75）；
4、5、7、8. 刮削器（12DSB:70、12DSB:74、12DSB:79、12DSB:84）

① 刮削器　19件。分为五类。

单直刃　8件。标本12DSB：70，两侧有使用疤。两端被有意截断，修理工具形态。与刃缘相对的把手处有连续的鱼鳞状修疤。长49.5、宽42.5、厚11.9mm，重28g。刃长38mm，刃角36.5°（图2-103：13；图2-105：4）。

单凸刃　5件。标本12DSB：79，劈裂面有不连续的使用疤。把手部位经过正向加工。长46.5、宽35.5、厚9.1mm，重10.5g。刃长42mm。刃角30.5°（图2-103：14；图2-105：7）。

单凹刃　2件。标本12DSB：57，两侧有不连续的使用疤。一端较为平齐，应为人类有意截断的断面，修理工具形态。长37、宽38.5、厚20.1mm，重23.3g。刃长21.1mm，刃角42.5°（图2-103：15；图2-104：8）。

单尖刃　1件。标本12DSB：74，形成尖刃的两条直边均经过修理。长65、宽55.1、厚16.5mm，重55.1g（图2-103：16；图2-105：5）。

双刃　3件。标本12DSB：84，两刃经过砸击修理，刃缘相对且保持平行。长56.1、宽49.6、厚19.5mm，重58.5g。直刃长43.3mm，刃角47.2°；凹刃长43.1mm，刃角35.5°（图2-103：17；图2-105：8）。标本12DSB：4，锤击法修理，劈裂面留有连续的4层阶梯状修疤。长106、宽60.2、厚14mm，重75.8g。直刃长50.2mm，刃角75.4°；凹刃长16.8mm，刃角34.5°（图2-103：18；图2-104：2）。标本12DSB：60，双尖刃，两尖部都留有使用疤，工具的把手部位经过修整。长55.1、宽32.3、厚10mm，重15.9g（图2-103：19；图2-104：9）。

② 砍砸器　3件。标本12DSB：24，两侧有较大的鱼鳞状使用疤。两端截断，断口较为平齐，断面有明显的打击点和放射线，应为人为截断，修理形制。长7.95、宽48.1、厚27.9mm，重108.9g。刃长34.5mm，刃角65.5°（图2-103：20；图2-104：3）。

4. 断块

21件。原料较为多样，形状不规则，个体大小变异较大，多有人工痕迹，应为剥片过程中产生的废品，可能与原料质地较粗、解理较为发育有关。

（四）小结

农业大学百草园地点石器原料种类多样，以板岩为主，其次为硅质泥岩、石英、辉长岩等。质地多较粗糙，部分解理发育，石质良莠不齐。石器以小型数量最多，多为50g以下，占60.8%。石器类型丰富，包括石核、石片、工具和断块。工具类型多样，包括石锤、刮削器和砍砸器。采用锤击和砸击两种剥片方法。工具修理方式亦包括锤击和砸击两种，修疤较深，形态以鱼鳞状为主，也有阶梯状。根据修理部位的不同可分为修刃、修形和修把手。

该地点位于浑河Ⅲ级阶地上，石器出自褐黄和黄色黏土层上部，不见新石器时代和青铜时代陶片。石器工业类型属于旧石器时代北方小石片工业，加工技术与邻近的小孤山文化有较多的共同之处，且石器风化程度较轻。综上推测其年代不早于小孤山遗址，应为旧石器时代晚期。

第三节　细石器工业类型

以石桩子村北山地点为代表，还包括大屯村二岭山、苇子沟白虎山、五里山、石佛寺北岗和洋什东岗地点。年代为距今1万年至新旧石器过渡时期。石器包含有预制和剥片阶段的细石核、完整的细石叶、钻器、雕刻器和石镞等。原料多选择玛瑙、燧石。采用间接法剥片，打制精美，代表先进的石器加工技术。

一、石桩子村北山地点

（一）地理位置

石桩子村北山地点[1]位于法库县石桩子村西北，海拔105m。地理坐标为北纬42°24′34.0″，东经122°52′34.4″，分布面积约700m×100m。地点东南有一条小河经过，东南距石桩子村1020m（图2-106～图2-108）。

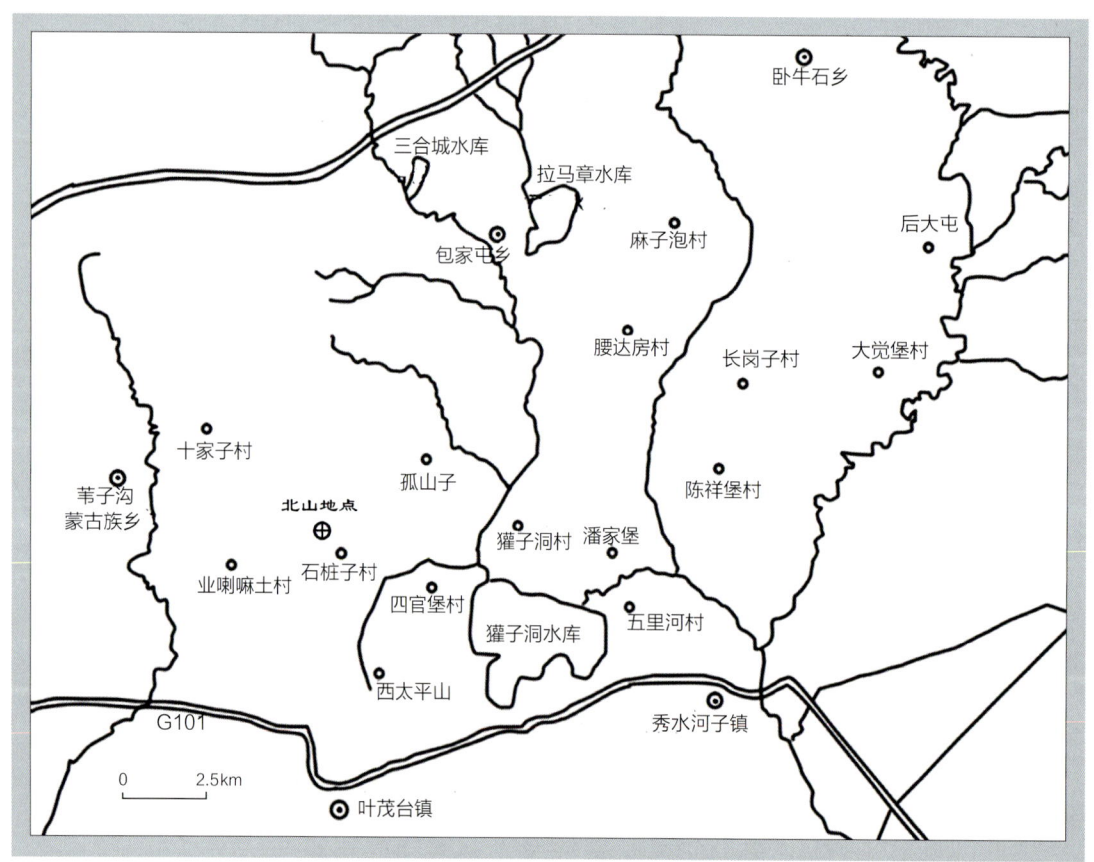

图2-106　石桩子村北山地点位置示意图

[1] 付永平等.石桩子村北山旧石器地点石器研究，待刊.

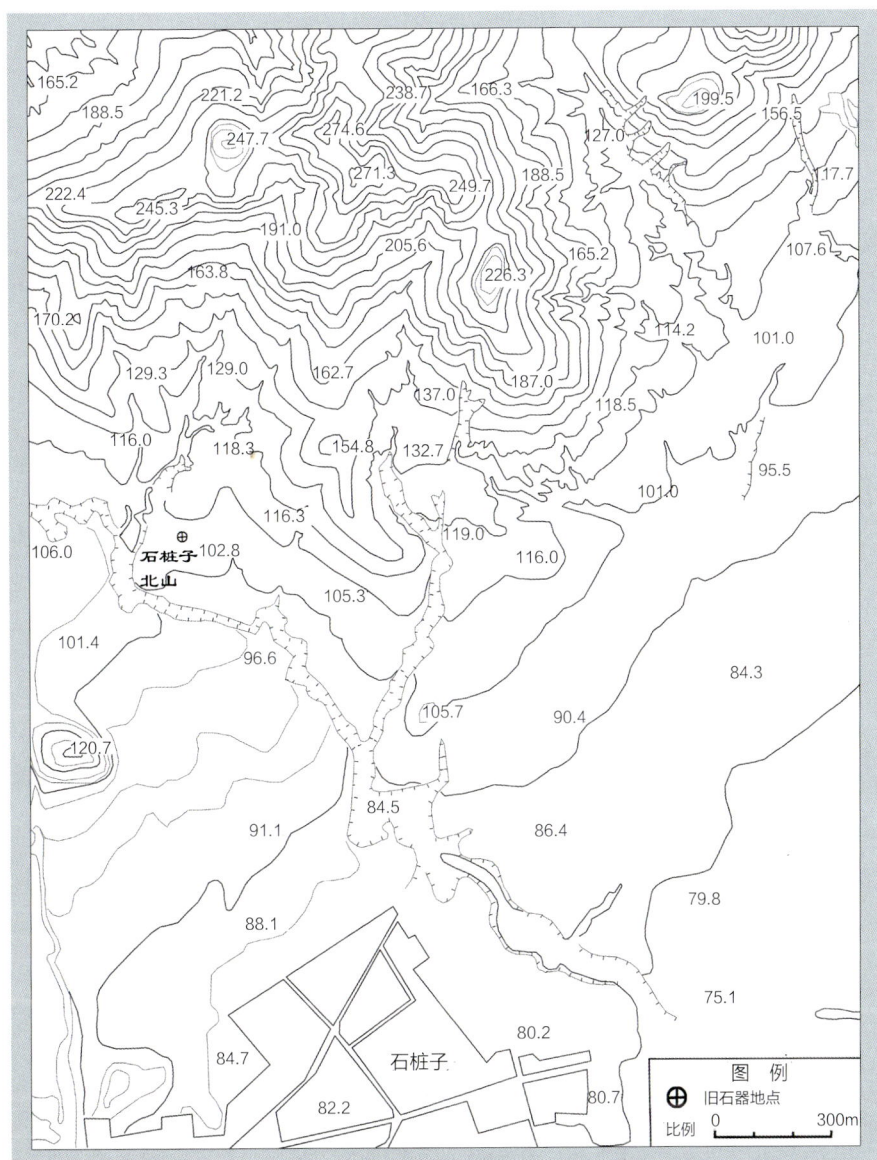

图 2-107　石桩子村北山地点地形示意图

石桩子村北山地点航拍图

石桩子村北山地点远景

图 2-108　石桩子村北山地点航拍及远景图

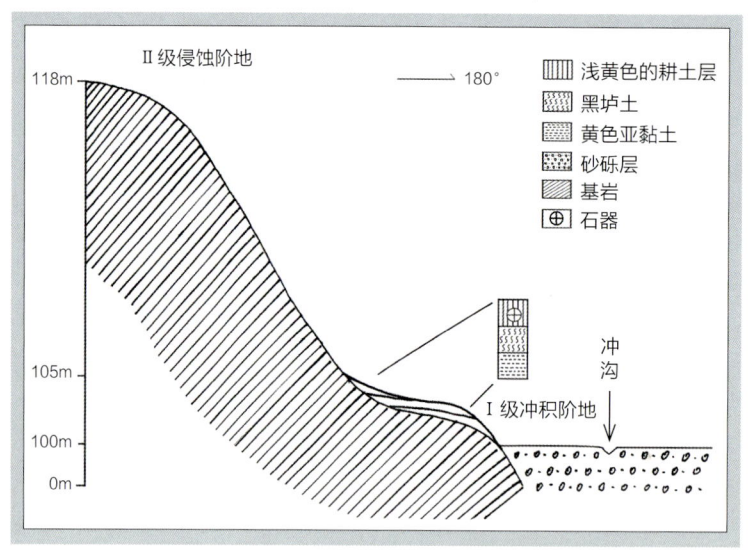

图 2-109 石桩子村北山地点河谷剖面示意图

（二）地层

该地点的地层堆积自上而下分为 4 层，石器均为地表耕土层中采集（图 2-109）：

第 1 层：浅黄色的耕土层，厚 20～30cm。

第 2 层：黑垆土，厚 30～50cm。

第 3 层：黄色亚黏土，厚 100～150cm。

第 4 层：基岩，为流纹岩，未见底。

（三）石器

共 366 件。分为石核、石片、石叶和细石器、工具和断块。

1. 石核

20 件。分为锤击、砸击和细石叶石核。

（1）锤击石核　16 件。可分为单、双和多台面三类。

单台面　8 件。标本 11FSB：90，玛瑙。台面为解理面，可见 1 处较为成功的剥片，其余部分保留自然面和解理面，石核利用率较低。长 30.42、宽 30.74、厚 22.45mm，重 21.86g（图 2-110：1；图 2-111：11）。

双台面　6 件。标本 11FSB：87，玛瑙。有 2 个剥片面，采用转向剥片。剥片面积约占总面积的 3/4，利用率较高。长 44.6、宽 44.97、厚 31.89mm，重 53.53g（图 2-110：2；图 2-111：10）。

多台面　2 件。标本 11FSB：8，燧石。2 个剥片面，可见 10 片较为成功的剥片。剥片面积遍较大，利用率很高。长 15.84、宽 20.37、厚 16.53mm，重 5.84g（图 2-110：3）。

（2）砸击石核　2 件。标本 11FSB：56，玛瑙。剥片面积几乎遍布整个石核。长 20.64、宽 17.65、厚 9.34mm，重 3.73g（图 2-110：4；图 2-111：6）。

（3）细石叶石核　2 件。标本 11FSB：189，蛋白石。选择平坦的砾石面作台面，前、后缘和底端均采用交互法进行修理，两侧面也进行简单的修理。长 10.99、宽 29.03、厚 11.4mm，重 2.76g（图 2-110：5；图 2-112：4）。

2. 石片

130 件。分为完整石片和断片。

（1）完整石片　92 件。标本 11FSB：358，玛瑙。自然台面，背面为全疤。劈裂面平坦，打击点集中，放射线清晰可见。长 20.83、宽 17.89、厚 1.38mm，重 1.38g（图 2-110：11；图 2-112：16）。

（2）断片　38 件。分为五类。

近端　8 件。标本 11FSB：343，玛瑙。自然台面。背面全疤，劈裂面平坦，打击点集中，可见放射线。长 12.93、宽 16.37、厚 3.04mm，重 0.36g（图 2-110：6；图 2-112：15）。

中间　11 件。标本 11FSB：273，玛瑙。背面有疤，劈裂面可见同心波。长 14.59、宽 11.65、厚 5.42mm，重 0.67g（图 2-110：7；图 2-112：8）。

远端　16 件。标本 11FSB：349，玛瑙。背面半疤半砾，劈裂面可见同心波。长 16.67、宽 13.09、厚 6.92mm，重 0.98g（图 2-110：8）。

左边　1 件。标本 11FSB：299，玛瑙。自然台面。背面半疤半砾，有 1 个剥片。劈裂面平坦，打击点集中，放射线、同心波清晰。长 16.53、残宽 9.96、残厚 2.65mm，残重 0.46g（图 2-110：9；图 2-112：10）。

右边　2 件。标本 11FSB：304，自然台面。背面为全疤。劈裂面平坦，打击点集中，可见放射线和同心波。长 21.67、宽 8.32、厚 2.67mm，重 0.48g（图 2-110：10；图 2-112：11）。

3. 石叶和细石叶

石叶　2 件。标本 11FSB：48，安山岩。自然台面。选择一条锋利的边作为刃使用，并留有疤痕。背面为半疤半砾，劈裂面较平坦，同心波清晰可见。长 29.35、宽 21.72、厚 7.37mm，重 5.5g（图 2-110：12；图 2-111：4）。

细石叶　4 件。标本 11FSB：272，安山岩。背面半疤半砾，劈裂面平坦，打击点明显，可见半锥体、放射线和同心波。长 18.53、宽 9.18、厚 2.81mm，重 0.35g（图 2-110：13；图 2-112：7）。

4. 工具

89 件。包括二类和三类工具。

（1）二类工具　15 件。均为刮削器。可分为五类。

单直刃　7 件。标本 11FSB：31，燧石。以石片左边为刃，有使用留下的密集崩疤。长 29.08、宽 41.64、厚 15.03mm，重 12.26g。刃长 23.42mm，刃角 39°（图 2-110：14；图 2-111：2）。

单凹刃　2 件。标本 11FSB：60，流纹岩。刃部有零星崩疤。长 18.53、宽 30.81、厚 5.35mm，重 2.98g。刃长 17.98mm，刃角 46°（图 2-110：15；图 2-111：7）。

凸凹刃　1 件。标本 11FSB：220，玛瑙。以石片左边为刃，刃口呈"S"型，有密集的使用疤。

长 14.36、宽 21.87、厚 5.66mm，重 1.37g。刃长 20.15mm，刃角 27°（图 2-110：16；图 2-112：5）。

单尖刃　4 件。标本 11FSB：50，燧石。直直边，尖部及两侧边均有零星的使用疤。长 17.13、宽 29.06、厚 7.44mm，重 2.29g（图 2-110：17；图 2-111：5）。标本 11FSB：316，玛瑙。凸凸边，尖部及两侧边均有使用疤。长 20.78、宽 15.34、厚 3.93mm，重 1.05g（图 2-110：18）。

直凸刃　1 件。标本 11FSB：179，玛瑙。刃部有使用疤。长 11.37、宽 19.29、厚 4.82mm，重 0.81g。刃长 15.38、17.05mm，刃角 38°、32°（图 2-110：19；图 2-112：3）。

（2）三类工具　74 件。包括刮削器、钻器、雕刻器、砍砸器、石镞和残器。

① 刮削器　52 件。可分为十类。

单直刃　9 件。标本 11FSB：105，玛瑙。以石片侧边复向加工成刃，有使用疤。长 29.32、宽 30.49、厚 10.4mm，重 10.05g。刃长 21.37mm，刃角 45°（图 2-110：20；图 2-111：14）。标本 11FSB：167，琢背小刀。玛瑙。以石片为侧边直接使用，刃部有使用疤。背部经正向加工。长 9.44、宽 13.05、厚 3.23mm，重 0.32g。刃长 12.53mm，刃角 21°（图 2-110：21）。

单凹刃　3 件。标本 11FSB：329，玛瑙。采用正向加工。长 14.95、宽 12.53、厚 1.88mm，重 0.31g。刃长 8.33mm，刃角 34°（图 2-110：22）。

单凸刃　8 件。标本 11FSB：150，玛瑙。采用复向加工。把握部位亦进行了简单加工。长 22.83、宽 14.83、厚 5.82mm，重 1.72g。刃长 15.35mm，刃角 49°（图 2-110：23；图 2-112：1）。

单尖刃　16 件。标本 11FSB：294，直直边，块状毛坯，尖刃采用硬锤复向加工并有使用后留下的小疤。把握部位稍加修理。长 29.74、宽 26.29、厚 12.58mm，重 7.55g（图 2-110：24；图 2-112：9）。标本 11FSB：83，凸凸边，尖刃采用硬锤错向加工修疤连续密集并有使用疤。长 22.82、宽 20.69、厚 6.85mm，重 2.57g（图 2-110：25；图 2-111：9）。标本 11FSB：94，石英岩。直凹边，尖刃采用硬锤正向加工修疤多层重叠且有使用后的微小崩疤。长 41.91、宽 65.43、厚 15.62mm，重 41.05g（图 2-110：26；图 2-111：12）。标本 11FSB：162，玛瑙。凸凹边，尖刃一边进行正向加工，尖部留有使用疤。长 14.57、宽 11.76、厚 4.67mm，重 0.51g（图 2-110：27；图 2-112：2）。标本 11FSB：333，玛瑙。直凸边，尖刃采用硬锤正向加工。长 20.6、宽 14.83、厚 6.38mm，重 1.48g（图 2-110：28；图 2-112：14）。

双直刃　3 件。标本 11FSB：101，燧石。块状毛坯，分别采用交互和复向修理。长 27.2、宽 37.28、厚 22.52mm，重 17.65g。刃长 20.99、14.52mm，刃角 58°、62°（图 2-110：29；图 2-111：13）。

直凸刃　6 件。标本 11FSB：43，玛瑙。采用正向加工。长 21.03、宽 20.04、厚 5.65mm，重 2.3g。刃长 16.15、13.06mm，刃角 43°、25°（图 2-110：30）。

直凹刃　1 件。标本 11FSB：37，角岩。采用正向加工且有使用疤。长 27.11、宽 24.31、厚 8.98mm，重 5.03g。刃长 17.12、20.16mm，刃角 27°、30°（图 2-110：31；图 2-111：3）。

直凸凹刃　1 件。标本 11FSB：324，玛瑙。采用反向和复向修理。长 14.7、宽 23.32、厚 5.21mm，重 1.61g。刃长 20.5、18.89mm，刃角 37°、32°（图 2-110：32；图 2-112：13）。

双尖刃　3 件。标本 11FSB：21，石英岩。块状毛坯。尖部修疤较大、多层重叠。长 25.46、宽 29.25、厚 20.13mm，重 10.13g（图 2-110：33；图 2-111：1）。

复刃　2 件。标本 11FSB：322，采用复向加工。把握部位亦稍加修理。长 12.37、宽

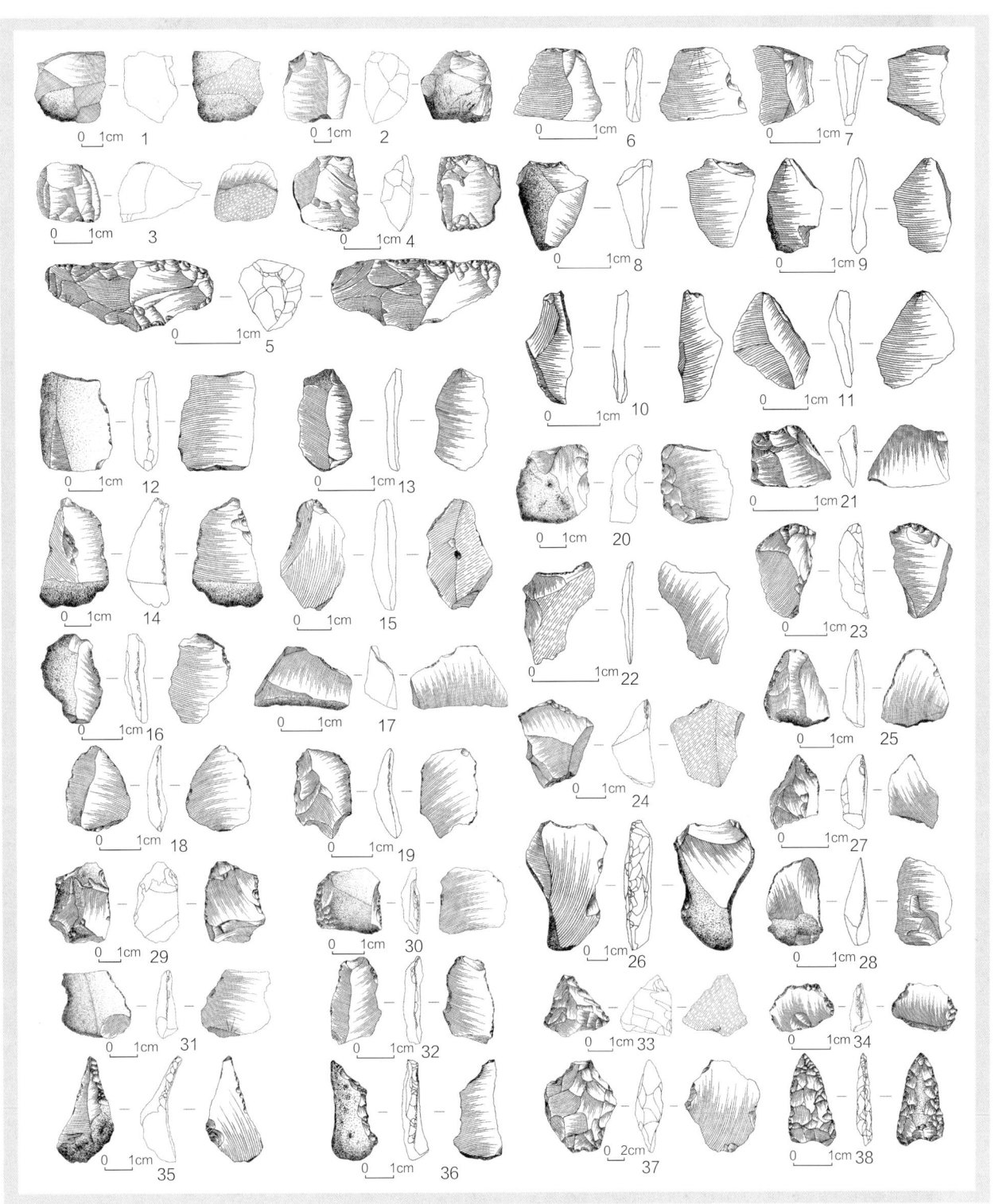

图 2-110　石桩子村北山地点发现的石器（一）

1～5. 石核（11FSB：90、11FSB：87、11FSB：8、11FSB：56、11FSB：189）；6～11. 石片（11FSB：343、11FSB：273、11FSB：349、11FSB：299、11FSB：304、11FSB：358）；12. 石叶（11FSB：48）；13. 细石叶（11FSB：272）；14～34. 刮削器（11FSB：31、11FSB：60、11FSB：220、11FSB：50、11FSB：316、11FSB：179、11FSB：105、11FSB：167、11FSB：329、11FSB：150、11FSB：294、11FSB：83、11FSB：94、11FSB：162、11FSB：333、11FSB：101、11FSB：43、11FSB：37、11FSB：324、11FSB：21、11FSB：322）；35. 钻器（11FSB：266）；36. 雕刻器（11FSB：63）；37. 砍砸器（11FSB：140）；38. 石镞（11FSB：265）

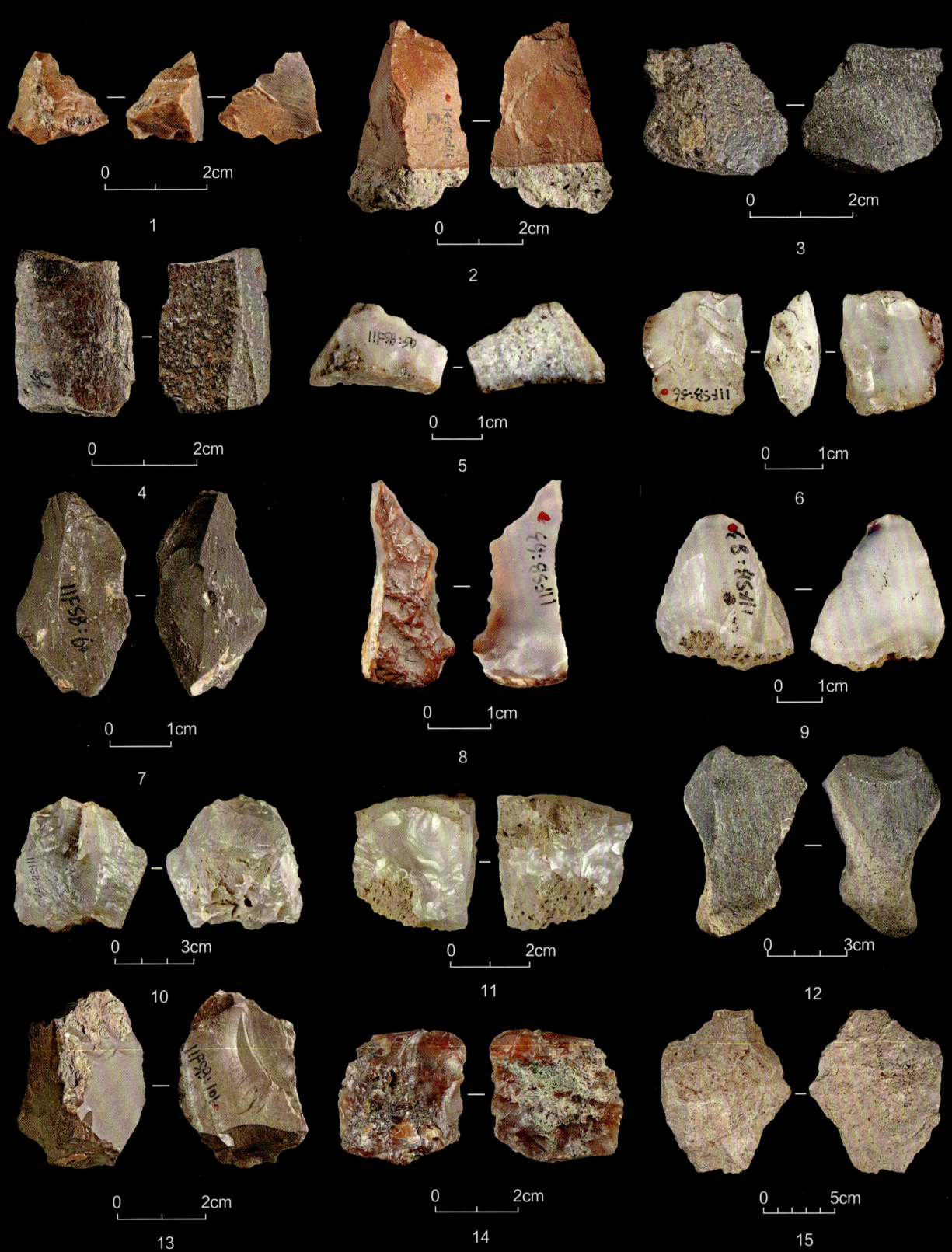

图 2-111　石桩子村北山地点发现的石器（二）

1～3、5、7、9、12～14. 刮削器（11FSB：21、11FSB：31、11FSB：37、11FSB：50、11FSB：60、11FSB：83、11FSB：94、11FSB：101、11FSB：105）；4. 石叶（11FSB：48）；6、10、11. 石核（11FSB：56、11FSB：87、11FSB：90）；8. 雕刻器（11FSB：63）；15. 砍砸器（11FSB：140）

18.62、厚5.39mm，重1.17g，刃角23°、26°、27°（图2-110：34；图2-112：12）。

② 钻器 12件。标本11FSB：266，玛瑙，选择石片两边复向锤击修理成较尖部。钻头较长，尖部稍残，疑为使用时折断。长41.83、宽22.42、厚12.37mm，重4.95g（图2-110：35）。

③ 雕刻器 1件。标本11FSB：63，玛瑙。选择两侧边正向修理成凿型刃口。长30.95、宽14.74、厚7.23mm，重2.62g（图2-110：36；图2-111：8）。

④ 砍砸器 1件。标本11FSB：140，凝灰岩。采用正向加工且有使用疤。把手经过修理。长108.77、宽90.48、厚27.97mm，重235.24g。刃长118.75mm，刃角56°（图2-110：37；图2-111：15）。

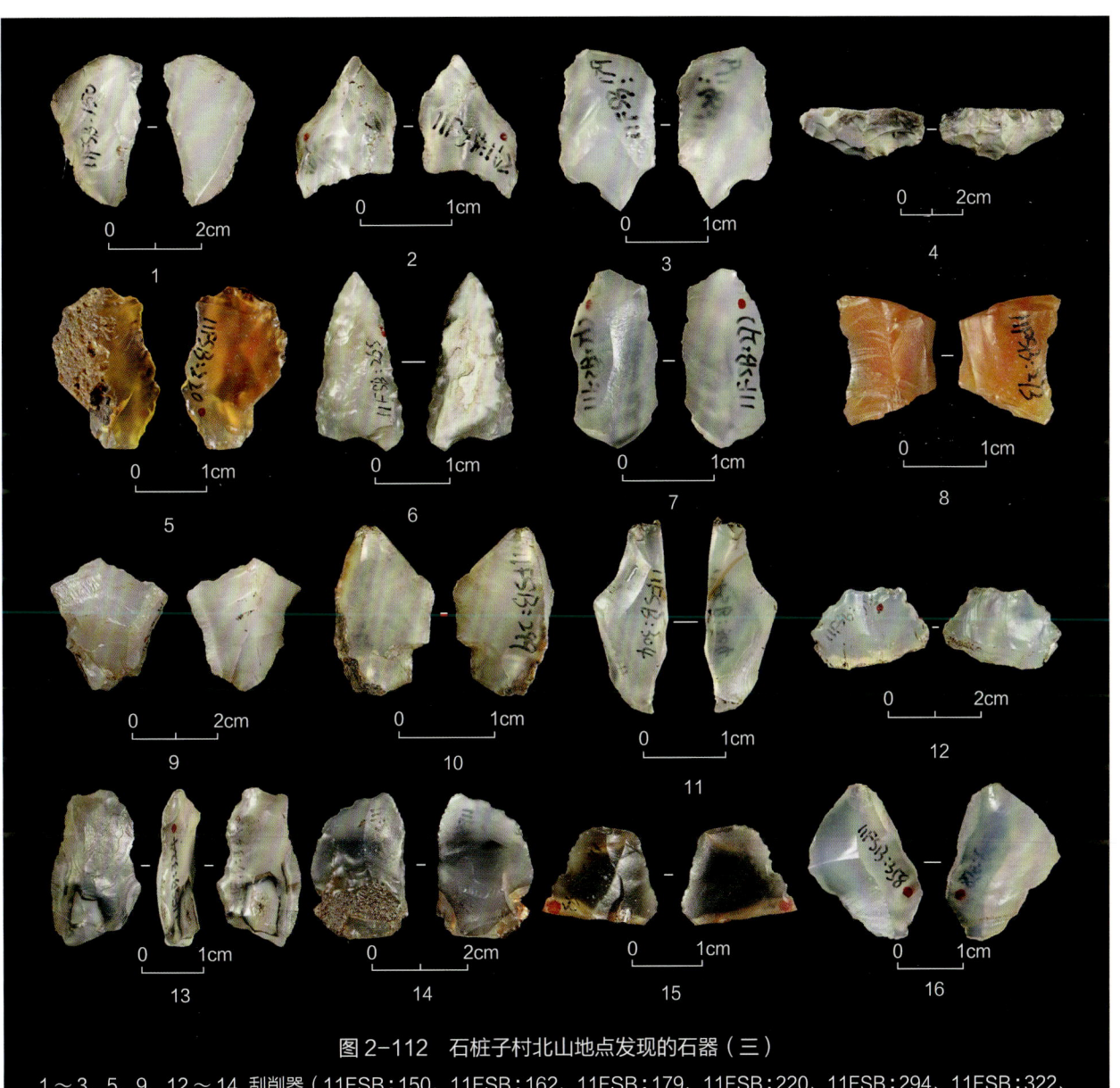

图2-112 石桩子村北山地点发现的石器（三）
1～3、5、9、12～14.刮削器（11FSB：150、11FSB：162、11FSB：179、11FSB：220、11FSB：294、11FSB：322、11FSB：324、11FSB：333）；4.石核（11FSB：189）；6.石镞（11FSB：265）；7.细石叶（11FSB：272）；8、10、11、15、16.石片（11FSB：273、11FSB：299、11FSB：304、11FSB：343、11FSB：358）

⑤ 石镞　2件。标本11FSB：265，通体修理，底部内凹，便于装柄，两翼部位稍有残缺。长23.25、宽11.47、厚3.44mm，重0.81g（图2-110：38；图2-112：6）。

⑥ 残器　6件。均有修理的痕迹，但大多无法辨认完整器形，部分可以辨认出为钻器的钻头、刮削器刃缘的一部分等。

5. 断块

121件。形状大小不一，多为剥片时崩裂所致。

（四）小结

石桩子村北山地点石器的原料种类丰富，多达13种，其中以玛瑙为主。石器类型包括石核、石片、石叶、石叶和细石器、工具和断块。工具类型多样，包括第二类工具（使用石片）和第三类工具（刮削器、钻器、雕刻器、砍砸器、石镞）。剥片方法以锤击法为主，工具亦多采用锤击法进行正向、反向、错向或复向加工。

通过分析北山地点石器的埋藏特征、石器原料、大小、剥片技术和工具类型等，发现其属于典型的细石器工业。该地点具有与周边遗址较为类似的特征，地层堆积也较为接近，但是制作工艺和加工技术要比周边遗址的精细程度稍高一些，且出现细石叶、石镞等精致的器形。因此将其暂定为旧石器时代晚期至新旧石器过渡时期，距今1万年左右。

二、后大屯二岭山地点

（一）地理位置

后大屯二岭山地点[1]位于法库县卧牛石乡大屯村后大屯二岭山上，海拔78m。坐标为北纬42°29′18.8″，东经123°06′09.4″，面积约1500m²。东距后大屯村500m，东南距大屯村1100m，东北距秀水河300m（图2-113～图2-115）。

（二）地层

该地点无文化层。表土为黄色耕土，部分为花岗岩风化砂，厚度0.2～0.3m。石器均采自耕土层中（图2-116）。

（三）石器

共183件。类型包括石核、石片、细石叶、工具和断块。

1. 石核

6件。可分为石片和细石叶石核。

（1）石片石核　3件。包括双台面和多台面两类。

---

[1] 付永平等. 后大屯二岭山旧石器地点石器研究，待刊.

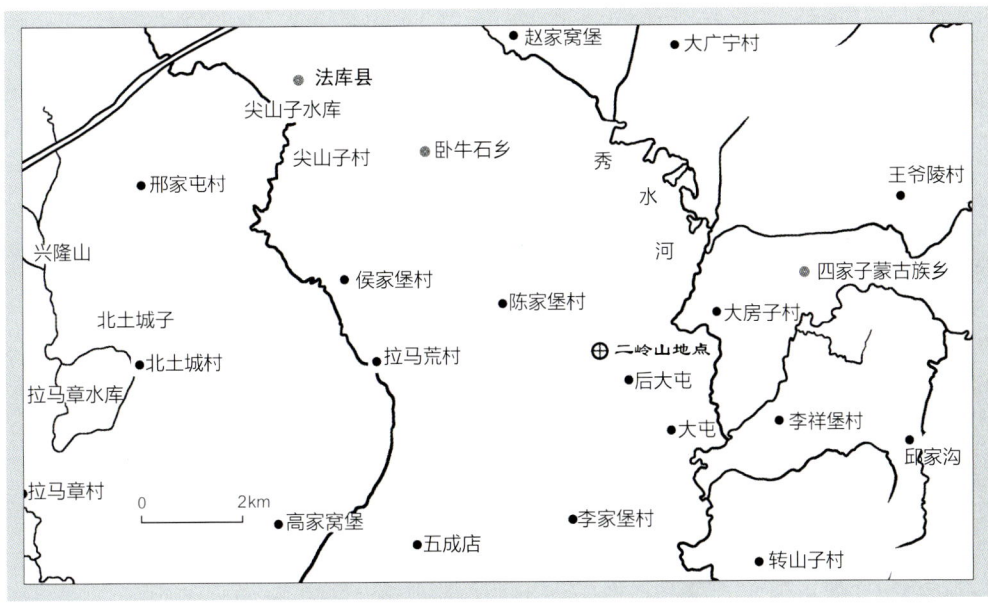

图 2-113 后大屯二岭山地点位置示意图

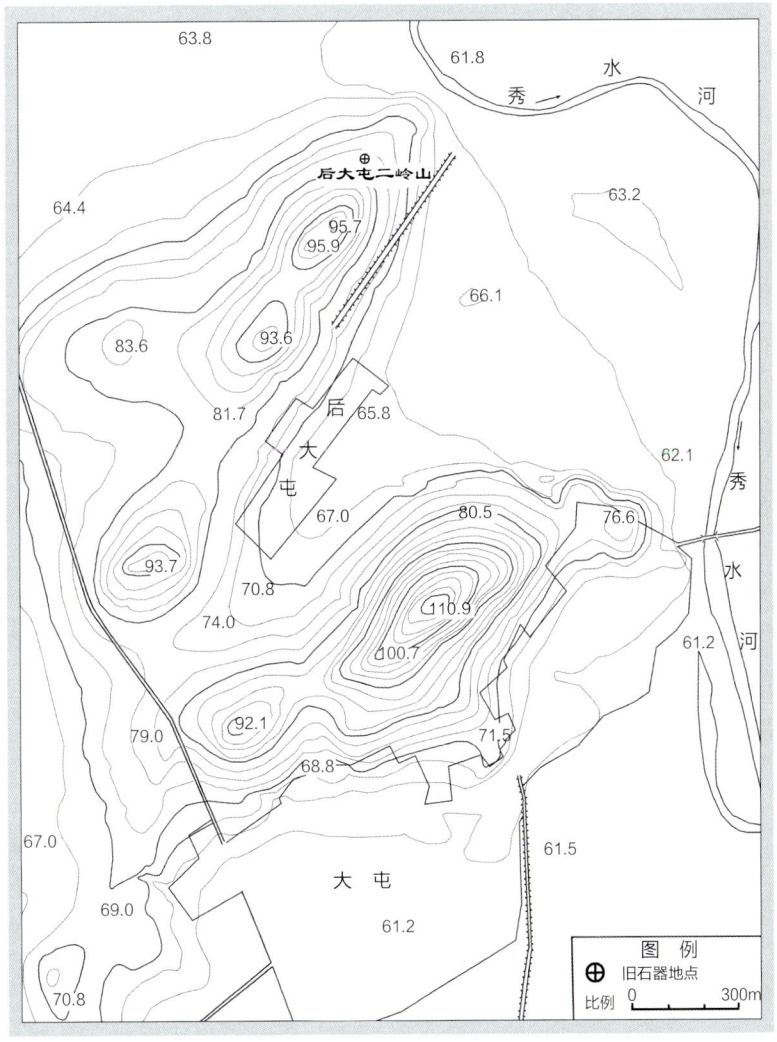

图 2-114 后大屯二岭山地点地形示意图

后大屯二岭山地点航拍图

后大屯二岭山地点远景

图 2-115　后大屯二岭山地点航拍及远景图

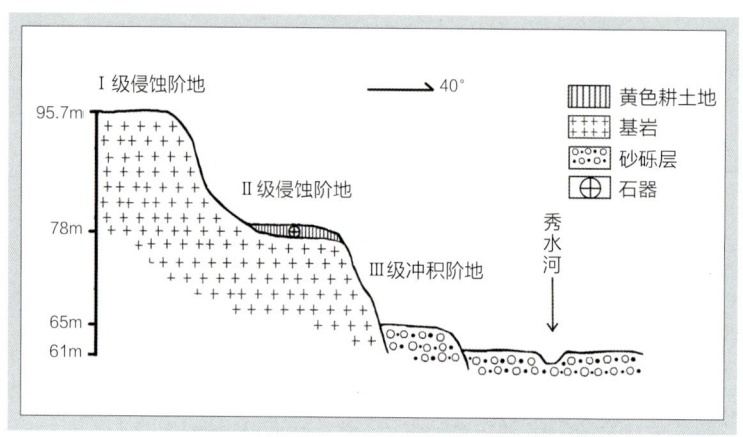

图 2-116　后大屯二岭山地点河谷剖面示意图

双台面　1件。标本 11FHE：159，硅化木。2个台面，4个剥片面。石核进行对向剥片，4个剥片面有至少 28 个剥片疤，自然砾石面仅占石核表面的 10%，可见此石核剥片次数多。长 78.6、宽 38、厚 22.7mm，重 66.8g（图 2-117：1；图 2-119：8）。

多台面　2件。标本 11FHE：160，板岩。有 4 个台面。石核的剥片方式为对向，剥片疤多达 30 个。长 71.5、宽 65.3、厚 23mm，重 128.3g（图 2-117：2）。

（2）细石叶石核　3件。

预制细石叶石核　2件。标本 11FHE：167，玛瑙。近似楔形。台面、核体和后缘经过修理，但还未完成修理。长 25.5、宽 16.1、厚 40.8mm，重 13.1g（图 2-117：3）。

剥片细石叶石核　1件。标本 11FHE：117，楔形，玛瑙。台面和核体经过修理，剥片面有 2 个浅平剥片疤，石核应是刚进入使用阶段。长 14.3、宽 8.5、厚 12.8mm，重 1g（图 2-117：4）。

2. 石片

74件。均为锤击石片，分为完整石片和断片。

（1）完整石片　32件。分为五型。

Ⅰ型　1件。标本11FHE：46，玛瑙。劈裂面凸，有锥疤和同心波，无放射线。侧缘有疤。长28.9、宽33.7、厚17.9mm，重15.5g。

Ⅱ型　2件。标本11FHE：176，玛瑙。劈裂面微凸，同心波清晰，无放射线。背面4个片疤，转向剥片。侧缘锋利。长7.9、宽12.9、厚2.4mm，重0.3g。

Ⅲ型　3件。标本11FHE：70，玛瑙。劈裂面凸，同心波清晰，无放射线。背面2个片疤，对向剥片。侧缘锋利。长19.7、宽17.8、厚5.8mm，重1.5g。

Ⅳ型　18件。标本11FHE：182，角岩。有疤台面，劈裂面凸，同心波清晰，无放射线。背面2个片疤，同向剥片。侧缘锋利。长27.6、宽38.6、厚7.2mm，重7.4g（图2-117：5；图2-119：10）。

Ⅴ型　8件。标本11FHE：95，玛瑙。打制台面，劈裂面凸，同心波清晰，无放射线。背面5个片疤，对向剥片。侧缘较钝。长19.5、宽18.4、厚5.4mm，重1.7g。

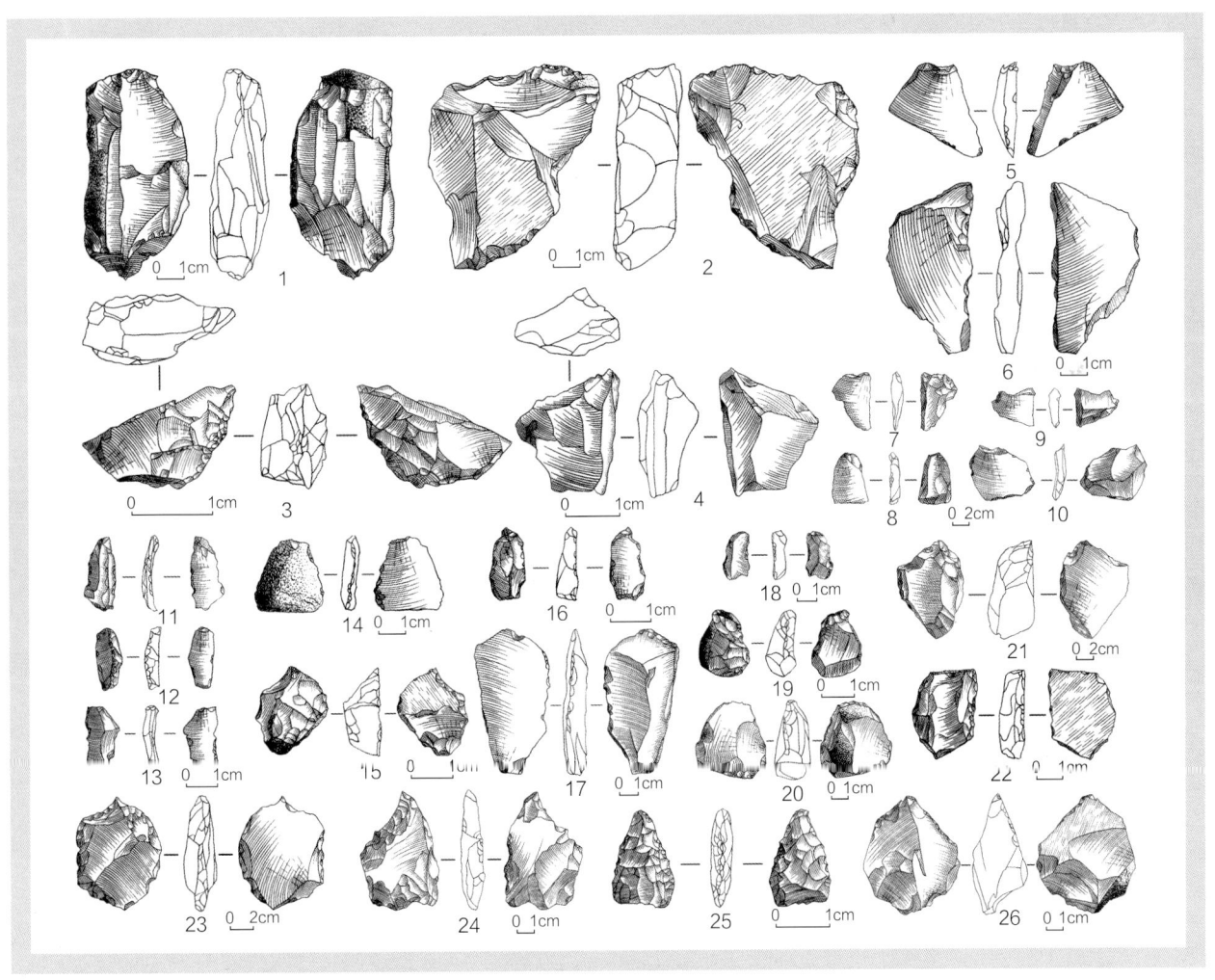

图2-117　后大屯二岭山地点发现的石器（一）

1～4.石核（11FHE：159、11FHE：160、11FHE：167、11FHE：117）；5～10.石片（11FHE：182、11FHE：163、11FHE：102、11FHE：124、11FHE：62、11FHE：85）；11、12.细石叶（11FHE：11、11FHE：106）；13～22、24、26.刮削器（11FHE：26、11FHE：81、11FHE：109、11FHE：128、11FHE：47、11FHE：54、11FHE：108、11FHE：137、11FHE：24、11FHE：156、11FHE：99、11FHE：48）；23.钻器（11FHE：21）；25.石镞（11FHE：2）

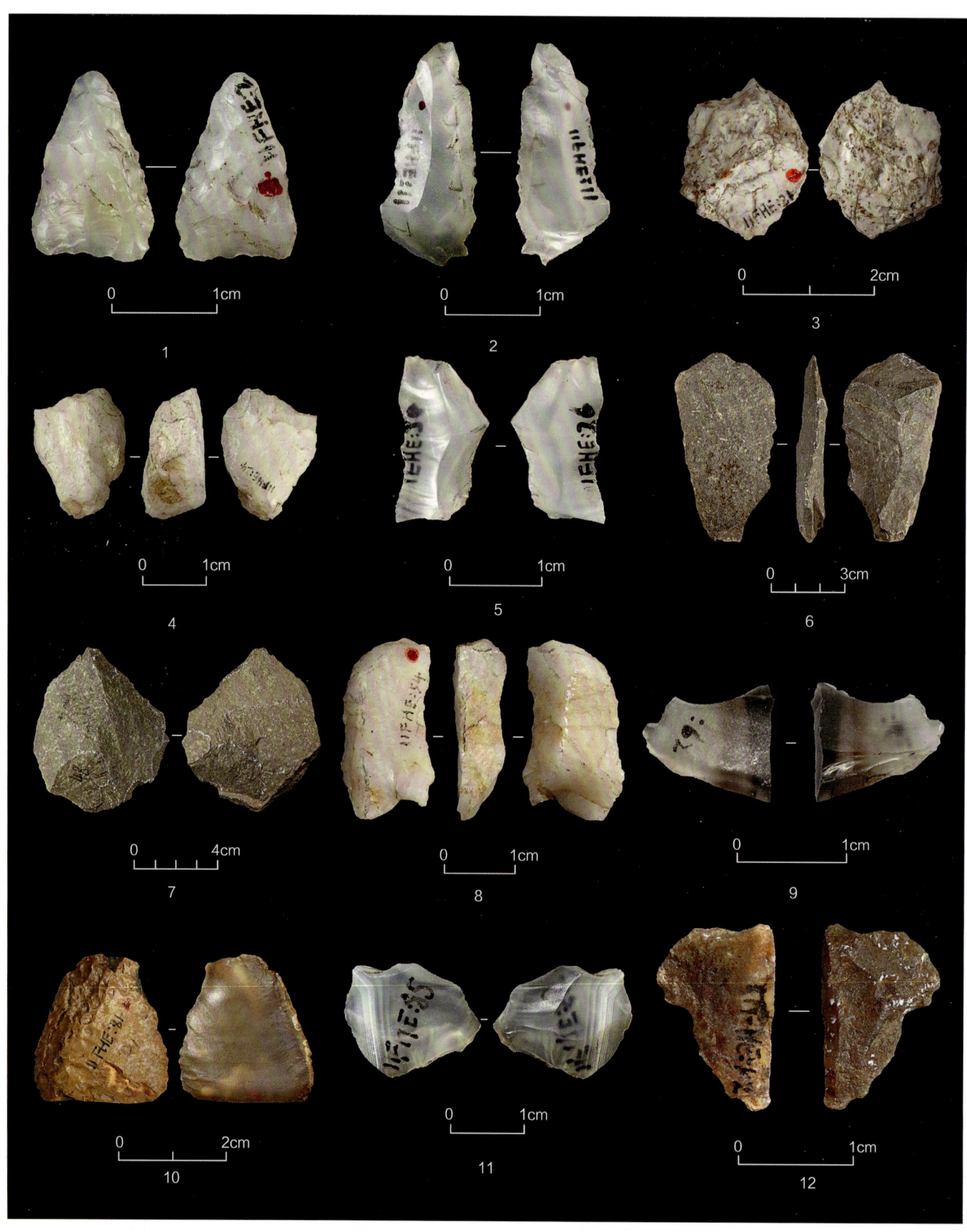

图2-118 后大屯二岭山地点发现的石器（二）

1.石镞（11FHE:2）；2.细石叶（11FHE:11）；3.钻器（11FHE:21）；4~8、10.刮削器（11FHE:24、11FHE:26、11FHE:47、11FHE:48、11FHE:54、11FHE:81）；9、11、12.石片（11FHE:62、11FHE:85、11FHE:102）

（2）断片　42件。分为五类。

左边　3件。标本11FHE:102，玛瑙。劈裂面凸，放射线清晰，无同心波。背面片疤为同向剥片。长15.8、宽10.5、厚2.7mm，重0.4g（图2-117:7；图2-118:12）。

右边　1件。标本11FHE:163，角砾岩。劈裂面平坦，无同心波，放射线清晰。背面为同向剥片片疤。长58.8、宽33.3、厚9.6mm，重16.2g（图2-117:6；图2-119:9）。

近端　10件。标本11FHE:124，玛瑙。点状台面，劈裂面微凸，同心波清晰，无放射线。背面为对向剥片片疤。长13.3、宽9.5、宽2.8mm，厚0.3g（图2-117:8；图2-119:4）。

中间　5件。标本11FHE:62，玛瑙。劈裂面平坦，同心波可见，无放射线。背面片疤剥片方向为对向。长12.1、宽10.5、厚3.1mm，重0.5g（图2-117:9；图2-118:9）。

远端　23件。标本11FHE:85，玛瑙。劈裂面平坦，同心波可见，无放射线。背面片疤剥片方向为对向。长18.4、宽15.2、厚2.9mm，重0.6g（图2-117:10；图2-118:11）。

3. 细石叶

5件。标本11FHE:106，蛋白石。点状台面。保留近端，有背脊。长18.9、宽7.4、厚3.3mm，重0.6g（图2-117:12；图2-119:1）。标本11FHE:11，玛瑙。劈裂面微凸，有半锥体和锥疤，有背脊。长24、宽9.7、厚3.7mm，重0.5g（图2-117；图2-118:2）。

4. 工具

47件。包括二类和三类工具。

（1）二类工具　15件。均为刮削器，可分为四类。

单直刃　9件。标本11FHE:81，玛瑙。利用石片的锋利右缘直接使用，零星分布崩疤。长25.7、宽24.5、厚5.9mm，重4.6g。刃长20.2mm，刃角27.5°（图2-117:14；图2-118:10）。

单凸刃　2件。标本11FHE:47，石英斑岩。两侧均有较大崩疤。长73、宽39.3、厚11.9mm，重33.4g。刃长83.9mm，刃角25.3°（图2-117:17；图2-118:6）。

单尖刃　3件。标本11FHE:109，蛋白石。利用石片远端尖角直接使用，尖刃两边有细小疤痕。长20.3、宽17、厚9mm，重2.7g（图2-117:15；图2-119:3）。

双直刃　1件。标本11FHE:128，蛋白石。长16.4、宽8.3、厚5.2mm，重0.5g。左侧刃长8.3mm，刃角26.9°；右侧刃长10.7mm，刃角46.3°（图2-117:16；图2-119:5）。

（2）三类工具　32件。有刮削器、钻器和石镞。

① 刮削器　24件。可分为六类。

单直刃　2件。标本11FHE:156，板岩。块状毛坯，经过正向修理，有2层鱼鳞状修疤。长30.9、宽24.2、厚10.6mm，重7.8g。刃长23.9mm，刃角31.3°（图2-117:22；图2-119:7）。

单凸刃　8件。标本11FHE:137，石英斑岩。片状毛坯，经过正向修理，有2层鱼鳞状修疤。左缘和底缘分别为修把手和修形。长41.2、宽36.6、厚19.7mm，重34.3g。刃长37.1mm，刃角80.5°（图2-117:20；图2-119:6）。

单凹刃　2件。标本11FHE:108，玛瑙。块状毛坯，经两面修理，疤痕细密层叠。长19.5、宽15.3、厚9.2mm，重2.6g。刃长11.8mm，刃角77.5°（图2-117:19；图2-119:2）。

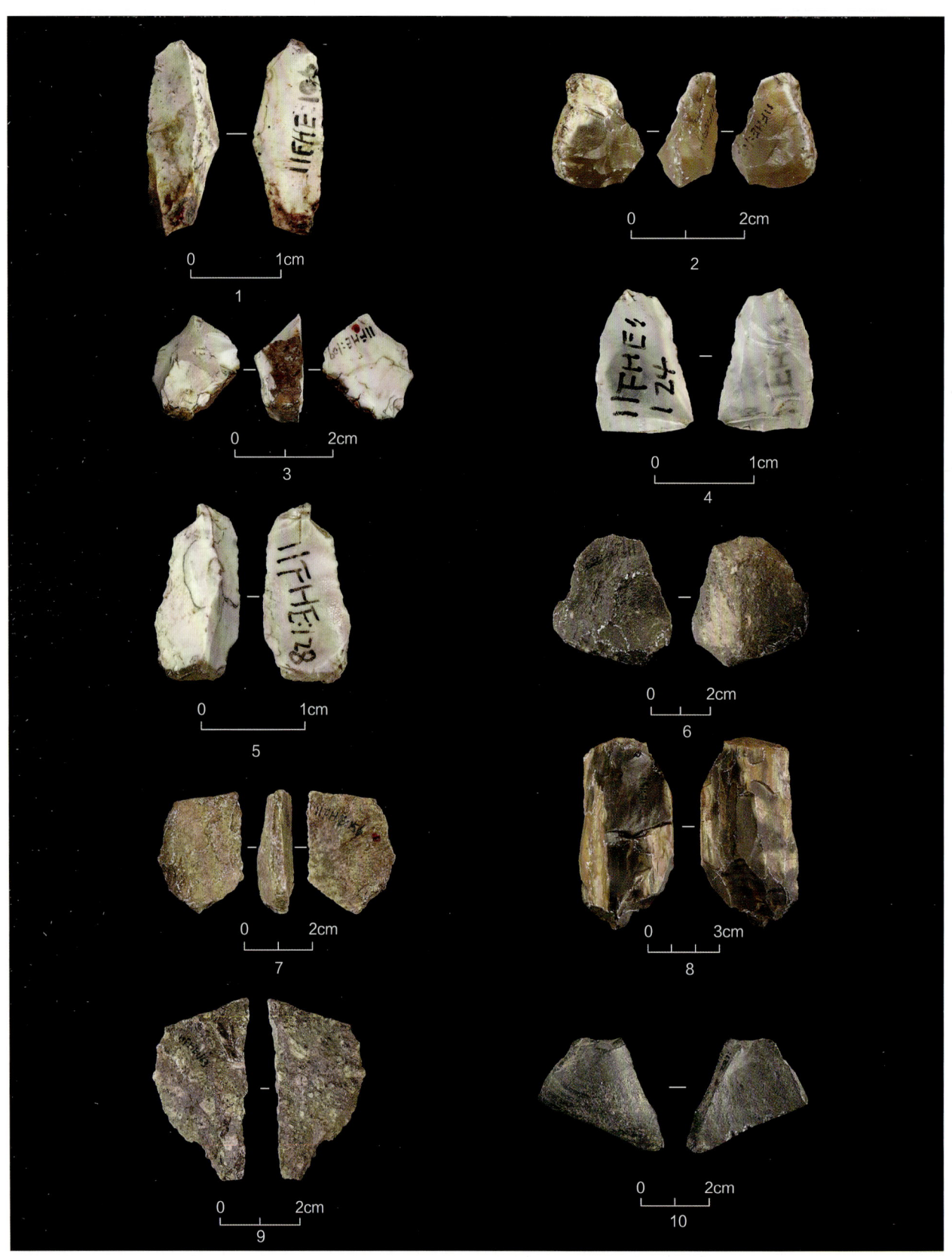

图 2-119　后大屯二岭山地点发现的石器（三）

1. 细石叶（11FHE：106）；2、3、5～7. 刮削器（11FHE：108、11FHE：109、11FHE：128、11FHE：137、11FHE：156）；4、9、10. 石片（11FHE：124、11FHE：163、11FHE：182）；8. 石核（11FHE：159）

单尖刃 7件。标本11FHE：48，石英斑岩。块状毛坯。左、右侧2个直边经正向修理构成一尖刃，背面留有2层鱼鳞状修疤。长79.9、宽61.5、厚26.6mm，重105.7g（图2-117：26；图2-118：7）。标本11FHE：24，石英。片状毛坯。顶部凸、凹边经复向修理成一尖角，于背面留下2～3层修疤。长28.2、宽21.9、厚13.7mm，重8.7g（图2-117：21；图2-118：4）。

双直刃 4件。标本11FHE：54，石英。两刃均经过复向修理。长24.6、宽16、厚7.2mm，重2.4g。左刃长16.7mm，刃角50.1°；右刃长14.1mm，刃角70.9°（图2-117：18；图2-118：8）。

尖凹刃 1件。标本11FHE：99，玛瑙。片状毛坯。经正向压制修理，上部凹边和右缘折断面构成一尖刃。长17.3、宽12.1、厚3.2mm，重0.8g。刃长10mm，刃角10.2°（图2-117：24）。

② 钻器 5件。标本11FHE：21，蛋白石。片状毛坯。顶端经过正向修理，形成一锐利尖角。其余修疤为修形。长20.8、宽19.3、厚7.3mm，重2.6g（图2-117：23；图2-118：3）。

③ 石镞 3件。标本11FHE：2，采用压制法通体加工。长17.5、宽11.7、厚3.9mm，重0.8g（图2-117：25；图2-118：1）。

5. 断块

51件。可能是在石器打制过程中出现的废片。

（四）小结

后大屯二岭山地点发现的石器多以质地细腻的玛瑙为原料。以其重量来看以微型（≤1g）为主，约占58%。类型丰富，包括石核、石片、细石叶、工具和断块，其中石片最多。剥片方法有直接和间接两种。工具类型有刮削器、钻器和石镞，二类工具直接利用锋利的石片边缘。三类工具使用硬锤、软锤和压制修理，除了修理刃缘外还对器形和把手部位进行调整。

该地点中发现了典型楔形细石核，并且存在圆头刮削器、尖刃器等典型器形，明显具有旧石器时代晚期细石叶工业传统。在石器采集的区域内不见新石器时代以后的磨制石器和陶片，同时根据石器的加工技术、工具组合等分析，推定其年代为旧石器时代晚期。

三、苇子沟白虎山地点

（一）地理位置

苇子沟白虎山地点[1]位于法库县卧牛石乡苇子沟村白虎山界河的Ⅲ级侵蚀阶地上，海拔115m。地理坐标为北纬42°33′35.3″，东经122°57′41.1″。北距新武东甸子村1400m，东距苇子沟村1360m，东南距公路900m（图2-120～图2-122）。

---

[1] 付永平等.苇子沟白虎山地点旧石器地点发现的石器研究，待刊.

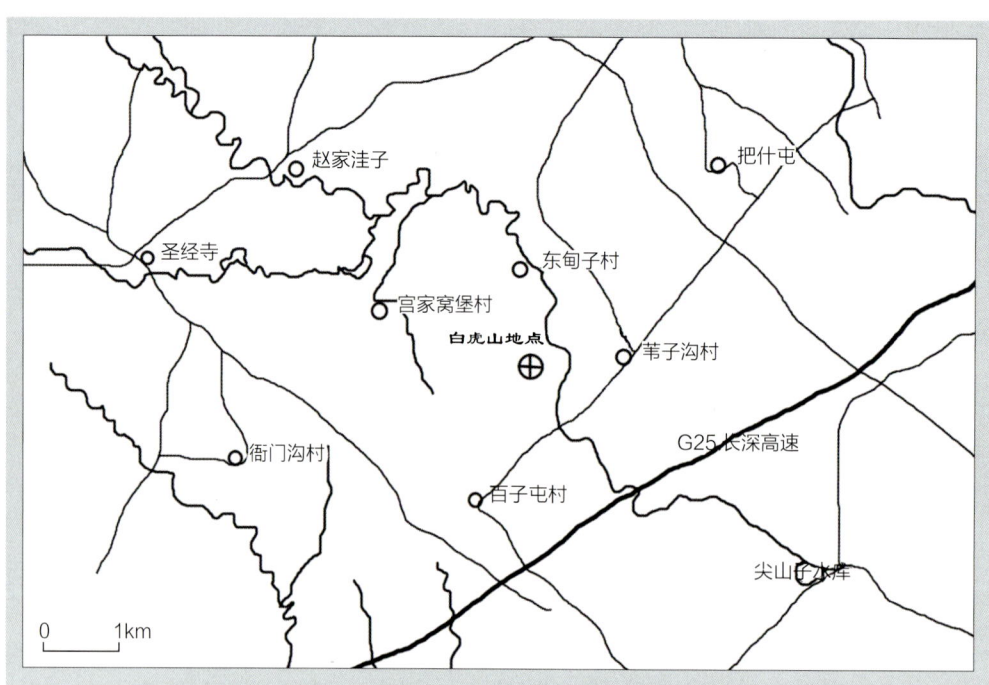

图 2-120　苇子沟白虎山地点位置示意图

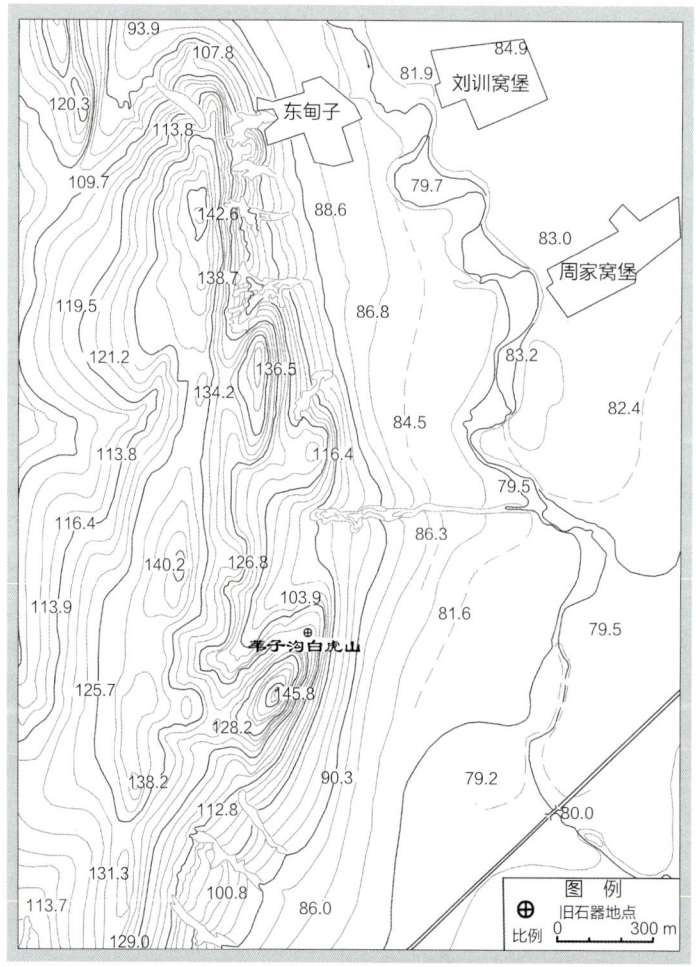

图 2-121　苇子沟白虎山地点地形示意图

苇子沟白虎山地点航拍图

苇子沟白虎山地点远景

图 2-122　苇子沟白虎山地点航拍及远景图

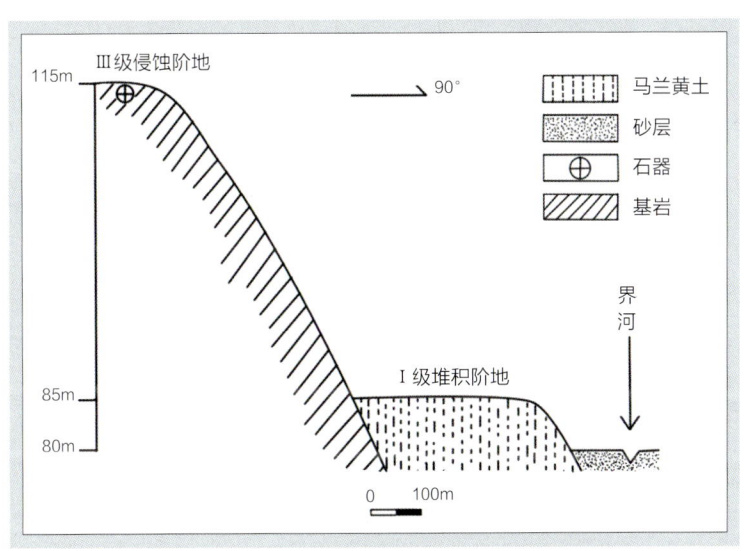

图 2-123　苇子沟白虎山地点河谷剖面示意图

（二）地层

该地点位于界河的Ⅲ级侵蚀阶地上。阶地上无文化层，地表为裸露的流纹岩基岩风化壳，包含有较多玛瑙。石器均采自风化壳（图2-123）。

（三）石器

共39件。分为石核、石片、工具和断块。

1. 石核

1件。标本11FWB：10，玛瑙。单台面锤击石核，块状毛坯，打制台面，2个剥片面，采用同向剥片法；片疤延伸长度远，剥片面积约占石核面积的2/3。长23.5、宽28.5、厚24.9mm，重15.1g（图2-124：4；图2-125：4）。

2. 石片

10 件。均为锤击石片，分为完整石片和断片。

（1）完整石片　9 件。可分为五型。

Ⅰ型　1 件。标本 11FWB：17，玛瑙。劈裂面微凸，打击点散漫，无锥疤，同心波和放射线清晰。背面有片疤。长 26.9、宽 24.7、厚 9.1mm，重 5.7g。

Ⅱ型　3 件。标本 11FWB：29，玛瑙。劈裂面凸，打击点集中，同心波清晰，无锥疤和放射线。长 13.5、宽 16.1、厚 4.8mm，重 0.8g。

Ⅲ型　1 件。标本 11FWB：3，玛瑙。劈裂面凸，打击点集中，同心波、放射线清晰，无锥疤。长 39、宽 30.5、厚 8mm，重 9.8g（图 2-124：2；图 2-125：1）。

Ⅳ型　2 件。标本 11FWB：26，蛋白石。劈裂面凸，打击点集中，同心波清晰，无锥疤和放射线。背面有片疤。长 17.7、宽 13.7、厚 3.7mm，重 0.8g。

Ⅴ型　2 件。标本 11FWB：39，玛瑙。打制台面，劈裂面微凸，打击点散漫，同心波清晰，无锥疤和放射线。长 17.6、宽 21.6、厚 3.8mm，重 1.7g。

（2）断片　1 件。标本 11FWB：21，玛瑙。石叶近端，打制台面，劈裂面凸，打击点集中，同心波清晰，无放射线和锥疤。背面均为石片疤。长 24.5、宽 11.9、厚 6mm，重 1.5g（图 2-124：3；图 2-125：8）。

3. 工具

17 件。包括二类和三类工具。

（1）二类工具　6 件。均为刮削器，可分为三类。

单直刃　3 件。标本 11FWB：16，以石片远端作刃，劈裂面一侧有连续使用疤。长 27.2、宽 22.5、厚 5.5mm，重 2.8g。刃长 15.5mm，刃角 23.1°（图 2-124：6；图 2-125：7）。

单凸刃　1 件。标本 11FWB：22，玛瑙。以石片侧缘为刃，刃缘背面有使用疤。长 35.5、宽 20.1、厚 6.1mm，重 0.5g。刃长 17mm，刃角 31.2°（图 2-124：5；图 2-125：9）。

单凹刃　2 件。标本 11FWB：34，玛瑙。以石片远端为刃，劈裂面有使用疤。长 21.1、宽 2.1、厚 3.5mm，重 1.4g。刃长 16.5mm，刃角 35.2°（图 2-124：1；图 2-125：12）。

（2）三类工具　11 件。包括刮削器、雕刻器和钻器。

① 刮削器　9 件。分为四类。

单直刃　2 件。标本 11FWB：15，玛瑙。采用硬锤复向加工，两侧留有修疤。长 30.5、宽 27.1、厚 11.5mm，重 7.5g。刃长 15mm，刃角 36.5°（图 2-124：7；图 2-125：6）。

单凹刃　1 件。标本 11FWB：13，玛瑙，采用硬锤复向加工，两侧均有修疤。长 31、宽 31.5、厚 9.5mm，重 11.3g。刃长 21.1mm，刃角 65.3°（图 2-124：12；图 2-125：5）。

单尖刃　5 件。标本 11FWB：5，燧石。直凸边，一修理边与一自然边组成尖角。长 30、宽 30.5、厚 17.5mm，重 13.5g（图 2-124：11；图 2-125：2）。标本 11FWB：32，直直边，两边错向加工。长 19.5、宽 15.9、厚 4.9mm，重 1.6g（图 2-124：9；图 2-125：10）。

复刃 1件。标本11FWB：6，燧石。有3个尖刃，反向修理。长31.5、宽28.5、厚11.5mm，重6.4g（图2-124：8；图2-125：3）。

② 雕刻器 1件。标本11FWB：33，玛瑙。以石片台面一端左右互击，形成屋脊形刃口。长18.5、宽14.9、厚7.5mm，重1.8g（图2-124：12；图2-125：11）。

③ 钻器 1件。标本11FWB：38，玛瑙。在一侧边锤击正向修理。长30、宽18、厚11.1mm，重4.4g（图2-124：13；图2-125：13）。

4. 断块

11件。个体大小变异较大，多有人工痕迹，应为剥片过程中产生的废品，可能与原料解理较为发育有关。

（四）小结

苇子沟白虎山地点发现的石器原料以玛瑙为主，兼有蛋白石、燧石等。石器以小型和

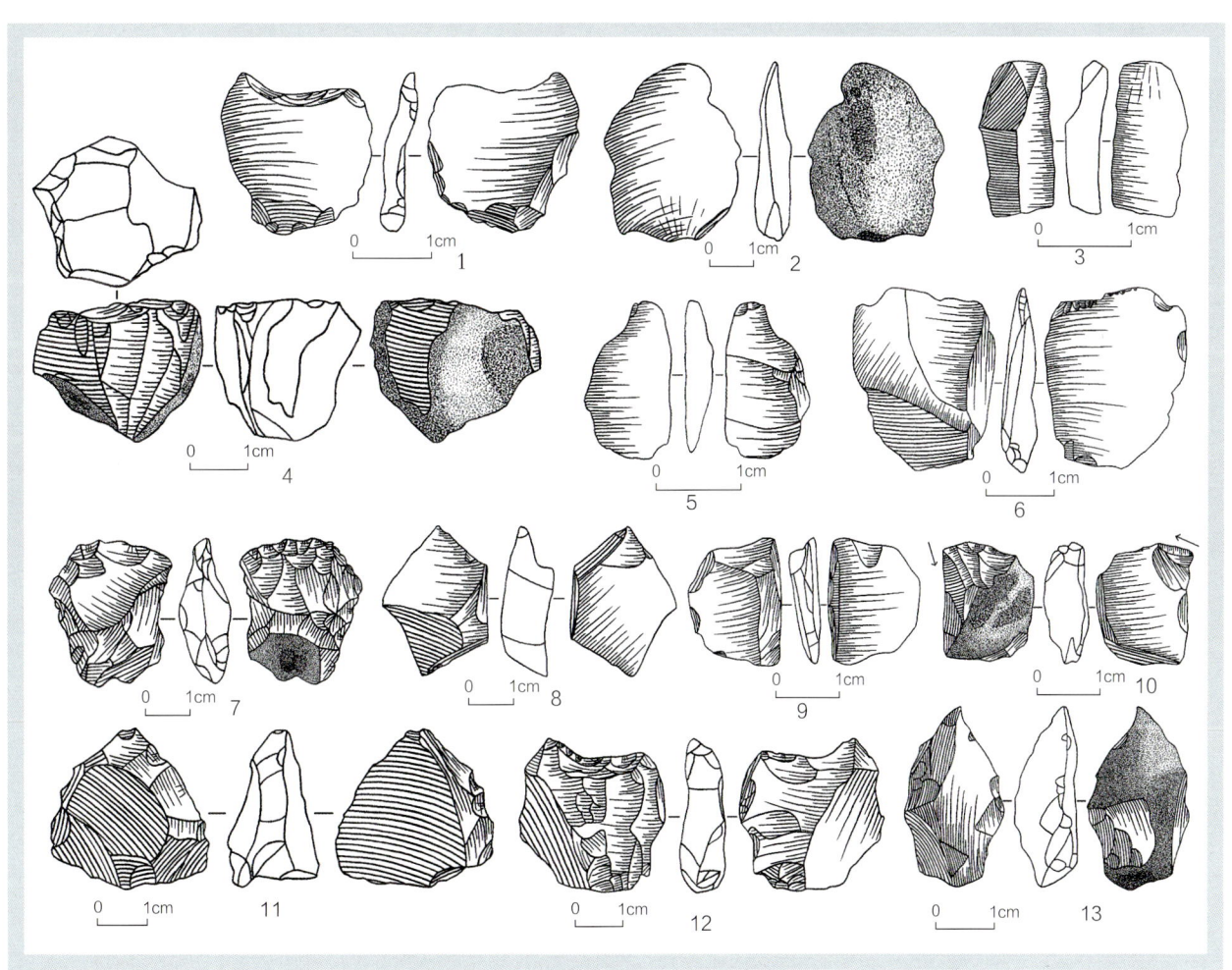

图2-124 苇子沟白虎山地点发现的石器（一）

1、5～9、11、12. 刮削器（11FWB：34、11FWB：22、11FWB：16、11FWB：15、11FWB：6、11FWB：32、11FWB：5、11FWB：13）；2、3. 石片（11FWB：3、11FWB：21）；4. 石核（11FWB：10）；10. 雕刻器（11FWB：33）；13. 钻器（11FWB：38）

微型为主，剥片方法均为锤击法，不见砸击技术的出现。工具类型多样，刮削器占主体地位，其次为雕刻器和钻器。修理方法为硬锤直接加工，以正向修理主，兼有反向、复向和对向。石片之中细石叶也有发现。但并未发现细石叶石核以及以细石叶为毛坯的工具。但总体来看，细石叶技术及其产品在石器组合中占据次要地位。工具毛坯以小型、微型石片以及断块为主。工具组合中刮削器占据主要地位，而其中尖刃器数量较多。这也是东北地区旧石器时代晚期细石器工业类型的普遍特点。

图 2-125 苇子沟白虎山地点发现的石器（二）

1、8. 石片（11FWB：3、11FWB：21）；2、3、5～7、9、10、12. 刮削器（11FWB：5、11FWB：6、11FWB：13、11FWB：15、11FWB：16、11FWB：22、11FWB：32、11FWB：34）；4. 石核（11FWB：10）；11. 雕刻器（11FWB：33）；13. 钻器（11FWB：38）

该地点位于界河Ⅲ级阶地上，取水方便，视野开阔，且背风向阳，有较为平坦宽阔的活动面。石器采自基岩风化壳上，不见新石器时代和青铜时代遗物。综合来看与该地区旧石器时代晚期细石器共同特点基本一致，且石器风化程度较轻，其年代应属于旧石器时代晚期，距今2万年左右。

四、五里山地点

（一）地理位置

五里山地点[1]位于法库县秀水镇五里山村，海拔84m。地理位置为北纬42°22′32.4″，东经122°59′14.0″，面积约1000m²。西距獾子洞水库250m，东南距前五里山村900m，东北距五里山村160m（图2-126～图2-128）。

（二）地层

该地点所在的Ⅲ级阶地为侵蚀阶地，基岩为流纹岩，石器大多分布在黄色或灰黄色的耕土层上，无文化层（图2-129）。

（三）石器

共71件。包括石核、石片、工具和断块。

1. 石核

9件。分为锤击、砸击和细石核。

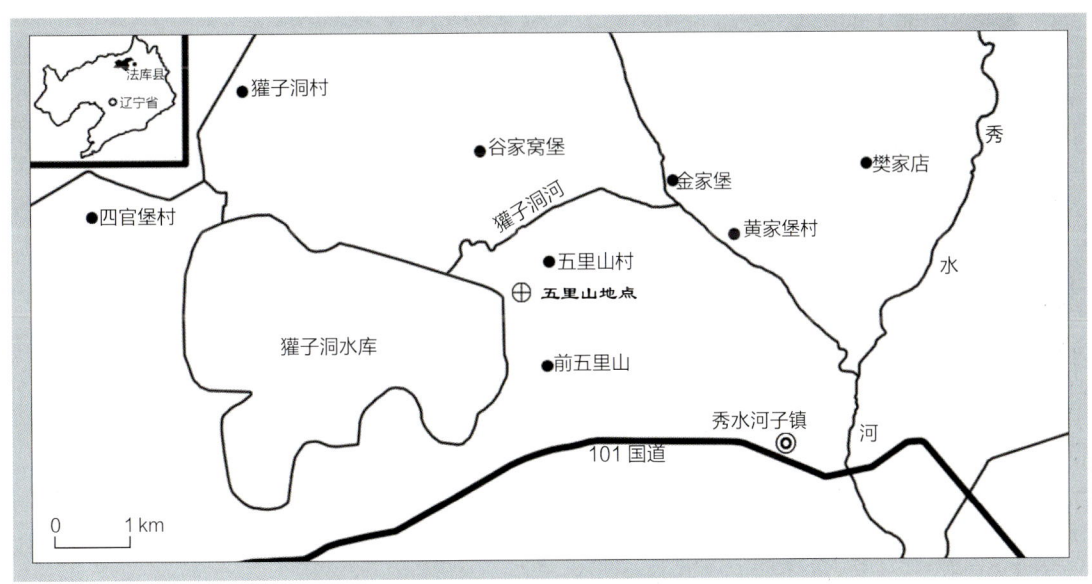

图2-126　五里山地点位置示意图

---

[1] 陈全家，付永平，赵宇超等．法库五里山旧石器地点发现的石器研究[J]．文物春秋，2013（4）：20-31．

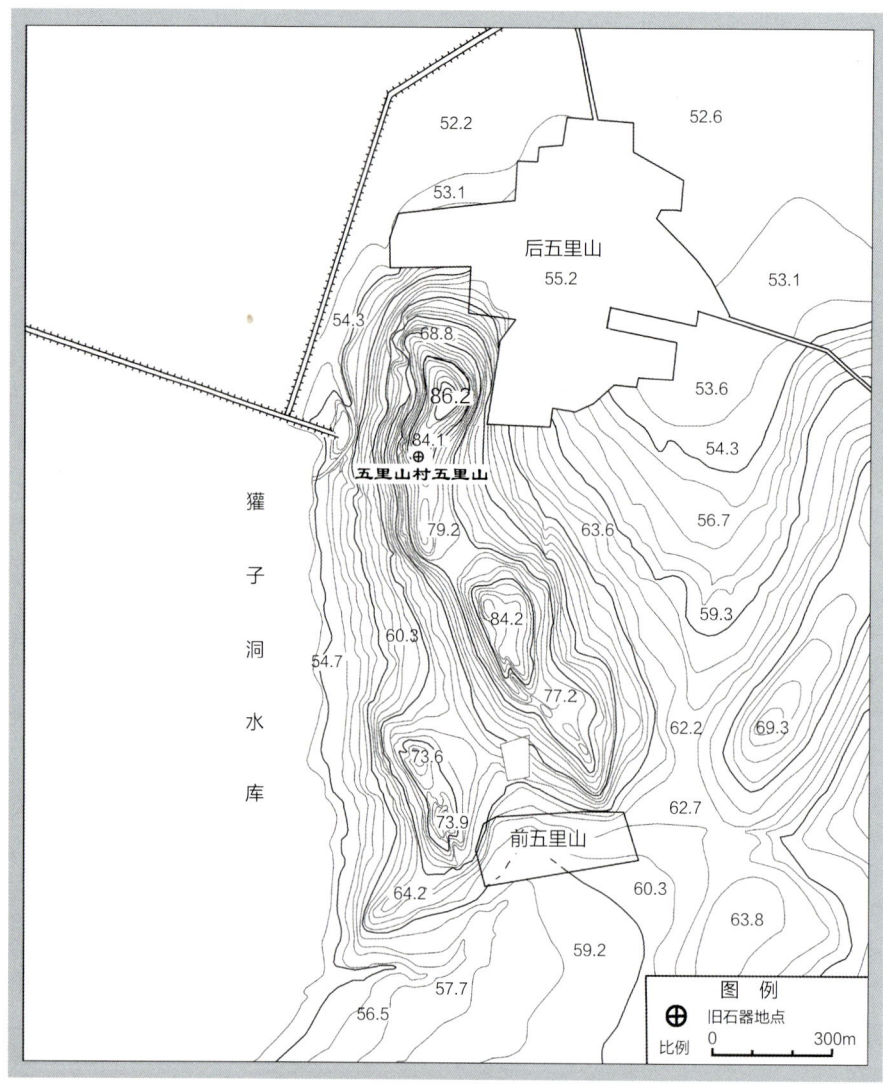

图 2-127　五里山地点地形示意图

五里山地点航拍图

五里山地点远景

图 2-128　五里山地点航拍及远景图

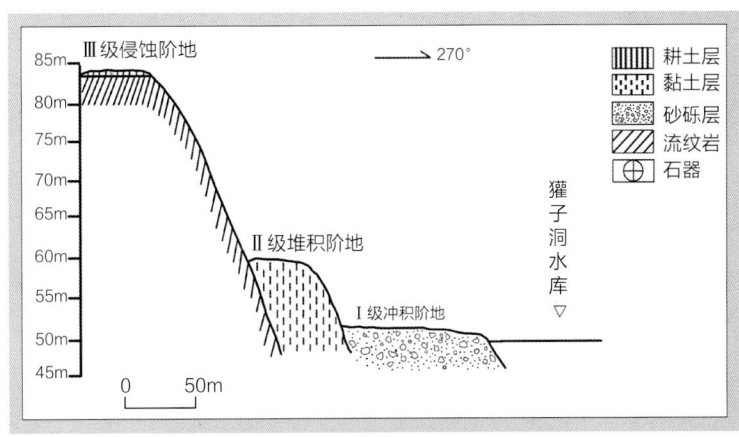

图 2-129 五里山地点河谷剖面示意图

（1）锤击石核 6件。可分为单、双和多台面三类。

单台面 2件。标本11FWW:49，硅质灰岩。1个剥片面，1个明确的剥片疤，利用率不高。长35.4、宽25.2、厚13.9mm，重7.8g（图2-130：4；图2-131：9）。

双台面 2件。标本11FWW:1，燧石。4个明确剥片疤，占石核表面的25%。长28.7、宽37.6、厚15.9mm，重20.2g（图2-130：5；图2-131：1）。标本11FWW:63，玛瑙。剥片方式为对向剥片。此石核虽质地较好，但内部存在解理。长33.2、宽24.2、厚17.4mm，重16.7g（图2-130：6；图2-131：11）。

多台面 2件。标本11FWW:70，玛瑙。有3个台面，4个剥片面，自然砾石面仅占石核表面20%左右。长70.1、宽54.7、厚43.9mm，重105.7g（图2-130：7）。

（2）砸击石核 1件。标本11FWW:34，蛋白石。有4个剥片面。石核两端有砸击痕迹。长18.6、宽13.1、厚12.6mm，重2.7g（图2-130：8；图2-131：6）。

（3）细石核 2件。标本11FWW:30，燧石。核体扁薄，经过修理，台面狭长，亦经过预制和修理，为典型的楔形石核。长19.8、宽26.4、厚9.2mm，重4.2g（图2-130：9；图2-131：5）。

2.石片

10件。包括完整石片、断片和细石叶。

（1）完整石片 5件。可分为四型。

Ⅰ型 1件。11FWW:62，流纹岩。劈裂面凸，同心波不明显，放射线较清晰。长29.6、宽44.1、厚13.8mm，重13.1g。

Ⅱ型 1件。11FWW:26，角岩。劈裂面凸，打击点集中，无同心波，放射线较清晰。长8.8、宽14.02、厚2mm，重0.3g。

Ⅲ型 1件。11FWW:45，玛瑙。劈裂面平坦，有同心波，无放射线。背面有1个剥片疤。长13.7、宽10.7、厚2.2mm，重0.3g。

Ⅳ型 2件。标本11FWW:23，硅质灰岩。劈裂面凸，无同心波，无放射线。背面有9个明确片疤。长19.3、宽15.2、厚3.3mm，重0.62g（图2-130：1）。

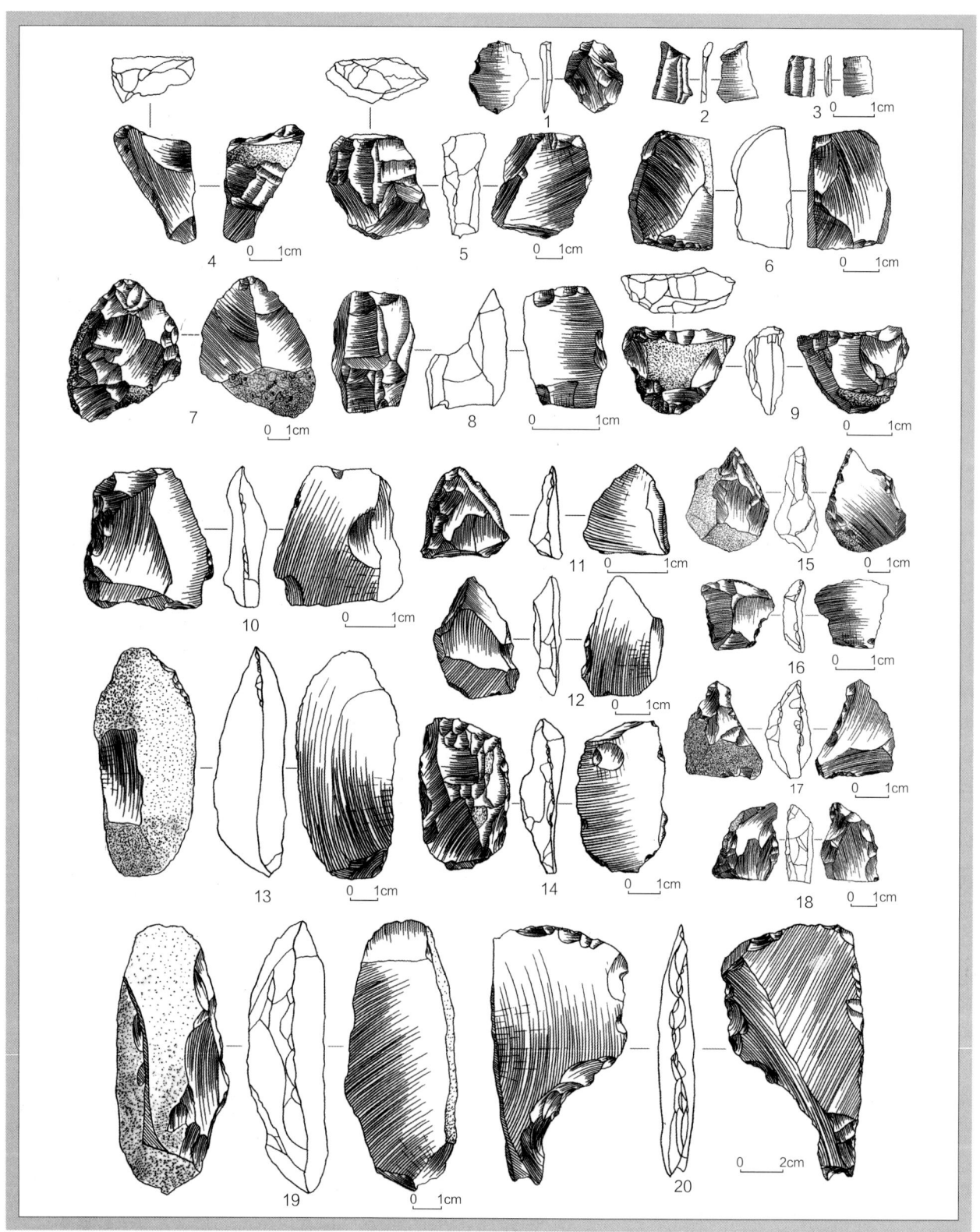

图 2-130 五里山地点发现的石器（一）

1、2. 石片（11FWW:23、11FWW:40）；3. 细石叶（11FWW:32）；4～9. 石核（11FWW:49、11FWW:1、11FWW:63、11FWW:70、11FWW:34、11FWW:30）；10、12～16、19、20. 刮削器（11FWW:54、11FWW:6、11FWW:67、11FWW:65、11FWW:66、11FWW:35、11FWW:71、11FWW:38）；11、17. 尖刃器（11FWW:27、11FWW:8）；18. 钻器（11FWW:48）

（2）断片　4件。均为中间断片。标本11FWW：40，原料为玛瑙。劈裂面同心波明显，无放射线。背面为3个石片疤，剥片方向为同向剥片。长15.5、宽9.9、厚1.1mm，重0.2g（图2-130：2）。

（3）细石叶　1件。标本11FWW：32，中间断片，板岩。台面和半锥体已被破坏，劈裂面平坦。背面共有3条平行的脊线，构成4个剥片疤。长9.3、宽7.2、厚1.7mm，重0.1g（图2-130：3）。

3. 工具

31件。包括二类和三类工具。

（1）二类工具　20件。包括刮削器和尖刃器。

① 刮削器　10件。可分为三类。

单直刃　6件。标本11FWW：54，凝灰岩。以石片锋利边缘为刃，有使用形成的崩疤。长29.8、宽28.3、厚9.5mm，重22.9g。刃长22.9mm，刃角35°（图2-130：10；图2-131：10）。标本11FWW：65，硅质灰岩。以石片右侧边缘为刃，有较为连续的细小崩疤。左侧经过简单修整，以便于把握。长47.6、宽30.7、厚16.7mm，重16.7g。刃长32.7mm，刃角48°（图2-130：14；图2-131：12）。

单凸刃　2件。标本11FWW：67，角岩。直接利用石片锋利边缘，有零星崩疤。长80.8、宽37.4、厚27.5mm，重73.4g。刃长80.6mm，刃角52°（图2-130：13）。

双直刃　2件。标本11FWW：6，凝灰岩。利用石片锋利边缘成刃。长38.9、宽27.3、厚9.2mm，重5.9g。刃长24.5、14.8mm，刃角36°、28°（图2-130：12；图2-131：2）。标本11FWW：4，残器，石英岩。以石片两侧锋利且基本平行的自然边缘为刃直接使用。长30.7、宽34.4、厚8.7mm，重7.3g。

② 尖刃器　10件。标本11FWW：27，硅质灰岩。直凸刃，利用石片天然的三角形状，无需进行加工，直接使用即可。长16.5、宽15.4、厚5.8mm，重1.1g（图2-130：11；图2-131：4）。

（2）三类工具　11件。包括刮削器、尖刃器和钻器。

① 刮削器　8件。可分为三类。

单直刃　3件。标本11FWW：66，刃部采用正向修理，有细小且较为连续的修疤。长46.5、宽38.8、厚20.1mm，重19.7g（图2-130：15；图2-131：13）。

单凸刃　4件。标本11FWW：35，玛瑙。刃部有4处明显的修疤，并有使用造成的细小的较为连续的崩疤。长18.8、宽18.3、厚5.1mm，重18.5g（图2-130：16；图2-131：7）。标本11FWW：71，角岩。除刃部外把手部位亦经过修理。长90.4、宽38.9、厚27.8mm，重75.2g（图2-130：19；图2-131：14）。

凸直刃　1件。标本11FWW：38，采用交互法加工，采用正向修理。长118.2、宽66、厚16.6mm，重110.2g。直刃长41.6mm，刃角23°；凸刃长63.2mm，刃角22°（图2-130：20；图2-131：8）。

② 尖刃器　2件。标本11FWW：8，玛瑙。两侧边经过修形。长30.2、宽24.9、厚14.1mm，重7.6g（图2-130：17；图2-131：3）。

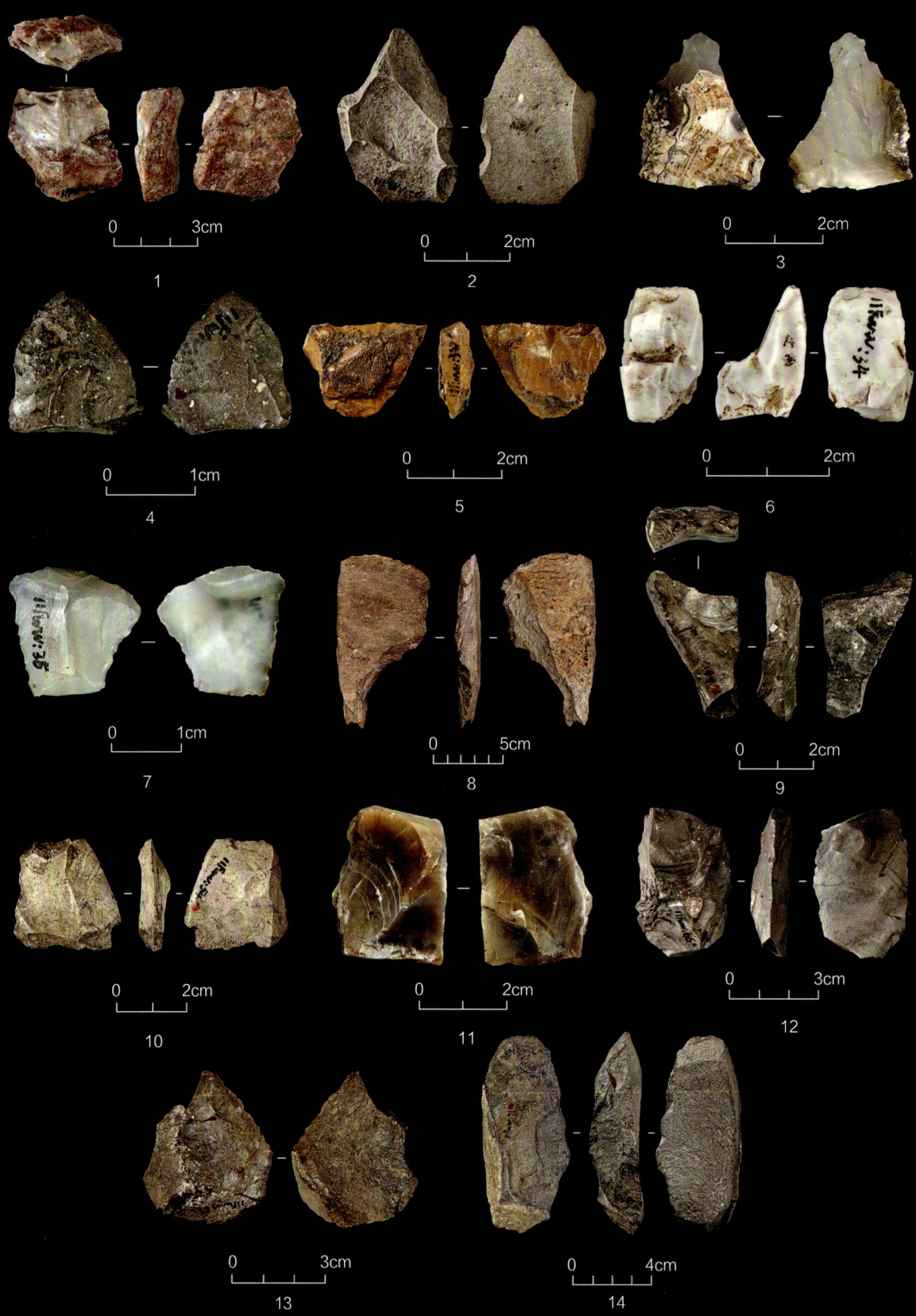

图 2-131 五里山地点发现的石器（二）

1、5、6、9、11. 石核（11FWW：1、11FWW：30、11FWW：34、11FWW：49、11FWW：63）；
2、7、8、10、12～14. 刮削器（11FWW：6、11FWW：35、11FWW：38、11FWW：54、11FWW：65、11FWW：66、11FWW：71）； 3、4. 尖刃器（11FWW：8、11FWW：27）

③ 钻器　1件。标本 11FWW：48，肩部不对称，整体受限于材料，加工粗糙。长 34.1、宽 23.8、厚 12.6mm，重 10.9g（图 2-130：18）。

4. 断块

21 件。形状大小不一且不规则，多为剥片时崩裂所致。

（四）小结

五里山地点石器原料以玛瑙比例最大，占 35.2%。石器以小型为主，包括石核、石片、断块和工具。剥片方式包括同向、交互和对向剥片。二类工具的刃缘为锋利的石片边缘，不加修理，直接使用。三类工具多以硬锤正向修理为主。

该地点发现的工具中刮削器和尖刃器占了绝大多数，楔形石核与类似拇指盖的圆头刮削器均为东北地区细石叶工艺的代表器物。由于该地点的石器均出自Ⅲ级阶地的耕土层中，缺乏动物化石，无法进行古生物上的断代。又因为耕作，导致堆积破坏严重，故目前无法做出较为精准的年代判定。但可以确定的是，我国东北地区目前发现的存在细石叶技术的遗址或地点，年代多晚于距今 2.5 万年。而细石叶技术在东北地区一直持续到新石器时代乃至更晚。故该地点的年代上限应不超过距今 2.5 万年，而下限不晚于新旧石器之交。

五、石佛寺北岗地点

（一）地理位置

石佛寺北岗地点[1]位于沈阳市沈北新区辽河南岸的Ⅱ级阶地上，海拔 58.4m。地理坐标为北纬 42°08′44″，东经 123°19′57″。北距辽河 300m，南距七星山 1100m，西南距山西孟村 1200m，东南距石佛寺 750m（图 2-132～图 2-134）。

（二）地层

该地点所在的Ⅱ级基座阶地可分为 3 层（图 2-135）：
第 1 层：灰黄色耕土层，厚 0.2～0.3m，包含辽金和明代陶片、瓷片等。
第 2 层：具有水平层理的褐色亚黏土层，厚 0.2～2.5m。石器出自该层上部。
第 3 层：火成岩基岩（图 2-135）。

（三）石器

共 23 件。包括石核、石片、工具和断块。

1. 石核

1 件。标本 12SSB：1，细石叶石核，流纹岩。块状毛坯，扁柱状。有两个上下相对的台面，

---

[1] 陈全家等. 石佛寺北岗旧石器地点发现的石器研究，待刊.

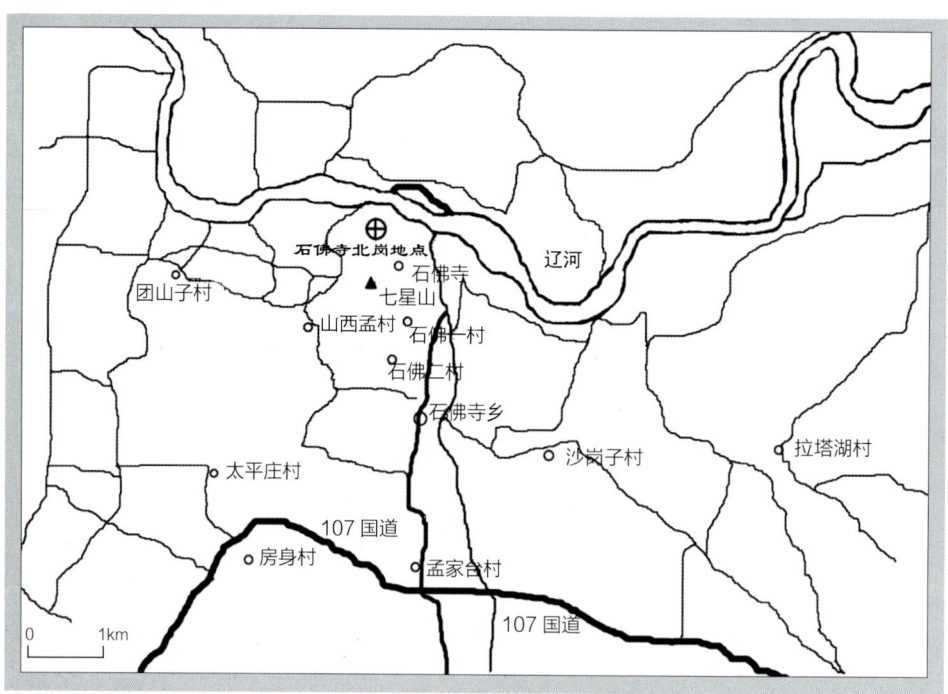

图 2-132　石佛寺北岗地点位置示意图

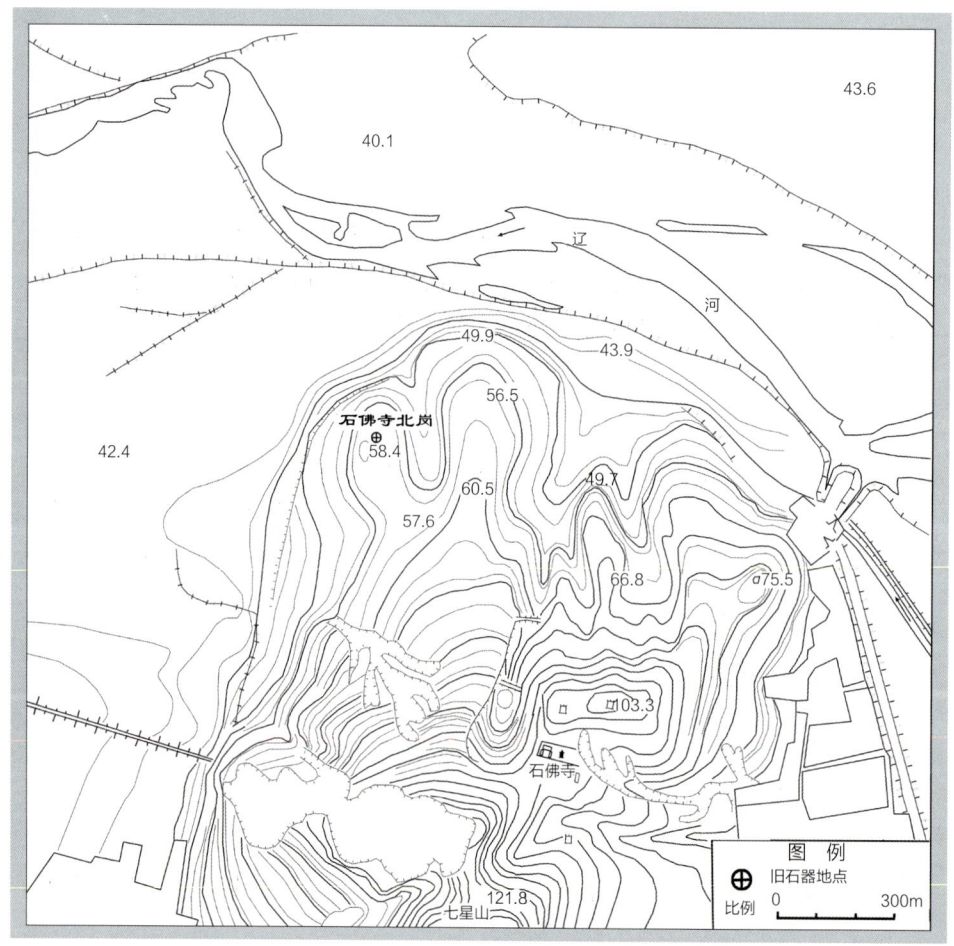

图 2-133　石佛寺北岗地点地形示意图

石佛寺北岗地点航拍图

石佛寺北岗地点远景

图 2-134　石佛寺北岗地点航拍及远景图

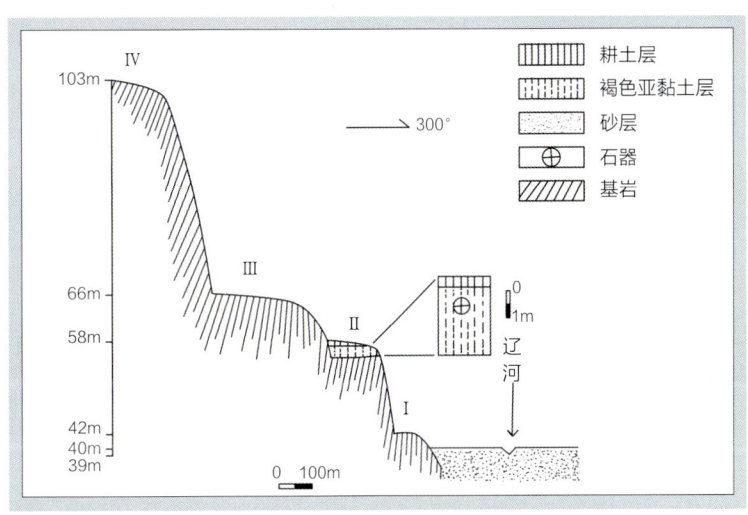

图 2-135　石佛寺北岗地点河谷剖面示意图

其中上侧台面为主台面，台面和侧缘都经过修理。长 54、宽 49.1、厚 44.4mm，重 143.1g（图 2-136：5）。

2. 石片

4 件。均为锤击石片。可分为完整石片和断片。

完整石片　2 件。标本 12SSB：34，玛瑙。点状台面，劈裂面凸，同心波清晰，无放射线和锥疤，背面有 5 个石片疤。长 14、宽 7.7、厚 2mm，重 0.6g（图 2-136：8；图 2-137：10）。

断片　2 件。标本 12SSB：19，有疤台面，劈裂面微凸，打击点集中，放射线和同心波不明显，无锥疤。背面均为石片疤。长 10.3、宽 15.6、厚 2mm，重 0.48g（图 2-136：9；图 2-137：8）。

3. 工具

14 件。包括二类和三类工具。

（1）二类工具 6件。均为单刃刮削器，可分为两类。

单凸刃 4件。标本12SSB:14，刃部有使用疤。长13.9、宽11.3、厚4.3mm，重0.7g。刃长13.1mm，刃角30.5°（图2-136：2；图2-137：5）。

单凹刃 2件。标本12SSB:11，背面有连续使用疤。长17、宽7.1、厚3.7mm，重0.5g。刃长6.7mm，刃角30.5°（图2-136：10；图2-137：4）。

（2）三类工具 8件，包括刮削器和砍砸器。

① 刮削器 7件。可分为五类。

单直刃 2件。标本12SSB:21，硅质泥岩。毛坯为细石叶，有使用疤，形体微小，可能是作为复合工具使用。长7.8、宽6.6、厚1.8mm，重0.1g。刃长6.1mm，刃角36.8°（图2-136：1；图2-137：9）。

单凹刃 1件。标本12SSB：16，石英。正向修理，有2层鱼鳞状修疤。修理部位还包括把手。长24.9、宽26.9、厚14.5mm，重6.9g。刃长11.2mm，刃角44.6°（图2-136：7；图2-137：7）。

单尖刃 2件。标本12SSB:8，硅质泥岩，尖部有使用疤。长28.9、宽17.1、厚11.5mm，重8.8g（图2-136：3；图2-137：2）。

凸凹刃 1件。标本12SSB:15，玛瑙。凹刃为使用边，正向修理。长15、宽10.3、厚4.3mm，重0.6g。凹刃长11.5mm，刃角36.2°；凸刃长5.5mm，刃角45.6°（图2-136：6；图2-137：6）。

复刃 1件。标本12SSB:10，燧石。有3条刃，刃缘两侧均保留有使用疤。长25.9、

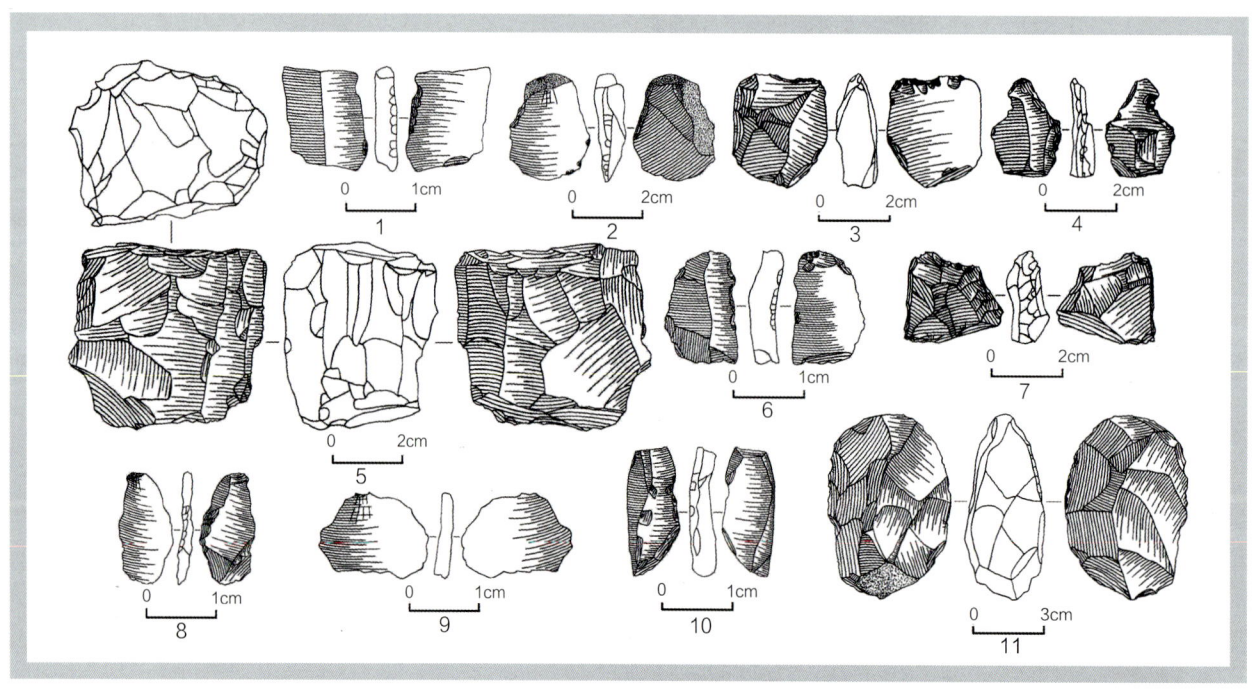

图2-136 石佛寺北岗地点发现的石器（一）

1~4、6、7、10.刮削器（12SSB:21、12SSB:14、12SSB:8、12SSB:10、12SSB:15、12SSB:16、12SSB:11）；5.石核（12SSB:1）；8、9.石片（12SSB:34、12SSB:19）；11.砍砸器（12SSB:6）

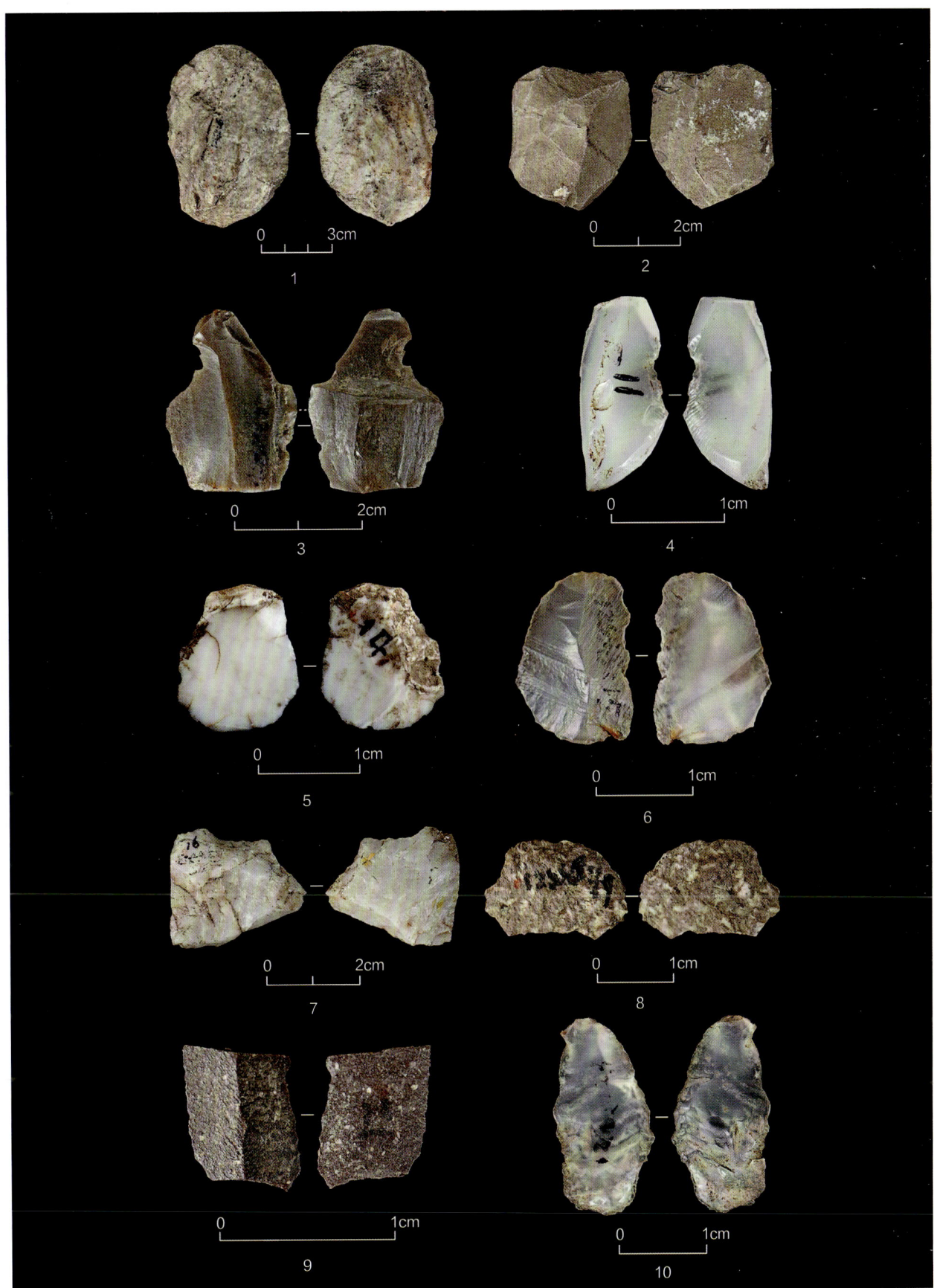

图 2-137 石佛寺地点发现的石器（二）

1. 砍砸器（12SSB：6）；2～7、9. 刮削器（12SSB：8、12SSB：10、12SSB：11、12SSB：14、12SSB：15、12SSB：16、12SSB：21）；8、10. 石片（12SSB：19、12SSB：34）

宽 19.6、厚 6.5mm，重 2.5g。刃长 11.4、11.5、15.6mm；刃角 32.8°、20.6°、36.5°（图 2-136：4；图 2-137：3）。

②砍砸器　1件。标本 12SSB：6，石英岩。单凸刃，有鱼鳞状修疤。长 73.1、宽 51.6、厚 33.5mm，重 103.9g。刃长 37.5mm，刃角 53.2°（图 2-136：11；图 2-137：1）。

4. 断块

4件。原料较为多样，形状不规则，可能为剥片过程中形成的废品。

（四）小结

石佛寺北岗地点的石器原料种类较多，包括玛瑙、石英、安山岩、硅质泥岩等，多为优质原料，推测可能来自附近的七星山。石器个体均较小，长多在 50mm 以下。类型包括石核、石片、工具和断块。工具最多，且以刮削器为主。工具多采用硬锤正向修理，亦存在修形和修把手的行为。

该地点发现的石器以微型和小型为主，中型很少，不见大型。工具以刮削器为主，且发现典型的细石叶石核，可将其归入东北地区细石器工业类型。由于该地点位于辽河 II 级阶地上，石器出自褐色亚黏土层上部，不见新石器时代和青铜时代陶片，加工技术与邻近的西八间房地点有相似之处，且石器风化程度很轻。综上推测其年代应为旧石器时代晚期，距今 2 万年左右。

六、洋什东岗地点

（一）地理位置

洋什东岗地点[1]位于沈阳市沈北新区马刚乡洋什村东侧岗地上，海拔 83m。地理坐标为北纬 41°58′33.1″，东经 123°40′48.3″。西距洋什村 200m，东距洋什水库 400m，北距董营村 1300m，西南距千佛寺村 2200m（图 2-138～图 2-140）。

（二）地层

该地点所在的 II 级阶地可分为 3 层（图 2-141）：

第1层：灰黄色耕土层，厚 0.2～0.3m，包含物为青铜时代夹砂陶片和辽金瓷片。

第2层：黄褐色亚黏土，厚 0.2～2m，石器出于此层。

第3层：砂砾石层，未见底。

（三）石器

共 12 件，包括石核和工具。

---

[1] 付永平，陈全家，万晨晨.沈阳沈北洋什东岗旧石器地点发现的石器研究[A].西部考古，第 8 辑[C]，北京：科学出版社，2015：33-41.

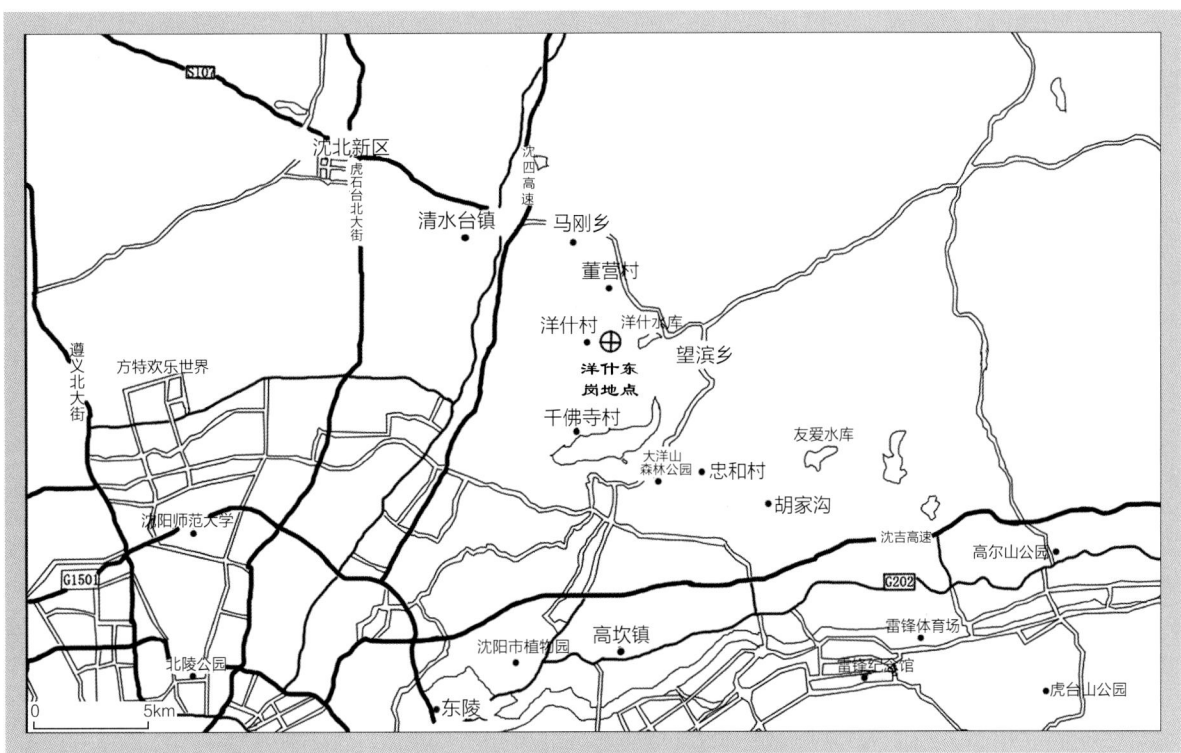

图 2-138　洋什东岗地点位置示意图

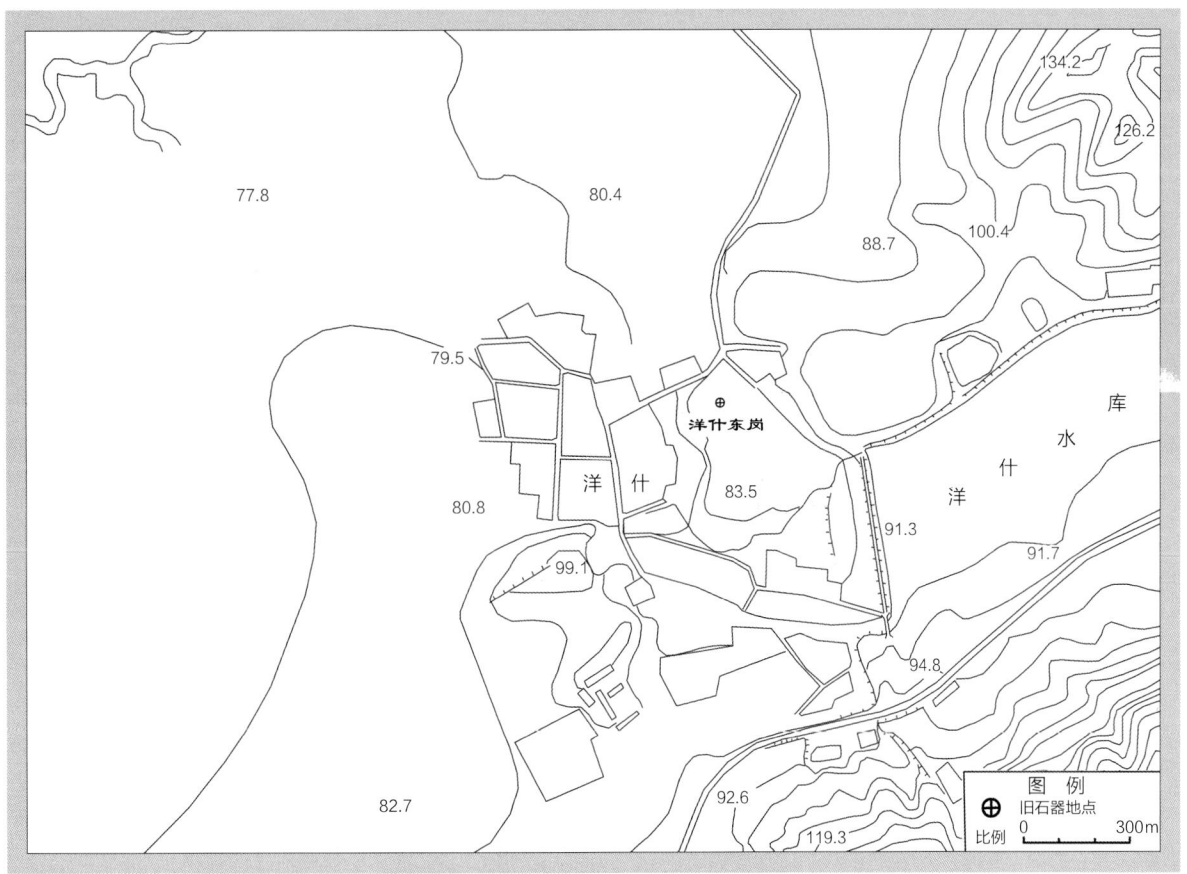

图 2-139　洋什东岗地点地形示意图

洋什东岗地点航拍图　　　　　　　　　　　　　　洋什东岗地点远景

图 2-140　洋什东岗地点航拍及远景图

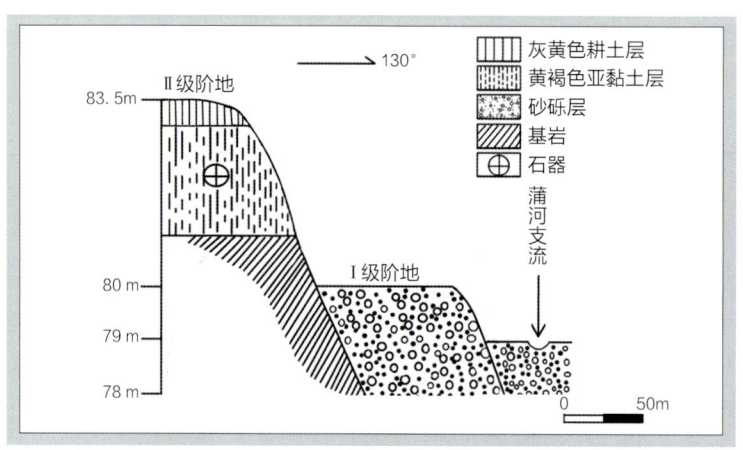

图 2-141　洋什东岗地点河谷剖面示意图

1. 石核

4 件。分为锤击和细石叶石核。

锤击石核　2 件。标本 12SYD：1，3 个台面，3 个剥片面。疤痕延伸程度多为长，剥片较为成功。长 38.5、宽 54.4、厚 45.6mm，重 89.7g（图 2-142：1）。

细石叶石核　2 件。标本 12SYD：6，柱状石核（残）。有剥片失败形成的断坎。长 41.2、宽 33.1、厚 22.6mm，重 40.7g（图 2-142：4；图 2-143：1）。

2. 工具

8 件。均为三类工具，包括刮削器、砍砸器和石镞（雏形）。

（1）刮削器　6 件。可分为五类。

单凸刃　2 件。标本 12SYD：2，石英。除修理刃缘外还进行了修形和修把手。长 29.2、宽 21.5、厚 13.2mm，重 8.2g。刃长 23.7mm，刃角 54.2°（图 2-142：9）。

单凹刃　1 件。标本 12SYD：9，角岩。采用复向修理。长 26.5、宽 39.9、厚 14.9mm，

重 8.5g。刃长 12.7mm，刃角 47.5°（图 2-142：7）。

直凸刃　1 件。标本 12SYD：8，角岩。均经过复向修理。长 60.6、宽 54.5、厚 22.6mm，重 76.7g。直刃长 33.7mm，刃角 44.4°；凸刃长 53.37mm，刃角 44.9°（图 2-142：3）。

尖凹刃　1 件。标本 12SYD：11，硅质泥岩。尖刃两面均经过修理，凹刃经复向修理。长 40.5、宽 39.5、厚 8.2mm，重 13.4g。刃长 20.8mm，刃角 28.4°（图 2-142：5；图 2-143：3）。

复刃　1 件。标本 12SYD：7，角岩。共有 4 条刃，其中两条使用边两条修理边。长 49.3、宽 44.5、厚 10.1mm，重 21.6g（图 2-142：6；图 2-143：2）。

（2）**砍砸器**　1 件。标本 12SYD：3，角岩。块状毛坯，单刃，经硬锤复向修理。还存在修理把手的行为。长 69.7、宽 63.8、厚 22.2mm，重 129.2g。凸刃长 42.4mm，刃角 69.6°（图 2-142：2）。

（3）**石镞（雏形）**　1 件。标本 12SYD：12，硅质泥岩。平底形石镞。通体修理，疤痕多较浅平，应为压制修理。长 38.6、宽 26.2、厚 8.4mm，重 7.5g（图 2-142：8；图 2-143：4）。

（四）小结

洋什东岗地点石器使用原料种类集中，仅有石英、角岩和硅质泥岩三种，其中石英所占比重最大。石器以小型为主，多小于 50g。类型只有石核和工具，工具组合类型丰富，包

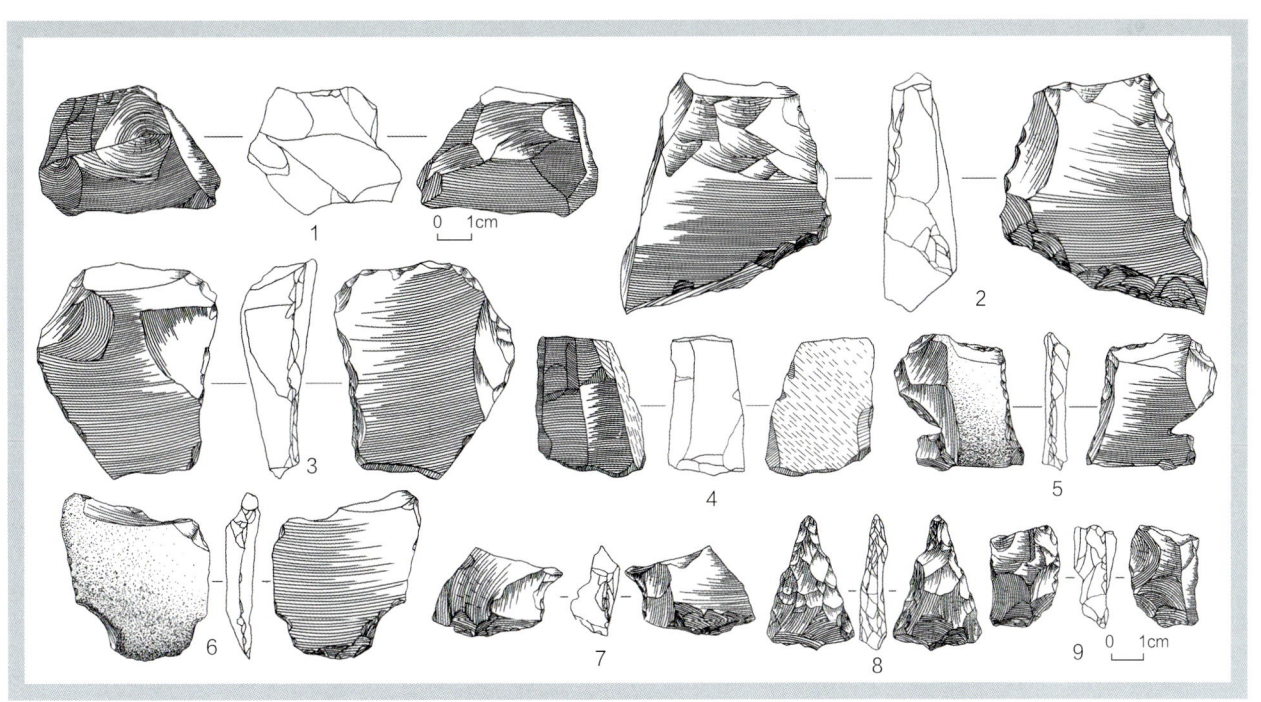

图 2-142　洋什东岗地点发现的石器（一）

1、4. 石核（12SYD：1、12SYD：6）；2. 砍砸器（12SYD：3）；3、5～7、9. 刮削器（12SYD：8、12SYD：11、12SYD：7、12SYD：9、12SYD：2）；8. 石镞（12SYD：12）

括刮削器、砍砸器和石镞。工具以硬锤复向修理为主，主要以修理刃部为主，也存在修形和修把手的行为。

该地点的石器以小型为主，且存在典型的细石叶石核和压制修理的石镞，均为东北地区细石器工业的典型器物。由于石器出于地层，在石器地点附近未见新石器时代以后的陶片和磨制石器，故推测其年代为旧石器时代晚期。

图2-143 洋什东岗地点发现的石器（二）
1.石核（12SYD:6）；2、3.刮削器（12SYD:7、12SYD:11）；4.石镞（12SYD:12）

第三章

讨 论

第一节 工业特征

一、文化特征

沈阳地区近年来发现的旧石器地点共 22 处，从遗存年代来看，跨度比较大，从旧石器时代早期一直延续到晚期及新旧石器过渡时期；从分布地域上来看，主要集中于沈阳地区北、中、东部区域辽河及其支流秀水河、柳河、浑河、蒲河等河流两岸的Ⅱ、Ⅲ级阶地上。总体观察沈阳地区旧石器文化遗存，它们具有以下几个共同特征：

（1）埋藏类型均为露天遗址，主要分布在旷野和河流的阶地上。平原与山地交界处多，高山地区较少，河流Ⅱ、Ⅲ级阶地较多。

（2）石器原料种类繁多，主要包括石英、石英岩、玛瑙、燧石、安山岩、流纹岩、脉石英、角页岩等。

（3）石器以小型和微型为主，中型、大型、巨型标本等较少。

（4）石核除锤击、砸击石核外，出现了细石叶和石叶石核。细石叶石核主要有楔形、锥形和船底形细石核等。

（5）剥片方法以锤击法为主，砸击法也可见，出现了间接剥片法。石核剥片前，存在修理台面技术。

（6）细石叶、石叶多保留中段，推测可能用来作为复合工具的镶嵌刃部。

（7）二类工具在遗址工具类中的比例相对较高，这说明古人类已经认识到有些石片可以直接使用，有意选择边缘锋利的剥片来使用。大多数标本刃口仍较锋利，可继续使用。

（8）工具毛坯种类多样，包括石片、石叶、细石叶、断块、砾石等，其中以片状毛坯为主，块状毛坯次之。

（9）工具种类主要有刮削器、雕刻器、石钻、石锥、砍砸器、锛形器等，其中刮削器数量最多，类型丰富多样。

（10）工具修理方法主要为锤击法，此外还有压制法及间接法修整。

（11）工具加工方式多样，以单向加工为主，少数为双面加工。单向加工者多为正向加工，反向加工较少；双向加工主要是交互、复向、对向和错向加工。在少数类工具（石锤、石砧）上可见研磨技术。

二、石器工业特征

学者们根据目前的研究成果，将东北地区的旧石器工业划分为三个大的类型：以庙后山遗址为代表的大石器工业类型，包括庙后山[1]、新乡砖厂[2]、抚松仙人洞[3]和小南山[4]等地点；以金牛山遗址为代表的小石器工业类型，包括金牛山[5]、小孤山[6]、鸽子洞[7]、周家油坊[8]和阎家岗[9]等地点；以大布苏地点为代表的细石器工业类型，包括大布苏[10]、大坎子、大兴屯[11]和十八站[12]等地点。

从文化特点、技术传统等方面进一步分析，沈阳地区与东北地区的石器工业类型相似，亦可分为大石片工业类型、小石片工业类型和细石器工业类型三种。

（一）大石片工业特征

以东小陵村西山地点为代表，还包括王立岗村东山、后靠山屯北山、刘家屯老山头、吴家窝堡东山地点。共发现石器172件。年代距今大约3万～2万年。石器多以大型为主，以手镐、砍砸器、钻器等为特色，原料多选择石英、石英岩、石英砂岩。个体虽较大，但制作精细，打制修理采用锤击法，修理疤痕较大。其中，刮削器较为厚重，刃角多较大。钻器也较大，出现上下对称的两个钻头，适用于大型的物品的钻孔。砍砸器选择大的砾石为毛坯，刃部修理锋利。采集到2件手镐，原料均为石英岩，个体一大一小，刃部一个平尖，另一个尖刃。下面对其石器工业特征进行具体分析：

（1）石器原料种类较多，有石英、石英岩、砂岩、玛瑙等12种。其中石英岩和石英的数量最多，分别占总数的31.4%和29.6%；其次为玛瑙、石英砂岩等（图3-1）。

（2）石器类型包括石核、石片、工具和断块四类。工具数量最多，占37.2%；其次为石核，占29.7%；再次为断块，约为22.6%；最后为石片，占10.5%（图3-2）。

（3）石核均为锤击石核，分为单、双和多台面石核三类，其中单台面数量最多，双台面和多台面石核数量相当。石核中人工台面的使用要多于自然台面，其中人工台面中并不见修理台面的行为。石核的剥片方式以同向和复向为主。观察台面角及核体厚度，多数石核仍可继续进行剥片，利用率不是很高（图3-3）。

（4）石片的数量较少，有的地点甚至缺乏石片。已发现的均为锤击石片。其中完整石片占多数，占总数的77.8%；断片占22.2%（图3-3）。石片以自然台面居多，另外还有打

---

[1] 辽宁省博物馆，本溪市博物馆.庙后山：辽宁省本溪市旧石器文化遗址[M].北京：文物出版社，1986：21-31.
[2] 程新民，陈全家，赵海龙等.吉林省东部旧石器时代人地关系初探[A].边疆考古研究，第7辑[C].北京：科学出版社，2008：1-9.
[3] 王文兴.吉林抚松发现旧石器时代文化遗址[J].人类学学报，1993（2）：129.
[4] 杨大山.饶河小南山新发现的旧石器地点[J].黑龙江文物丛刊，1981（1）：49-52.
[5] 金牛山联合发掘队.辽宁营口金牛山旧石器文化的研究[J].古脊椎动物与古人类，1978（2）：130-136.
[6] 张镇洪，傅仁义，陈宝峰等.辽宁海城小孤山遗址发掘简报[J].人类学学报，1985（1）：70-79.
[7] 鸽子洞发掘队.辽宁鸽子洞旧石器遗址发掘报告[J].古脊椎动物与古人类，1975（2）：122-136.
[8] 孙建中，王雨灼，姜鹏.吉林榆树周家油坊旧石器文化遗址[J].古脊椎动物与古人类，1981（3）：281-291.
[9] 魏正一，杨大山，尹开屏等.哈尔滨阎家岗旧石器时代晚期地点（1982-1983年发掘报告）[J].北方文物，1986（4）：8-15.
[10] 董祝安.大布苏的细石器[J].人类学学报，1989（1）：49-58.
[11] 黄慰文，张镇洪，缪振棣.黑龙江昂昂溪的旧石器[J].人类学学报，1984（3）：234-242.
[12] 魏正一，干志耿.呼玛十八站新发现的旧石器[J].求是学刊，1981（1）：118-120.

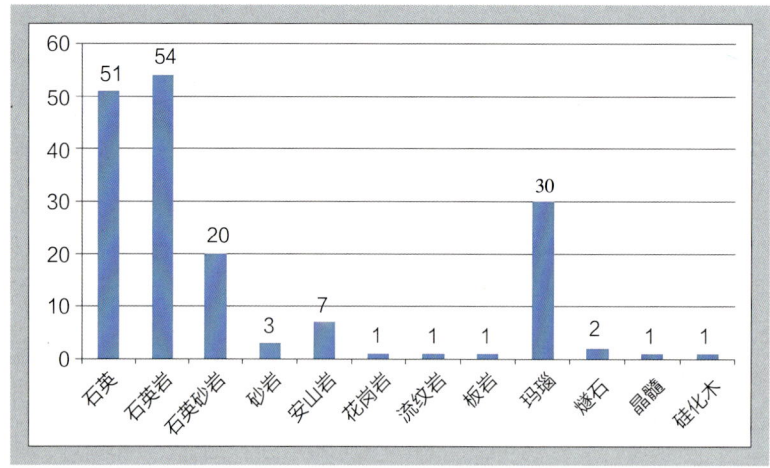

图 3-1　大石片工业石器原料统计图

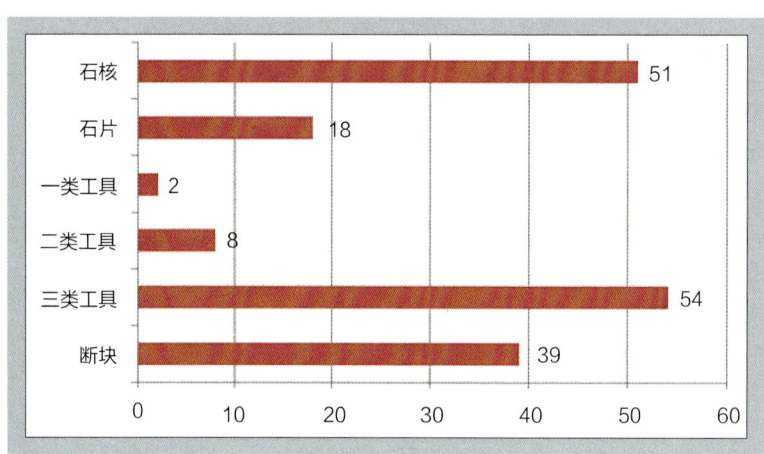

图 3-2　大石片工业石器类型统计图

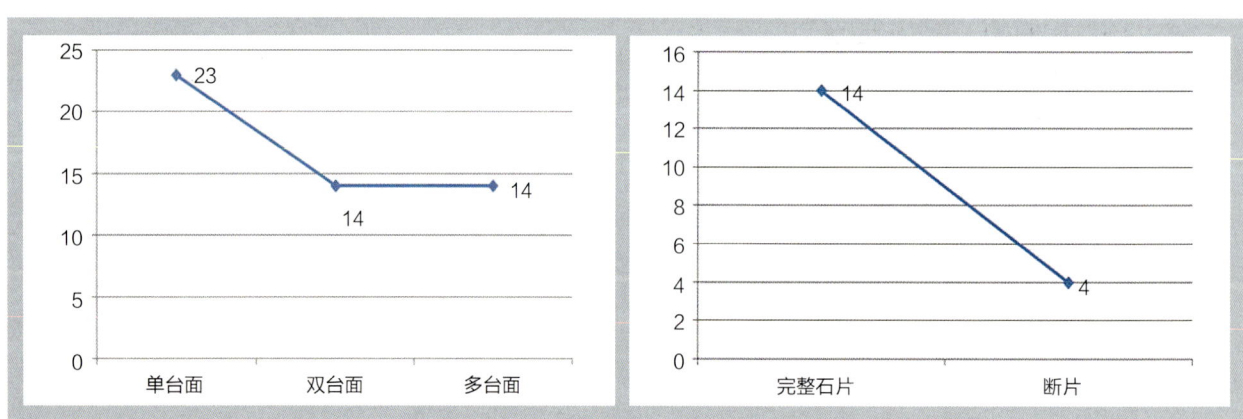

图 3-3　大石片工业石核和石片类型统计图

制及线状台面；未见修理台面。其间多使用同向剥片法，以获取大量石片。

（5）一类工具只有 2 件，占工具总数的 3.1%。石锤和石砧各 1 件，石锤为单端石锤，石砧亦有使用痕迹。

（6）二类工具均为刮削器，占工具总数的 12.5%。毛坯为锤击石片。刃的数量均为单刃，形状多为直刃。可见二类工具的刃缘为锋利的石片边缘，不加修理，直接使用。

（7）三类工具占工具总数的 84.4%。类型多样，包括刮削器、尖状器、钻器、砍砸器、三棱尖状器、手镐和石铲。其中刮削器数量最多，石铲属新石器时代及以后的遗物。

三类工具中仍以单刃器居多，多为片状毛坯。除修理工具的刃部外，对器形及把手部位的调整亦非常普遍，如人为截断的断面是工具修形的表现。修理多采用硬锤直接修理，修疤多较深且大，形状以鱼鳞状居多。修理方向有正向、反向和复向。

（二）小石片工业特征

以哈户硕村黑山头地点为代表，还包括李家窝堡北山、杨家窝堡后山、柏家沟西山、邢家屯威虎山、羊草沟南山、古城子、三家子北山、中和南山、农业大学后山和农业大学百草园地点。共发现石器 672 件。年代距今大约 2 万年。石器较小，工具多以刮削器为主，二、三类工具较多，以石英岩、板岩、玛瑙等为原料。多采用锤击法剥片和修理。刮削器、钻器等小型的二、三类工具多选用锤击石片为毛坯，对其进行打制修理，修疤较小且密集，形制较为精细。砍砸器选择砾石或大石片为毛坯加工而成。下面对其石器工业特征进行具体分析：

（1）石器原料种类多达 28 种，其中以石英岩和板岩使用数量最多，其次为玛瑙、硅质泥岩、硅质砂岩和石英等（图 3-4）。

（2）石器类型丰富，包括石核、石片、工具、断块和砾石。工具数量最多，占总量的 39.9%；其次是石片，占 24.9%；再次是石核，占 21.6%；断块占 13.3%；砾石占 0.3%（图 3-5）。

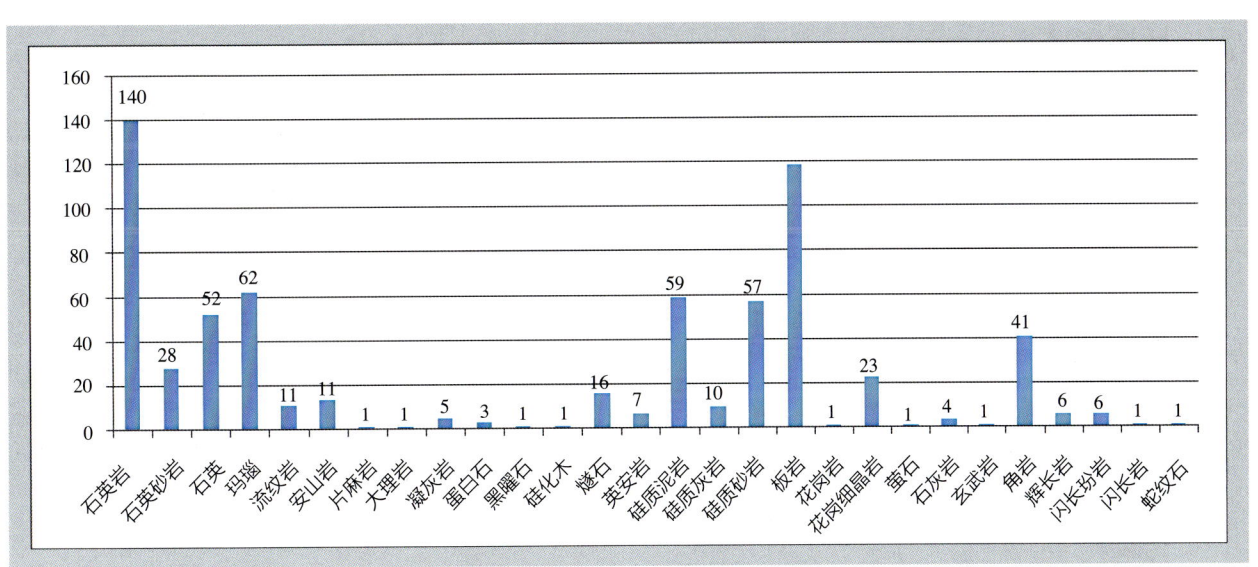

图 3-4　小石片工业石器原料统计图

（3）石核有锤击和砸击两种，其中以锤击石核为主，有132件，占石核总数的91%；砸击石核为13件，占9%。锤击石核中又以多台面最多，其次为双台面和单台面石核（图3-6）。可见剥片方法以锤击法为主，砸击法为辅。剥片方式多样，包括转向、交互、复向和对向，其中复向占多数。人工台面的使用较多，部分有修理痕迹。石核的利用率较高。

（4）石片均为锤击石片，其中完整石片占多数，为113件，占石片总数的67.7%；断片54件，为32.3%（图3-6）。自然、打制、点状、线状、有疤、刃状台面亦可见；修理台面未见。其间使用了同向、转向、对向和复向剥片方法，从而获得大量石片。

（5）一类工具分为石锤和石砧。其中石锤分为锤击和砸击两种。石砧为碰砧石砧，四周都经过使用，留有比较明显的碰击痕迹。

（6）二类工具有刮削器、砍砸器和石球三类，其中以刮削器居多。刃的数量多为单刃，形状多为直刃或凸刃。选择石片的锋利边缘，直接使用，不加修理。

（7）三类工具类型多样，包括刮削器、尖刃器、雕刻器、钻器、砍砸器、锛形器、球形器、薄刃斧及残器，其中刮削器数量最多。刮削器和砍砸器中以单刃数量最多，可见当时人们在制造工具时并不倾向于在一件工具上开发多个刃缘。

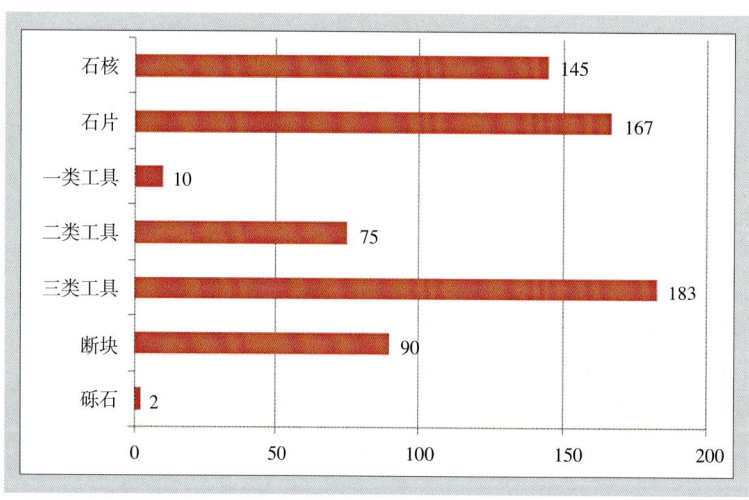

图3-5　小石片工业石器类型统计图

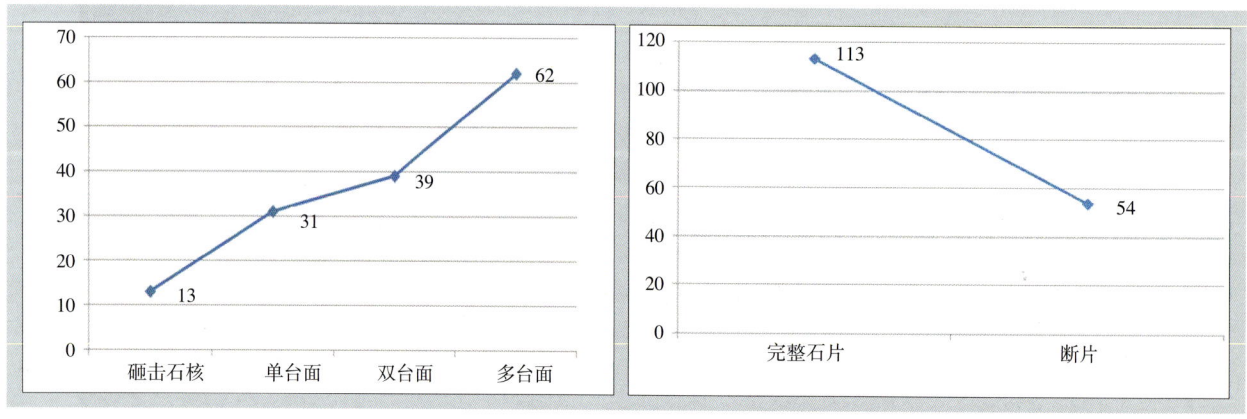

图3-6　小石片工业石核和石片类型统计图

三类工具以片状毛坯为主，多使用硬锤复向修理，修疤形态以鱼鳞状为主，个别为阶梯状。在修理中将修刃、修形和修把手三者结合起来，其中修形多为人为截断的断面，修形和修把手的修疤较大。

（三）细石器工业特征

以石桩子村北山地点为代表，还包括后大屯二岭山、苇子沟白虎山、五里山、石佛寺北岗和洋什东岗地点。共发现石器694件。年代距今大约1万年到新旧石器过渡阶段。以出现细石器的代表器物细石叶石核、细石叶为依据。本次所采集的细石器石核包涵细石器的预制阶段的石核到剥片阶段的石核，并有完整的细石叶和石叶出现。原料多选择玛瑙、燧石。采用间接法剥片，打制精美，代表先进的石器加工技术。刮削器、钻器等二、三类工具，毛坯多选择较小的锤击石片，少部分选择砾石。锤击法加工修理，修疤较小且密集。砍砸器则选择较大的石片为毛坯，正向加工修理，修疤较大。下面对其石器工业特征进行具体分析：

（1）所使用的石器原料种类多达17种，其中以玛瑙使用数量最多，其次为燧石、硅质泥岩、硅质灰岩和石英等（图3-7）。

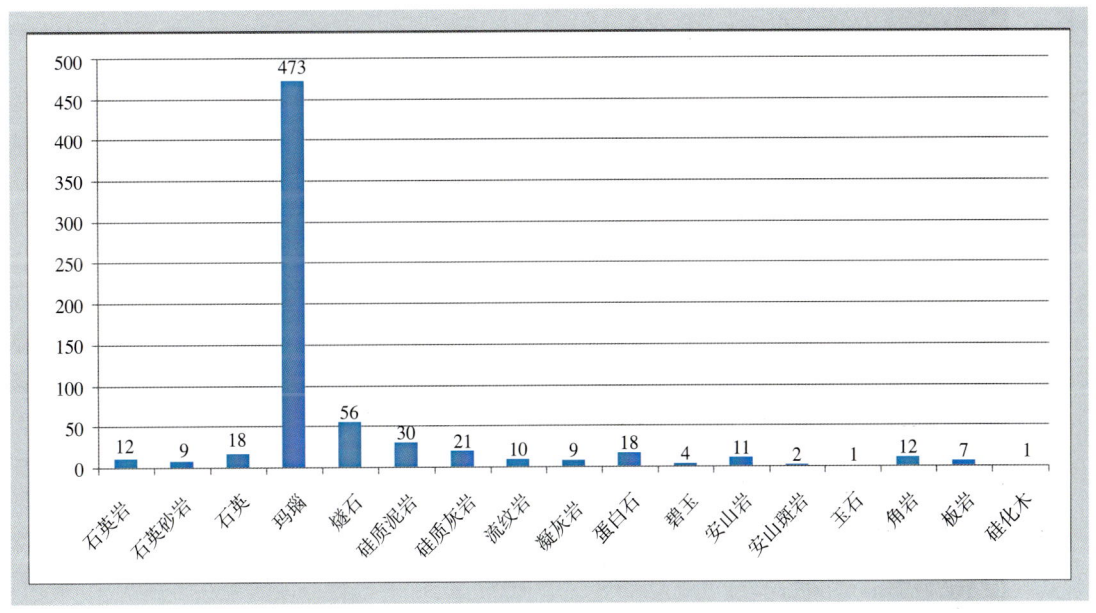

图3-7　细石器工业石器原料统计图

（2）石器类型丰富，包括石核、石片、石叶、细石叶、工具和断块。石片数量最多，占总量的32.7%；其次是断块，占30%；再次是工具，占29.7%；石核占5.9%；石叶和细石叶占1.7%（图3-8）。

（3）石核有锤击、砸击和细石叶石核三类，其中锤击石核为28件，占68.3%；砸击石核为3件，占7.3%；细石叶石核10件，占24.4%（图3-9）。锤击石核中又以单台面最多，其次为双台面和多台面石核。细石叶石核均经过预制修理，有楔形和柱状两类，分为预制和剥片两个阶段。

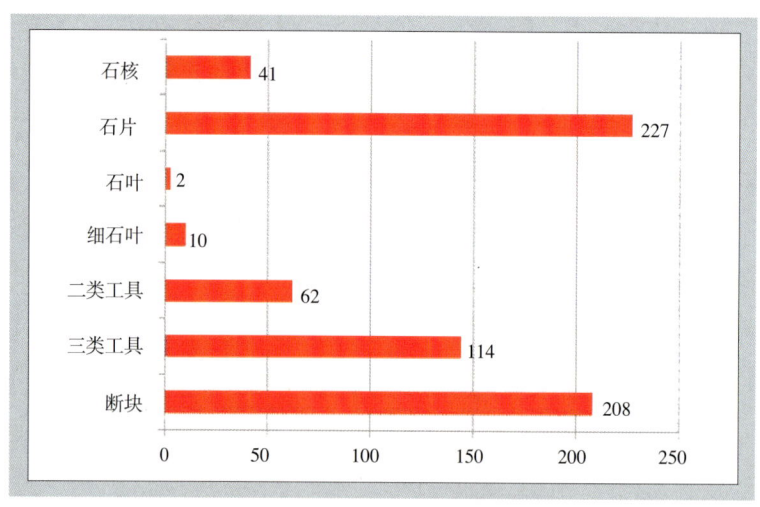

图 3-8　细石器工业石器类型统计图

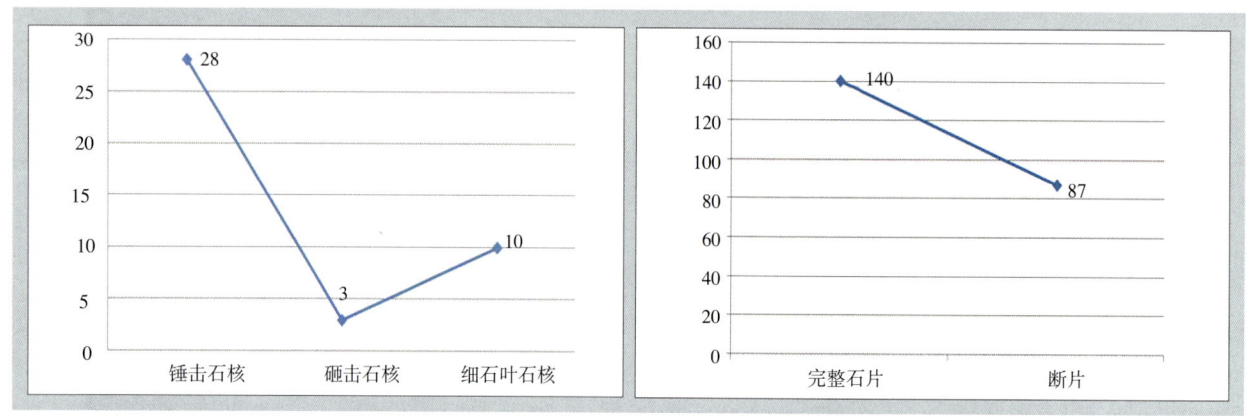

图 3-9　细石器工业石核和石片类型统计图

（4）石片中完整石片占多数，为 140 件，占石片总数的 61.7%；断片 87 件，为 38.3%。自然、打制、点状、线状、有疤、刃状台面亦可见；修理台面未见。其间使用了同向、转向、对向和复向剥片方法，从而获得大量石片（图 3-9）。

（5）二类工具有刮削器和尖刃器两类，其中以单刃刮削器占绝大多数。选择石片的锋利边缘，直接使用，不加修理。

（6）三类工具类型多样，包括刮削器、尖刃器、雕刻器、钻器、砍砸器、石镞及残器，其中刮削器数量最多。刮削器和砍砸器中以单刃数量最多，可见当时人们在制造工具时并不倾向于在一件工具上开发多个刃缘。钻器、雕刻器和石镞为细石器工业的典型工具。

三类工具以片状毛坯为主，多使用硬锤复向修理，修疤形态以鱼鳞状为主，个别为阶梯状。在修理中将修刃、修形和修把手三者结合起来，其中修形多为人为截断的断面，修形和修把手的修疤较大。

三、原料的开发与利用

石器原料是史前人类制造工具和从事生产、生活活动最基础的生产资料。其品质、数量和获得难易度对人类制作石器工艺的流程、技术的发挥、石器形态和工业特征有着很大的影响。同时人类对石料的利用程度与开发规律反过来又揭示了该人类群体的石器制作水平和对所处生态环境的适应能力。

从不同地点石器原料利用率对比来看，沈阳地区诸旧石器地点内石制品原料较为复杂，种类较多，质量参差不齐，具有质量复杂和高含量的特点，包括玛瑙、硅质灰岩、石英岩、流纹岩、凝灰岩、蛋白石、碧玉、安山斑岩、安山岩、角岩、玉石、板岩等，其中以玛瑙、硅质灰岩等原料为主。从遗址石制品类型与原料的利用率情况来看，表明了古人类剥片和加工工具时对玛瑙等优质原料的偏爱，也反映了其遵循因地制宜，就地择优取材的策略。

原料的质地对工具修理影响很大，优质原料常常加工出精致的工具。使用玛瑙等优质原料加工石器，无论是软锤或硬锤，其修理疤痕均较薄长，压制修理出的工具更为精致。因而，造就了该遗址石制品细小精致的特点。并且，优质原料剥片易形成贝壳状断口，较为坚韧锋利，可不用第二步加工直接使用，这也使得诸遗址中使用石片数量较多。

在该地区诸遗址的各类原料中，玛瑙等原料加工指数最低，而其他岩性的原料加工指数最高。这说明古人类倾向于选择玛瑙等作为石制品主要原料，由于其本身的物理特性，更倾向于直接使用。这与遗址内出土的石制品组合情况相一致，玛瑙质的工具数量与未加工的使用石片数量大体相当；而其他岩性的石制品在遗址内发现数量较少，但其工具比例却相对大一些，故其指数较高，推测这些原料的石制品可能并未在遗址内进行剥片、修理等活动，而是被古人类修理好后带入遗址内的。

根据上述分析，可以对沈阳地区旧石器地点的石器工业在原料的开发与利用方面的特点做如下归纳：

（1）该地区遗址古人类因地制宜，就地取材制作石器，所用的石器原料绝大部分为玛瑙和硅质灰岩等。

（2）石器原料具有高含量、质量参差不齐的特点，这对原料的开采和石器加工有着重大的影响。

（3）原料的利用率不高。该地区遗址内存在较多废片、断块，但绝大多数个体较小，边缘不甚规则，一些边缘锋利、个体适中的优质原料石片被直接使用。

（4）古人类根据原料质地的不同，来制作不同功能的石器类型。像刮削器、雕刻器等需要锋利刃缘的轻型工具多选用玛瑙等优质细腻的原料来制作，砍砸器等厚刃的重型工具则倾向于选用石英砂岩等质地坚硬的原料制作。

（5）石料的质地对石器的修理影响很大。优质原料常常加工出精致的工具，而劣质原料则往往加工出粗糙的工具。使用优质原料加工石器，无论使用软锤还是硬锤，其修疤均较薄长，压制修理出的工具更为精致。而石英、石英岩等原料修理的石器石片疤则短而宽，且很难采取压制修理的方法。

（6）石料的优劣还直接影响到石器第二步加工的成功率。优质原料修理成功率较高，不见带有修理痕迹的断块，而石英岩等劣质原料修理过程已出现断裂、损坏现象，故修理成功率明显小于前者。

第二节 对比研究

沈阳地区地处东北南部，与华北地区东部临近，与朝鲜半岛、日本群岛隔海相望；其地处北半球中纬度欧亚大陆东缘地带，是第四纪环境演变的敏感区域。由于其特殊的自然环境和地理位置，决定了其在第四纪晚期可能为古人类文化交流的"走廊"，对于研究东北亚地区旧石器时代文化的扩散与交流有着深远意义。本节主要对该地区和中国东北地区、华北地区、朝鲜半岛地区以及俄罗斯外贝加尔地区旧石器时代文化进行比较，阐释这一地区旧石器时代文化的研究成果对于了解北亚、东北亚地区的远古历史也具有非常重要的意义。

根据对上述沈阳地区旧石器考古调查发现地点较为详细的介绍及石器技术类型分析，该地区石器工业主要包括三种：

（1）以大石片为主体的工业类型。主要为东小陵村西山、王立岗村东山、后靠山屯北山等地点。该工业类型的文化特征是石器以手稿、砍砸器等为特色，采用锤击法打制修理，修疤较大。

（2）以小石片为主体的工业类型。主要为哈户硕村黑山头、李家窝堡北山、柏家沟西山、农业大学后山等地点。该工业类型的文化特征是石器较小，以刮削器为主，采用锤击法剥片和修理。

（3）细石器工业类型。主要为石桩子村北山、后大屯二岭山、五里山等地点。该工业类型以出现细石器的代表器物细石叶石核、细石叶为依据。剥片技术除锤击法外，还使用了间接剥片技术。工具修理上除锤击法外还采用了压制法。大多数工具小而精致。

一、与东北地区旧石器工业的关系

东北地区指中国的东北部，从行政区划看包括辽宁省、吉林省、黑龙江省和内蒙古自治区的海拉尔市、兴安盟、通辽市、赤峰市和锡林郭勒盟。从分布上看，属于旧石器时代早、中期的遗址均集中在东北南部的辽宁地区，而吉林和黑龙江两省所发现的绝大多数为晚期遗存，极个别的为中期偏晚遗存（图 3-10）。

（一）大石片工业

东北地区以大石器为主体的石器工业类型主要分布在东部山区。以本溪庙后山遗址为代表，还包括蛟河新乡砖场、抚松仙人洞、饶河小南山和漠河老沟河等。这一工业类型的特点是剥片方法以锤击法为主，另外还使用碰砧法。工具修理较简单，加工粗糙，整体器形较大[1]。

---

[1] 赵宾福.东北旧石器时代的古人类、古文化与古环境[J].学习与探索，2006（2）：188-191.

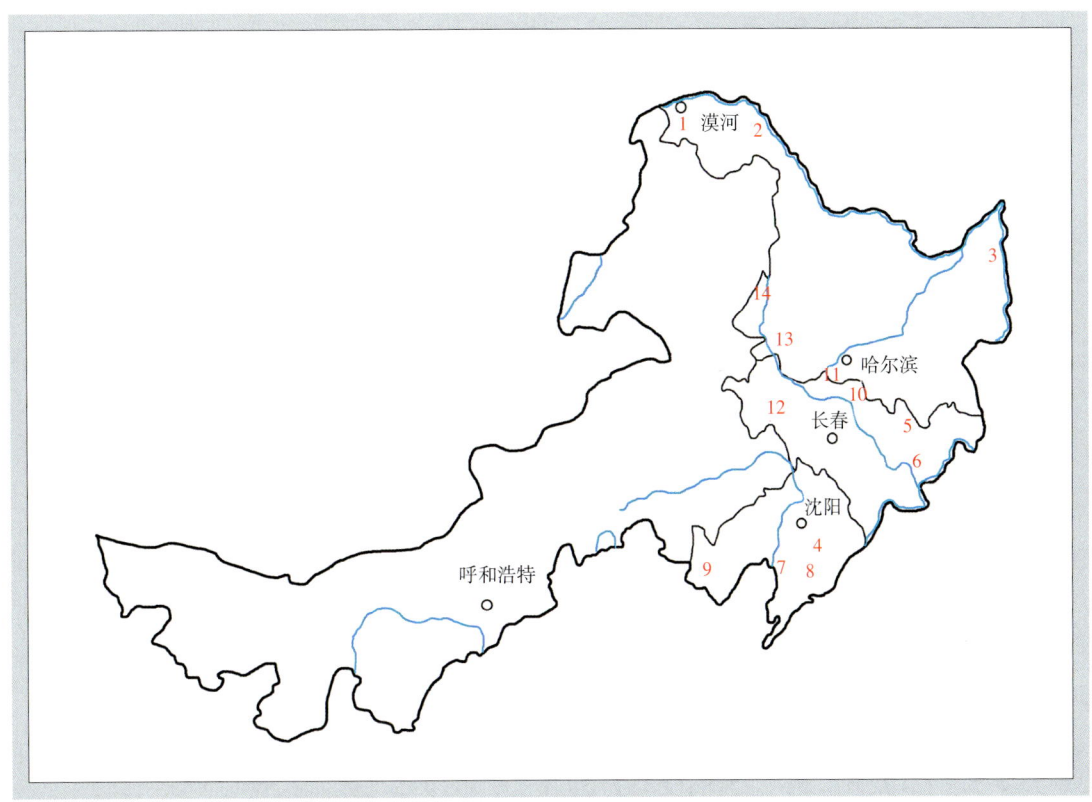

图 3-10　东北地区主要旧石器地点分布图
1.漠河老沟河；2.十八站；3.小南山；4.庙后山；5.新乡砖场；6.抚松仙人洞；7.金牛山；8.小孤山；9.鸽子洞；10.周家油坊；11.阎家岗；12.大布苏；13.大坎子；14.大兴屯

它们属于以庙后山遗址为典型的大石片工业类型，同沈阳地区的大石片工业存在诸多一致性。原料来源于河边和山地，数量丰富；原料有板岩、石英岩、角岩、硅质岩等。工具以大石片为毛坯，砍砸器中少量以块状毛坯；工具修理相对粗糙，不经过精细加工，推测与原料充足有关（图3-11）。

（二）小石片工业

本区域以小石片为主体的石器工业类型，主要分布在东北中部的丘陵地带。这种类型以营口金牛山遗址为代表，其他遗址或地点还有海城小孤山、喀左鸽子洞、榆树周家油坊和哈尔滨阎家岗等。该类型石器的主要特点是打片以锤击法为主，偶尔使用砸击法，而不见碰砧法。工具以刮削器为主，其次是尖状器，砍砸器数量极少。工具修理较精致，并以中小型为主。磨制骨器和装饰品为其他工业类型所不见[1]。

沈阳地区的小石片工业与这些遗址相比，在原料的选择上，普遍使用石英岩、硅质砂岩、玛瑙等石料；石器个体均较小，与庙后山遗址相比差异较大；剥片技术以锤击法和砸击法为主，偶尔会用到碰砧法；工具中类型丰富的刮削器占有相当大的比例；工具的加工和修理都比较简单粗糙，采用硬锤进行直接加工，修理方式有正向和反向（图3-12）。

---

[1]　赵宾福.东北旧石器时代的古人类、古文化与古环境[J].学习与探索，2006（2）：188-191.

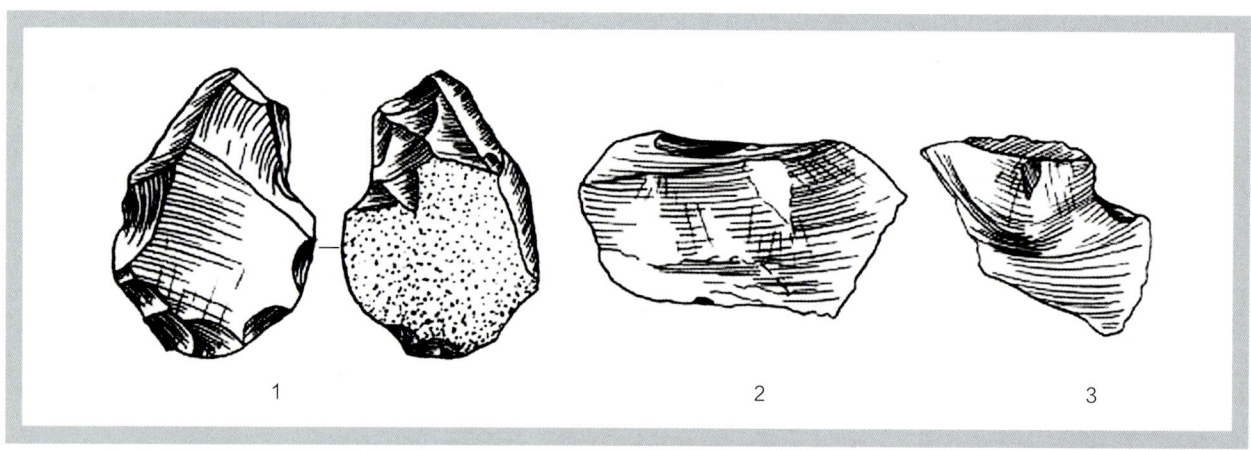

图 3-11 庙后山遗址部分石器[1]
1.B.S.M.2008A-T1-1；2.No.199；3.No.250

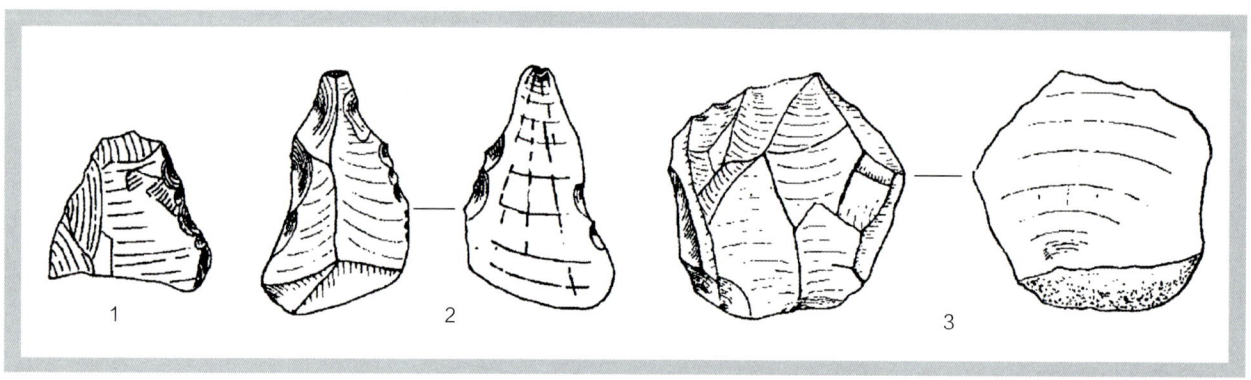

图 3-12 金牛山遗址部分石器[2]
1.B.S.M.2008A-T1-1；2.No.199；3.No.250

（三）细石器工业

东北地区以细石器为主体的石器工业类型，主要分布在东北西部的草原地带。此类型以乾安大布苏地点为代表，重要遗址和地点还有昂昂溪大兴屯和呼玛十八站等。石器打片技术除了锤击法和砸击法外，还使用了间接打片技术。在工具修理上也采用了压制修理法。工具类型以刮削器和尖状器为主，还出现了复合工具。整个器形加工规整，大部分工具小而精细[3]。

该区域内的细石器工业分为两类。一是以大布苏地点为代表，还包括大坎子、大兴屯和十八站等地点。沈阳地区的细石器工业与这些遗址相比在很大程度上存在着一定相似性，在石器类型上均发现有典型石叶或细石叶石核及石叶和细石叶，在工具类型上以刮削器居多。但在原料使用上沈阳地区细石器工业多采用玛瑙和燧石为原料，与使用粉砂岩、细砂岩及凝灰岩等的其他地点不同。

---

[1] 辽宁省博物馆，本溪市博物馆.庙后山——辽宁省本溪市旧石器文化遗址[M].北京：文物出版社，1986：21-31.
[2] 金牛山联合发掘队.辽宁营口金牛山旧石器文化的研究[J].古脊椎动物与古人类，1978（2）：130-136.
[3] 赵宾福.东北旧石器时代的古人类、古文化与古环境[J].学习与探索，2006（2）：188-191.

另一类为吉林东部山区含细石器遗址，目前，吉林东部发现的含细石器遗存共 9 处，分别是：吉林和龙青头、安图沙金沟、珲春北山、和龙柳洞、辉南邵家店、安图立新、抚松西山、和龙石人沟、延边大洞。与沈阳地区细石器工业相比，这些遗址在原料使用方面均以优质的黑曜岩为主。但二者均发现有石叶和细石叶，多与小型石器伴生，还发现有一些大型石器。

二、与华北地区旧石器工业的关系

华北地区，位于北纬 32°～42°、东经 110°～120°之间。位于青藏高原以东，内蒙古高原以南，秦岭淮河以北，东临渤海和黄海。政治上的华北地区包括北京市、天津市、河北省、山西省以及内蒙古自治区中部即鄂尔多斯、乌兰察布市、包头市和呼和浩特市四盟（市）。

华北地区的旧石器文化，经学者们研究可分为两个系统：一是大石器工业传统的"匼河—丁村系"；一是小石器工业传统的"周口店第 1 地点—峙峪系"[1]。

（一）大石片工业

与匼河—丁村系相比，它们之间的相同之处比较多。石器的尺寸均较大，其中最具有特色的是重型工具。沈阳地区大石片工业和丁村遗址中均有一定数量的重型工具，如砍砸器、三棱尖状器、手镐和薄刃斧。剥片方法中，以锤击法为主，但存在碰砧法。

不同的是，沈阳地区几乎未发现修理台面的石片，也没有大量发现丁村遗址中的球状器，工具的精致程度与华北地区的大石片工业还有一定差距。

（二）小石片工业

小石片工业为中国北方地区旧石器时代的传统工业类型。早期小石器文化面貌共有的特点是：锤击法打片为主，砸击法辅之，石器普遍细小，加工较简单。而中期时已出现了较为明显的差异，发展为板井子[2]、新庙庄[3]和许家窑文化[4]为代表的各具特色的旧石器文化。如板井子石器组合中刮削器的比例较高，许家窑文化中出现了原始柱状石核。晚期的小石器工业上承早、中期传统的小石器工业而下开晚期晚段细石叶工艺的先河，在泥河湾盆地细石叶工艺传统的发展居有十分重要的地位。它强烈地继承早、中期传统小石器文化的特点，石器细小，加工较细，刮削器居多，尤以圆头刮削器最为发达。

与华北地区典型的小石片工业和周口店第 1 地点—峙峪系相比，沈阳地区的小石片工业与其存在着诸多相似之处。在原料使用方面多使用石英质原料，且在地点中发现砸击法剥片，工具类型中以刮削器占据绝大多数，另外还有尖刃器、雕刻器、钻器等典型小型石器。农业大学后山地点的薄刃斧在周口店第 15 地点也有发现。柏家沟西山及三家子北山地点的

---

[1] 贾兰坡，盖培，尤玉柱．山西峙峪旧石器时代遗址发掘报告 [J]．考古学报，1992（1）：39-58．
[2] 李炎贤，谢飞，石金鸣．河北阳原板井子石制品的初步研究 [A]．中国科学院古脊椎动物与古人类研究所参加第十三届国际第四纪大会论文集 [C]．北京：北京科学技术出版社，1991：74-95．
[3] 谢飞．泥河湾盆地旧石器文化研究新进展 [J]．人类学学报，1991（4）：324-332．
[4] 贾兰坡，卫奇．阳高许家窑旧石器时代文化遗址 [J]．考古学报，1976（2）：97-114+207-212．

球状器也见于许家窑遗址。

（三）细石器工业

旧石器时代晚期偏晚阶段，华北地区的石器文化更具多样性，自早期起即已存在的小石器工业传统继续发展，而在此基础上又新出现了细石叶工业类型。有水洞沟、小南海、油房[1]、虎头梁[2]、大发、柿子滩[3]、丁村80：01、峙峪[4]、八间房等遗址。峙峪文化是华北地区旧石器时代晚期偏晚阶段及新石器时代细石叶工业的技术源头。

从器物组合上看，这些遗址的石器均含有一定数量的石叶，直接使用石叶或石叶断片，用石叶或石叶毛坯制成的工具，如端刮器、琢背石刀。沈阳地区的细石器工业与华北地区细石叶工业的基本特征相似，有典型的柱状和楔形细石叶石核，存在直接使用石叶或细石叶片段，用石叶或细石叶毛坯制成的工具，典型石器有刮削器、尖状器、雕刻器、钻器、石镞及琢背小刀等。但是工具组合没有华北地区石叶工业的石器类型丰富。

三、与朝鲜半岛旧石器工业的关系

朝鲜半岛位于亚洲大陆东缘中央，在北纬33°6′～43°、东经124°11′～137°51′之间。朝鲜半岛三面环海，西濒黄海，东临日本海，南隔朝鲜海峡与日本相望，北以鸭绿江、图们江与中国、俄罗斯毗邻。朝鲜半岛北部多高山、南部多丘陵、东部为山地、西部为平原。主要河流有豆满江即图们江（中朝界河）、鸭绿江（中朝界河）、大同江、汉江、锦江、蟾津江和洛东江，除鸭绿江以外，这些河流两岸均发现了旧石器遗址[5]（图3-13）。

朝鲜半岛的学者对岛内旧石器时代工业类型的认识还存在许多争议，根据石制品组合的特点，认为在朝鲜半岛至少可以分辨出四种"工业类型"：砾石工业、石片工业、石叶工业和细石叶工业。

（一）大石片工业

朝鲜半岛的石片工业从旧石器时代早期到晚期一直延续，且为砾石工业和石叶工业之间承上启下的过渡，代表遗址是屈浦里上层[6]、昌内[7]和泉沟[8]等。从工业特征来看，同

---

[1] 谢飞，成胜泉. 河北阳原油房细石器发掘报告 [J]. 人类学学报，1989（1）：59-68.
[2] 盖培，卫奇. 虎头梁旧石器时代晚期遗址的发 [J]. 古脊椎动物与古人类，1977（4）：287-300.
[3] 山西省临汾行署文化局. 山西吉县柿子滩中石器文化遗址 [J]. 考古学报，1989（3）：305-323.
[4] 贾兰坡，盖培，尤玉柱. 山西峙峪旧石器时代遗址发掘报告 [J]. 考古学报，1992（1）：39-58.
[5] 冯宝胜. 朝鲜旧石器文化研究 [M]. 北京：文津出版社，1990：68-117.
[6] 麻生优，加藤晋平，藤本强. 日本の旧石器文化（4）：日本周边の旧石器文化 [M]. 东京：雄山阁，1984：118-165.
[7] 李隆助. 韩国中原地区的旧石器文化 [J]. 辽海文物学刊，1996（2）：171-179.
[8] А.П.Деревянко, П.В.Волков, Ли Хонджон. Селемджинскаяпозднепалеолитическая культура[M].Издательство Института археологии и этнографии, Новосибирск, 1998: 82.

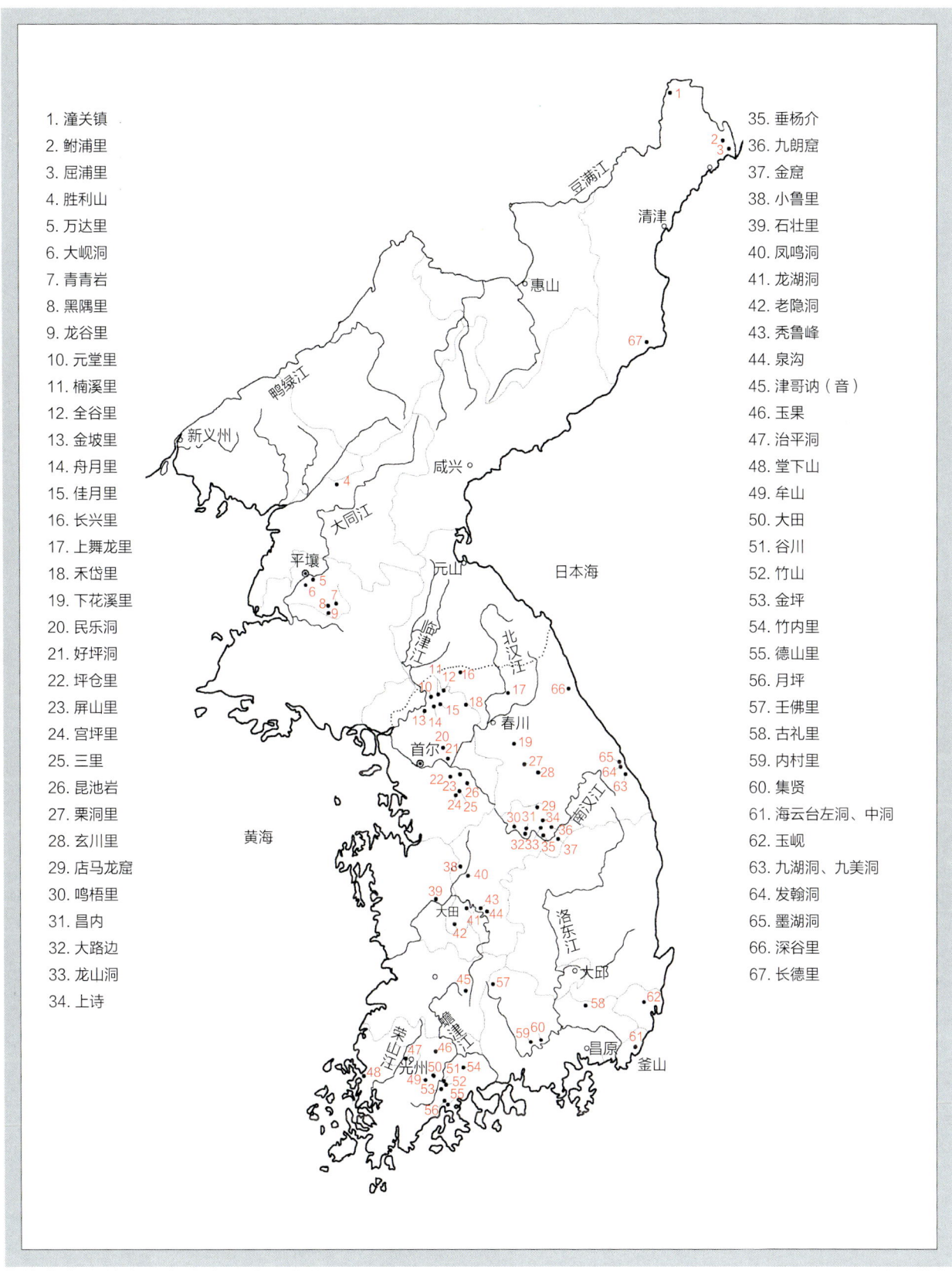

图 3-13　朝鲜半岛主要旧石器遗址分布图[1]

---

[1] 李有骞,陈全家.朝鲜半岛旧石器材料及工业类型的初步研究：兼谈对吉林省东部地区旧石器研究的几点认识[A].边疆考古研究,第7辑[C].2008：10-33.

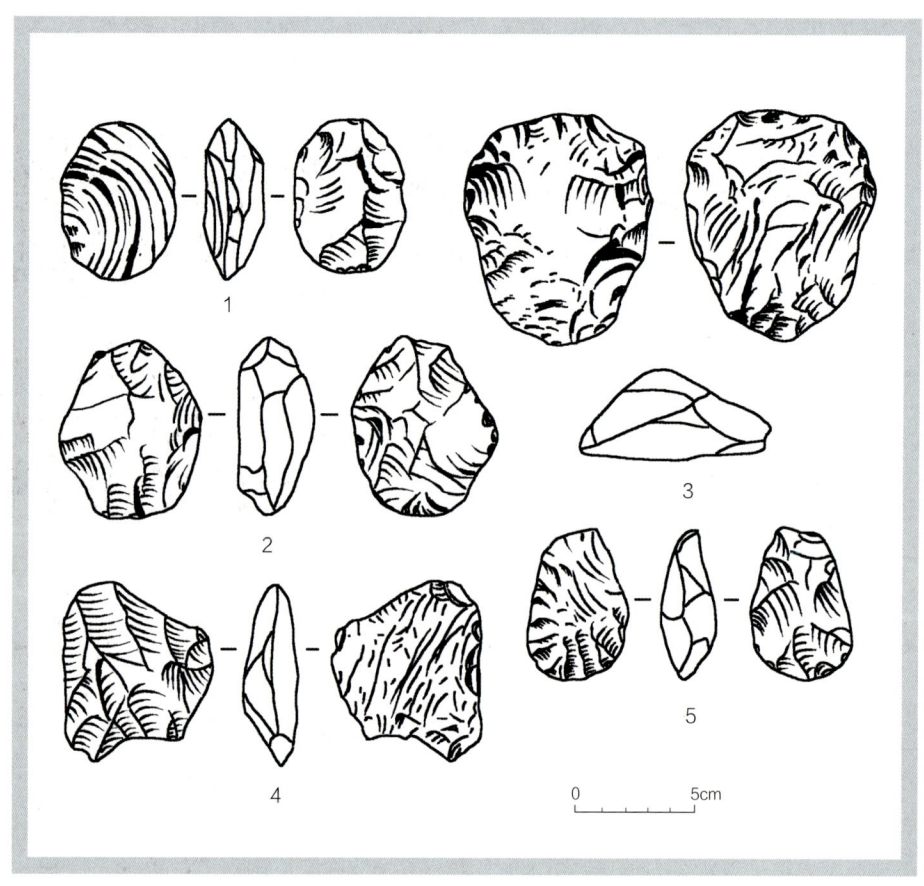

图 3-14 屈浦里上层部分石器[1]

沈阳地区大石片工业基本相同。如原料多为石英、石英岩和硅质岩等；剥片方法以锤击法为主，碰砧法为辅；工具以片状毛坯为主，二类工具占一定比例；三类工具中修把手情况可见；刃缘经过修理，不平齐，可见锯齿状刃等（图3-14）。

（二）细石器工业

细石叶石核的使用是该工业最显著的特征，代表遗址是垂杨介上层[2]、上舞龙里上层[3]、下花溪里[4]、万达里[5]、金坪[6]和竹山[7]等（图3-15）。与沈阳地区石叶工业相比，各有异同。

---

[1] 李有骞，陈全家. 朝鲜半岛旧石器材料及工业类型的初步研究：兼谈对吉林省东部地区旧石器研究的几点认识[A]. 边疆考古研究，第7辑[C]. 北京：科学出版社，2008：10-33.

[2] 李隆助，禹钟允. 韩国丹阳垂杨介遗址最新发掘及研究成果[A]. 庆祝贾兰坡院士九十华诞国际学术讨论会论文：垂杨介及她的邻居们[C]. 北京：科学出版社，1999：183-188.

[3] 최복규，강원지역의구. 중석기유적[A]. 우리나라의구석기문화[C]. 서울:연세대학교출판부，2002：197-246.

[4][5] А.П.Деревянко,П.В.Волков,Ли Хонджон.Селемджинскаяпозднепалеолитическая культура[M].Издательство Института археологии и этнографии, Новосибирск,1998: 82.

[6][7] 李鲜馥，姜贤淑，李教东等. 新坪里금평德山里죽산后期旧石器遗迹[A]. 住岩坝水没地域文化遗迹发掘调查报告书（Ⅶ）[C]. 光州：全南大学博物馆，1990：21-76.

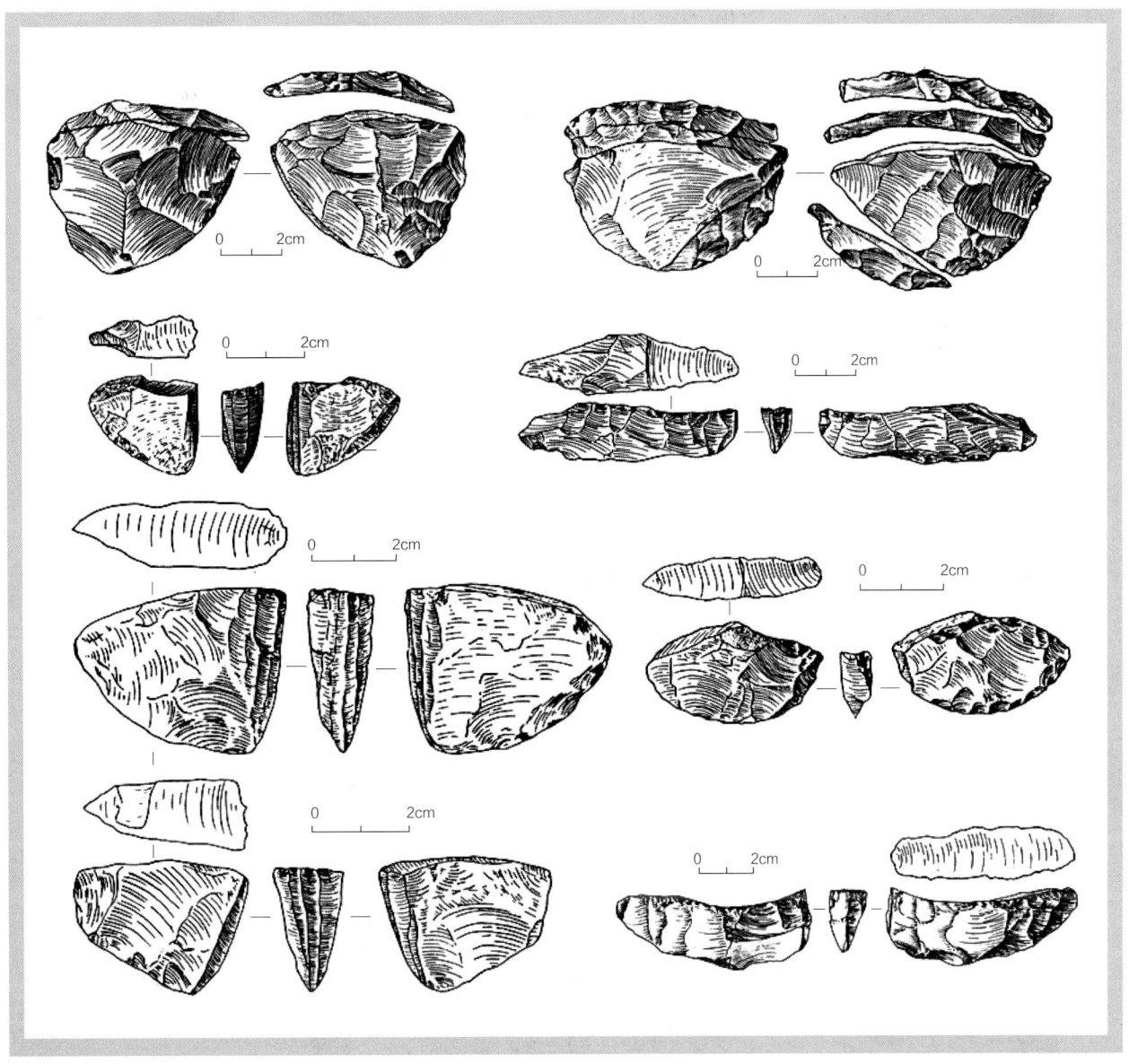

图 3-15 垂杨介遗址发现的细石叶石核[1]

石器原料方面，多选择较为优质的原料，但朝鲜半岛的细石器工业多使用黑曜岩，而沈阳地区的细石器工业则以玛瑙为主。器形方面，在细石叶工业内存在一定数量的砍砸器等粗大石器，且粗大石器多用石英、石英岩等原料制作。在朝鲜半岛细石叶工业内还存在着一种较为典型的石器类型——有柄尖状器[2]，但这类器形在沈阳地区还未发现。

---

[1] 李隆助，禹钟允. 韩国丹阳垂杨介遗址最新发掘及研究成果 [A]. 庆祝贾兰坡院士九十华诞国际学术讨论会论文：垂杨介及她的邻居们 [C]. 北京：科学出版社，1999：183-188.
[2] 李隆助，尹用贤著. 王春雪，赵海龙，方启译，陈全家校. 韩国垂杨界遗址有柄尖状器和细石叶石核研究 [J]. 历史与考古信息，2006（1）：91-95.

四、与俄罗斯旧石器工业的关系

目前已发现的俄罗斯旧石器遗址主要集中在外贝加尔和滨海地区。

俄罗斯东西伯利亚的外贝加尔地区与我国东北地区北部的呼伦贝尔地区和黑龙江流域接壤,主要包括贝加尔湖以东、额尔古纳河以西、外兴安岭(斯塔诺夫岭)以南的地区。目前这一地区发现的旧石器时代遗址主要有:乌拉钦[1]、阿莫戈伦[2]、库布哈伊[3]、雪橇岬[4]、瓦尔瓦林那山[5]、索哈季诺[6]等。这些遗址主要分布在河流的二、三级阶地上。时代跨度从旧石器时代中期一直到晚期之末(图3-16)。

这些遗址多属石叶和细石器工业类型,与沈阳地区细石器工业相比存在相似之处。从剥片技术来看,除了锤击石核外,还有楔形、似棱柱状细石叶石核等,存在间接剥片技术,原料利用率较高。从工具类型来看,都存在刮削器、尖状器、雕刻器、琢背小刀、石钻等。工具毛坯以细石叶、石片等片状毛坯为主,块状毛坯较少。从工具组合来看,既存在刮削器、琢背小刀、石钻等细小石器,也存在着一些砍砸器等大型工具。但外贝加尔地区的一些遗址内还见有勒瓦娄哇型石核,这是与沈阳地区细石器工业不同的地方。

俄罗斯滨海地区的旧石器遗址亦多为以黑曜岩为主要原料的石叶和细石叶工业遗址,并存在以石片为毛坯加工的斜刃雕刻器[7]。

五、与日本群岛旧石器工业的关系

在旧石器时代晚期,日本群岛亦多在石叶和细石叶工艺中使用黑曜岩生产石器,典型遗址如北海道地区的带广市稻田I遗址、吉井泽遗址B地点[8]等。在这些遗址中发现有楔形细石叶石核、刮削器、雕刻器等器形,特别是在日本东北地区还流行使用涌别技法制作楔形细石核。在选择优质原料使用及典型器形方面与沈阳地区的细石器工业有一定类似之处。

---

[1]~[6] 冯恩学. 俄国东西伯利亚与远东考古[M]. 吉林:吉林大学出版社,2002:40-53.
[7] 陈全家,王春雪,方启等. 延边地区和龙石人沟发现的旧石器[J]. 人类学学报,2006(2):106-114.
[8] 陈全家,赵海龙,霍东峰. 和龙市柳洞旧石器地点发现的石制品研究[J]. 华夏考古,2005(3):50-59.

第三章 讨 论 | 165

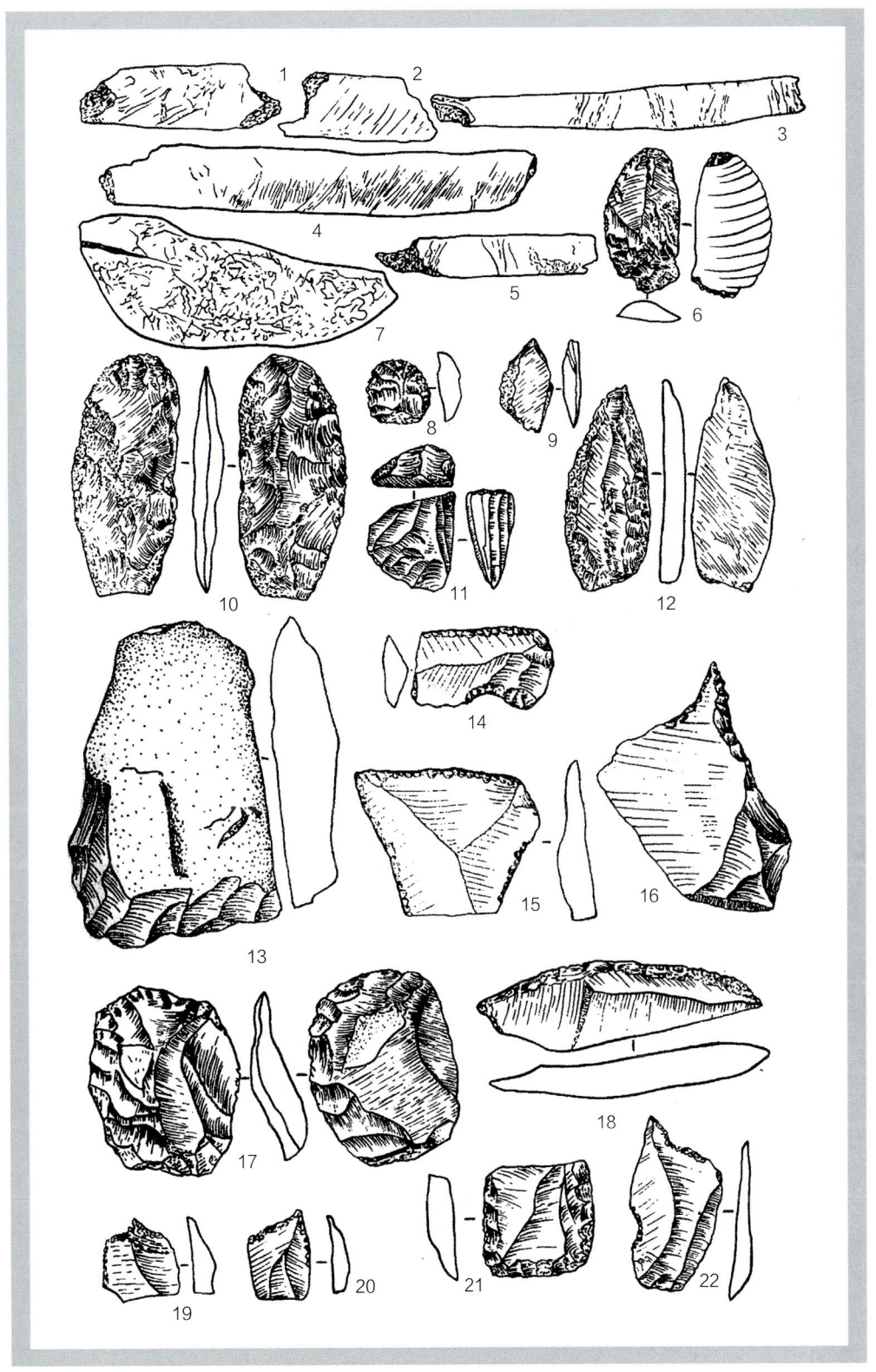

图 3-16 外贝加尔地区旧石器遗址的部分石制品[1]

1～4、8、11、13、17、19. 刮削器；5. 砍砸器；6. 手斧；7、10、12. 雕刻器；9. 长石叶；
14～16. 石核；18. 石钻（1～4 为索哈季诺遗址，5～8 为阿莫戈伦遗址，9～19 为雪橇岬遗址）

---

[1] 冯恩学. 俄国东西伯利亚与远东考古[M]. 吉林：吉林大学出版社，2002：40-53.

第四章

结 语

2011～2013 年短短 3 年间，沈阳地区不仅填补了没有旧石器的空白，还发现了旧石器遗址或地点达 22 处，采集的石制品达千余件。经过正式发掘的遗址或地点有 1 处（沈阳农业大学后山地点），总共发掘面积为 109m²，出土的石器近千件，在研究方面也已取得了显著成果。

一、沈阳地区旧石器遗存的地位和科学意义

1. 解决了石器的原生层位问题

石器的原生层位是确定其年代的重要标尺之一，具有重要的意义。石器的产出方式、情况不同，它们的价值和意义也不同。近年来，通过对这些遗址的试掘，确定了石器的原生层位，进一步证实了其原生层位是 II、III 级阶地的黄色及棕褐色黏土层内。通过对这些遗址的调查和试掘，解决了广泛分布于阶地地表的石器的层位问题。

2. 确定了文化内涵及性质

这些新材料分属于东北地区大石片、小石片和细石器工业三种类型，根据它们的文化面貌也进一步证明沈阳地区旧石器遗存也可以分为这三种石器工业类型。

3. 运用了科学的考古方法

对于正式发掘的遗址使用全站仪进行整体测绘和布方发掘，并对相关地层进行筛选、浮选及采样，运用沉积学、古环境学和古地磁、光释光测年等科技考古手段进行综合分析研究，取得了不错的成果。

近年来，辽宁沈阳地区旧石器遗存的重大发现表明，该区域在晚更新世之末人类活动频繁，这些遗存不仅是研究旧石器时代晚期文化的资料，而且又将旧石器时代晚期和新石器时代早期连接起来。沈阳地区旧石器地点出土的石制品等遗物对于研究东北地区旧石器时代晚期以来人类生活的环境背景、旧石器文化内涵、东北亚地区旧石器文化之间的关系以及旧石器时代向新石器时代过渡具有重要的学术意义。我国东北地区是人类向北迁徙和文化传播的重要通道，该地区与日本列岛和朝鲜半岛发现的晚期智人的体质特征都有相似之处，文化类型亦较为相似。从 20 世纪 70 年代开始直到 21 世纪初，东北地区的旧石器时代考古进入了一个飞速发展的新时期，而沈阳地区新的旧石器考古发现也不断涌现。这不仅为探讨我国东北地区乃至东北亚地区古人类文化的发展提供了大量重要材料，而且为探讨东北地区晚更新世末期古气候和古环境的变化规律提供了宝贵资料，特别是对于古人类迁移和文化传播的研究，具有重要的地域上的意义。

综上所述，沈阳地区新发现的旧石器遗存，为恢复古人类的生存环境，探讨人类与环境的互动关系、人类在特定环境下的行为特点和适应方式，提供了丰富的资料。随着该区域旧石器考古调查和研究工作的深入，我们期待着能有更大的突破，使得该地区的旧石器时代考古工作向着更深的层次发展。

二、未来的工作

（一）存在的问题

1. 旧石器文化发展序列还存在一定缺环

经过不懈的努力，沈阳地区旧石器考古已经有了很大的进展，也取得了可喜的成就。但是还有许多工作等着我们去做。从目前发现材料来看，沈阳地区旧石器在年代框架和文化发展序列方面还存在着一定缺环，旧石器时代早期遗址发现较少，其他旧石器遗存的年代又局限在晚更新世之末，且旧石器时代晚期向新石器时代早期过渡的遗址也相对较少。在距今 10～15 ka 前，几乎未发现相应的旧石器遗存。因此，沈阳地区旧石器考古应该还蕴藏着巨大的潜力，首要任务就是要弥补这些缺环，建立沈阳地区完整的旧石器年代框架。

2. 年代学测定工作还需加强

目前，沈阳地区旧石器考古研究的基础还是比较薄弱的，在一定程度上影响了东北地区旧石器考古的发展。无论是研究旧石器文化的区域发展、文化交流还是新旧石器时代过渡等方面，由于该地区内缺少旧石器时代早期遗址以及延续时间长的旧石器遗址，使得一些旧石器考古综合性研究或专题研究难以开展。沈阳地区近年来新发现的旧石器遗存虽然做了大量的研究工作，但在年代学的研究上还存在一些遗憾。由于一部分遗址或地点的石器均出自河流阶地的黄色亚黏土层内，缺乏动物化石，无法进行古生物上的断代，而阶地也被近现代人类利用耕作种田，所以堆积破坏较为严重。如果地层年代难以确定或者断代依据可信度存在问题，以这样的断代为基础，来讨论沈阳地区旧石器工业发展趋势和脉络，难免有如履薄冰之感。因此，沈阳地区部分遗址或地点的年代学问题还需要进一步的工作。如利用光释光、热释光等方法进行测定。

（二）努力的方向

沈阳地区史前考古研究已有几十年历史。经过几代人几十年的努力，取得了较好的成果，也为该地区旧石器考古学的发展奠定了初步基础。但依目前已发表的材料来看，沈阳地区旧石器考古工作空间的不平衡性十分突出，因此要想取得突破，就必须增大野外工作的力度，增加重点遗址发掘和深入研究的必要性，因而沈阳地区未来工作的重点主要集中于以下几个方面：

（1）进行野外调查获取更多的旧石器考古新材料。对新老材料的研究确认该地区旧石器文化类型的种类。通过器物类型学的研究，确认出旧石器时代向新石器时代过渡时期的文化遗存，填补该段研究的空白。通过该地区旧石器文化特征和石器技术的研究，探讨该地区旧石器文化与朝鲜半岛、日本和俄罗斯滨海地区间的文化交流与传播。

（2）通过细致和高精度的试掘、测量和记录，得到遗址埋藏学和遗物、遗迹分布关系的资料和信息，正确判断遗址的性质、各种营力的作用和拥有材料的完整性，校正自然与人为因素导致的认识偏差,应具有重要的作用。

（3）通过对遗址周围环境指标的综合测试分析,复原当时的气候环境背景。在发掘过程中已经分地点、分层位系统采集了环境测试样品。借助孢粉分析、地层磁化率分析、$CaCO_3$ 测试、有机碳分析以及 O 和 C 稳定同位素测定等技术手段,对环境样品进行综合测试分析,恢复各文化层形成时的气候背景,揭示古人类生活环境的演变,以及在这种因素的驱动下,古人类根据特定的自然资源适应生存及开发改造能力。

（4）通过观察、研讨和测试,对遗址及附近地区的地质、地貌演变和沉积成因,以及不同地点、地层之间的关系取得更深入、更合理的认识。

（5）系统提取遗址堆积的古环境和年代样品,对这些样品的分析和测试将使对古人类生存年代和环境的研究建立在更科学、更精确的基础之上。精确的年代测定是研究人类进化、文化发展和环境背景的基础和前提。针对沈阳地区旧石器遗址缺少年代测定的问题,在田野发掘过程中对旧石器地点注重系统提取年代样品,对这些样品将进行 ^{14}C、光释光和热释光测试,使对古人类生存年代和环境的研究建立在更科学、更精确的基础之上。

（6）通过对沈阳地区旧石器地点所蕴含的古人类文化特点与行为模式（原料的开发、剥片和石器加工技术工艺、地区工业特点、工具功能等）和环境因素（沉积结构、孢粉和地球化学分析等）的综合研究,以期能够揭示更新世晚期古人类对该地区旧石器遗址的占据与行为特点以及环境动因,获取古人类在更新世晚期至末期文化行为特点以及与周边人群交流的确凿证据,科学阐述古人类在更新世晚期对沈阳地区的开发与利用。

参 考 文 献

奥克拉德尼科夫，基里洛夫.石器时代和早期青铜时代的东南外贝加尔［M］.新西伯利亚，1980：227.

朝鲜民主主义人民共和国社会科学院考古研究所编，李云铎译.朝鲜考古学概要［M］.哈尔滨：黑龙江省文物出版编辑室，1983：13.

陈全家.吉林镇赉丹岱大坎子发现的旧石器［J］.北方文物，2001（2）：1-7.

陈全家，付永平，卢悦.辽宁法库黑山头旧石器地点发现的石器［A］.边疆考古研究，第11辑［C］.北京：科学出版社，2012：11-24.

陈全家，付永平，赵宇超等.法库五里山旧石器地点发现的石器研究［J］.文物春秋，2013（4）：20-31.

陈全家，付永平，刘亚林.三家子北山旧石器地点石器研究［A］.中国·乌珠穆沁边疆考古国际学术研讨会论文集［C］.北京：科学出版社，2014：127-143.

陈全家，付永平，赵宇超等.法库五里山旧石器地点发现的石器研究［J］，文物春秋，2013（4）：20-31.

陈全家，刘亚林，付永平.沈阳市康平王立岗窝堡东山旧石器地点发现的石器研究［J］.草原文物，2014（2）：45-52.

陈全家，王春雪，方启等.延边地区和龙石人沟发现的旧石器［J］.人类学学报，2006（2）：106-114.

陈全家，张乐.吉林延边珲春北山发现的旧石器［J］.人类学学报，2004（2）：138-145.

陈全家，赵海龙，方启等.延边和龙石人沟旧石器遗址2005年试掘报告［J］.人类学学报，2010（2）：105-114.

陈全家，赵海龙，霍东峰.和龙柳洞旧石器地点发现的石制品研究［J］.华夏考古，2005（3）：50-59.

陈全家等.古城子旧石器地点发现的石器研究，待刊.

陈全家等.后靠山屯北山旧石器地点发现的石器研究［A］.第十四届中国古脊椎动物学学术年会论文集［C］.北京：海洋出版社，2014.

陈全家等.李家窝堡北山旧石器地点发现的遗物研究，待刊.

陈全家等.农大百草园旧石器地点发现的石器研究，待刊.

陈全家等.农大后山旧石器地点发现的石器研究，待刊.

陈全家等.石佛寺北岗旧石器地点发现的石器研究，待刊.

陈全家等.陶家屯羊草沟南山旧石器地点发现的石器研究，待刊.

陈全家等.吴家窝堡东山旧石器地点发现的石器研究，待刊.

程新民，陈全家，赵海龙等.吉林省东部旧石器时代人地关系初探［A］.边疆考古研究，第7辑［C］.

北京：科学出版社，2008：1-9.

崔茂藏. 韩国의旧石器文化［M］. 首尔：集文堂，1994：88-106.

崔茂藏. 韩国京畿涟川元堂里旧石器遗迹第三次发掘报告［A］. 庆祝贾兰坡院士九十华诞国际学术讨论会论文：垂杨介及她的邻居们［C］. 北京：科学出版社，1999：71-77.

东潮. 韩国旧石器时代研究におけろ一つの论争［J］. 吉林：旧石器考古学，1983（26）：131-134.

董祝安. 大布苏的细石器［J］. 人类学学报，1989（1）：49-58.

冯宝胜. 朝鲜旧石器文化研究［M］. 北京：文津出版社，1990：68-117.

冯恩学. 俄国东西伯利亚与远东考古［M］. 吉林大学出版社，2002：40-53.

付永平，陈全家，石晶. 法库威虎山旧石器地点发现的石器研究［J］. 文博，2014（6）：14-17.

付永平，陈全家，万晨晨. 沈阳沈北洋什东岗旧石器地点发现的石器研究［A］. 西部考古，第8辑［C］. 北京：科学出版社，2015：33-41.

付永平，陈全家，王晓阳等. 沈阳市康平县东小陵西山旧石器地点的石器研究［J］. 草原文物，2013（2）：1-7.

付永平，陈全家，袁文明. 沈阳柏家沟西山旧石器地点发现的石器研究［J］. 文物春秋，2015（1）：3-6.

付永平等. 后大屯二岭山旧石器地点发现的石器研究，待刊.

付永平等. 石桩子村北山旧石器地点发现的石器研究，待刊.

付永平等. 苇子沟白虎山旧石器地点发现的石器研究，待刊.

付永平等. 杨家窝堡后山旧石器地点发现的石器研究，待刊.

付永平等. 中和南山旧石器地点发现的石器研究，待刊.

盖培，卫奇. 虎头梁旧石器时代晚期遗址的发现［J］. 古脊椎动物与古人类，1977（4）：287-300.

高星. 周口店第15地点石器原料开发方略与经济形态研究［J］. 人类学学报，2001（3）：186-200.

鸽子洞发掘队. 辽宁鸽子洞旧石器遗址发掘报告［J］. 古脊椎动物与古人类，1975（2）：122-136.

河仁秀. 海云台中洞-佐洞遗迹の旧石器文化［J］. 旧石器考古学，2000（60）：83-93.

黄慰文，张镇洪，缪振棣等. 黑龙江昂昂溪的旧石器［J］. 人类学学报，1984（3）：234-242.

贾兰坡，盖培，尤玉柱. 山西峙峪旧石器时代遗址发掘报告［J］. 考古学报，1972（1）：39-58.

贾兰坡，卫奇. 阳高许家窑旧石器时代文化遗址［J］. 考古学报，1976（2）：97-114+207-212.

姜鹏. 吉林抚松仙人洞旧石器时代遗址［J］. 东北亚旧石器文化，1996：205-210.

金牛山联合发掘队. 辽宁营口金牛山旧石器文化的研究［J］. 古脊椎动物与古人类，1978（2）：130-136.

李隆助，禹钟允，河文植. 牛山里곡천선사유적［A］. 住岩댐水没地域文化遗迹发掘调查报告书（Ⅴ）［C］. 光州：全南大学博物馆，1988：63-124.

李隆助，禹钟允. 韩国丹阳垂杨介遗址最新发掘及研究成果［A］. 庆祝贾兰坡院士九十华诞国际学术讨论会论文：垂杨介及她的邻居们［C］. 北京：科学出版社，1999：183-188.

李隆助. 朝鲜半岛的旧石器文化［J］. 华夏考古，1998（2）：106-112.

李隆助. 韩国中原地区的旧石器文化［J］. 辽海文物学刊，1996（2）：171-179.

李隆助，尹用贤著. 王春雪，赵海龙，方启译. 陈全家校. 韩国垂杨界遗址有柄尖状器和细石核研究［J］. 历史与考古信息，2006，1：91-95.

李起吉.韩国广州山月洞의旧石器[A].东北亚旧石器文化[C].首尔：白山文化，1996：111-119.
李起吉.全南的旧石器文化[J].历史与考古信息·东北亚，2006（2）：30-38.
李鲜馥，姜贤淑，李教东等.新坪里금평德山里죽산后期旧石器遗迹[A].住岩댐水没地域文化遗迹发掘调查报告书（Ⅶ）[C].光州：全南大学博物馆，1990：21-76.
李炎贤，谢飞，石金鸣.河北阳原板井子石制品的初步研究[A].中国科学院古脊椎动物与古人类研究所参加第十三届国际第四纪大会论文集[C].北京：北京科学技术出版社，1991：74-95.
李有骞，陈全家.朝鲜半岛旧石器材料及工业类型的初步研究：兼谈对吉林省东部地区旧石器研究的几点认识[A].边疆考古研究，第7辑[C].北京：科学出版社，2008：10-33.
李壮伟，尤玉柱.从桑干河流域几处遗址的发现看我国细石器文化的起源[J].山西大学学报（哲学社会科学版），1981（3）：65-74.
辽宁省博物馆，本溪市博物馆.庙后山：辽宁省本溪市旧石器文化遗址[M].北京：文物出版社，1986：21-31.
辽宁省地质局.区域水文地质调查报告[R]（1:20万）（沈阳幅），1978.
辽宁省地质局水文地质大队.辽宁第四纪[M].地质出版社，1983：15-43.
辽宁省地方志编纂委员会办公室.辽宁省志：地理志、建置志[M].沈阳：辽宁民族出版社，2001：169-171.
辽宁省地方志编纂委员会办公室.辽宁省志：文物志[M].沈阳：辽宁人民出版社，2001：424.
辽宁省区域地层表编写组.东北地区区域地层表；辽宁省分册[M].北京：地质出版社，1978.
林圣龙.中国的薄刃斧[J].人类学学报，1992（3）：193-201.
麻生优，加藤晋平，藤本强.日本の旧石器文化（4）——日本周边の旧石器文化[M].东京：雄山阁，1984：118-165.
蒙盖特著，莫润先译.苏联考古学[M].北京：文物出版社，1956.
裴基同.韩半岛の前期、中期旧石器时代[J].旧石器考古学，2001（62）：1-10.
朴英哲，徐姈男.韩国密阳古礼里旧石器遗迹の发掘调查概要[J].旧石器考古学，1998（57）：83-90.
山西省临汾行署文化局.山西吉县柿子滩中石器文化遗址[J].考古学报，1989（3）：305-323.
沈阳市人民政府地方志编纂办公室.沈阳市志，第一卷[M].沈阳：沈阳出版社，1989：267-289.
盛立双.初耕集：天津蓟县旧石器考古发现与研究[M].天津：天津古籍出版社，2014：156-192.
孙建中，王雨灼，姜鹏.吉林榆树周家油坊旧石器文化遗址[J].古脊椎动物与古人类，1981（3）：281-291.
万波，石彦文，赵连升等.沈阳市城区第四纪地层的划分[J].东北地震研究，2001（2）：41—48.
万晨晨等.刘家屯村老山头旧石器地点发现的石器研究，待刊.
王世平，梁政国.沈阳市区第四纪沉积物工程地质研究[J].辽宁地质，2001（1）：75-78.
王幼平.石器研究：旧石器时代考古方法初探[M].北京：北京大学出版社，2006：87-102.
王社江.洛南盆地的薄刃斧[J].人类学学报，2006（4）：332-342.
王文兴.吉林抚松发现旧石器时代文化遗址[J].人类学学报，1993（2）：129.
王晓阳.辽宁本溪地区旧石器及相关问题的研究[D].吉林大学，2013：105-114.

魏正一，干志耿. 呼玛十八站新发现的旧石器［J］. 求是学刊，1981（1）：118-120.

魏正一，杨大山，尹开屏等. 哈尔滨阎家岗旧石器时代晚期地点（1982-1983年发掘报告）［J］. 北方文物，1986（4）：8-15.

谢飞. 泥河湾盆地旧石器文化研究新进展［J］. 人类学学报，1991（4）：324-332.

谢飞，成胜泉. 河北阳原油房细石器发掘报告［J］. 人类学学报，1989（1）：59-68.

杨大山. 饶河小南山新发现的旧石器地点［J］. 黑龙江文物丛刊，1981（1）：49-52.

赵宾福. 东北旧石器时代的古人类、古文化与古环境［J］. 学习与探索，2006（2）：188-191.

赵宾福. 东北旧石器文化与邻区旧石器文化的关系［J］. 内蒙古大学学报（人文社会科学版），2008（1）：46-51.

张森水. 中国北方旧石器时代工业分类初探［J］. 文物春秋，1991(1)：34-42.

张镇洪，傅仁义，陈宝峰等. 辽宁海城小孤山遗址发掘简报［J］. 人类学学报，1985（1）：70-79.

郑永和. 韩国全谷里遗迹（下）［J］. 旧石器考古学，1985（30）：135-154.

钟以章，蒋秀琴，陈爱萍等. 辽宁省地质灾害［M］. 北京：地震出版社，1991.

이기길. 韓國順天竹内里遺迹の旧石器文化［J］. 旧石器考古学，2001（62）：11-21.

이기길. 화순도산유적［M］. 광주：조선대학교박물관，2002.

이융조윤용현. 牛山里곡천旧石器遗迹［A］. 住岩댐水没地域文化遺迹发掘调查报告书（Ⅶ）［C］. 光州：全南大学博物馆，1990：77-140.

최복규，강원지역의구. 중석기유적［A］. 우리나라의구석기문화［C］. 서울：연세대학교출판부，2002：197-246.

한창균신숙정장호수. 북한선사문화연구［M］. 서울：백산자료원，1995：9-104.

박희현. 남한강역의구석시유적［A］. 우리나라의구석기문화［C］. 서울：연세대학교출판부，2002：177-196.

Andrefsky W.. Lithics: Macroscopic Approaches to Analysis［M］. Cambridge University Press, 1998.

Chang Y. J.. Blade technology and microcore technology on the Korean Peninsula［J］. Kyushugogohak, 2002（6）：24-58.

Chen C., Wang.X.. Upper paleolithic microblade industries in North China and their relationship with Northeast Asia and North America［J］. Arctic Anthropology, 1989（2）：127-156.

Christopher J. Norton. The current state of Korean Paleoanthropology［J］. Journal of Human Evolution, 2000（38）：803-825.

Chuntaek Seong. Late Pleistocene microlithic assemblage in Korea［A］, In: Origin and Spread of Microblade Technology in Northern Asia and North America［C］. Edited by Yaroslav V. Kuzmin, Susan G. Keates, Chen Shen. Burnaby B.C.: Archaeology Press, Simon Fraser University, 2008：103-114.

Lee G. K.. The Suncheon Wolpyeong Late Paleolithic site［A］. In: Dongbukasia Gusukkigogohak［C］. Edited by K. Bae and J. C. Lee. Seoul: Yeoncheongungwa Munhwa Jaeyounguso, 2002：181-197.

Lee Heon-Jong. 朝鲜半岛旧石器时代中期文化研究［J］. 历史与考古信息·东北亚，2006（1）：108-

120.

Lee yung-jo, Ha Moon-sig, Yun Yong-hyun. Microblade cores in korea with special reference to the tool-making techniques of suyanggae [A]. Позданий палеолит ранний неолит Восточной Азии и Северной Америки, Владивосток [C]. 1996.

Seong C.. Microblade Technology in Korea and Adjacent Northeast Asia [J]. Asian Perspectives, 1998(37): 245-278.

Yi S., Kang H. S., Lee K. D., et al. Geumpyeong and Juksan Paleolithic sites [A]. In: Juam-Dam Sumoljigu Munhwayujeok Balgulbogoseo (V) [C]. Edited by Chonnam Daehakkyo Bakmulgwan, Chonnam Daehakkyo Bakmulgwan. Gwangju, Korea, 1990: 21-76.

А.П.Деревянко, Каменныйвексеверной, восточнойицентральной、Азии [M]. Новосибирск, 1975: 117.

А.П.Деревянко, ПВВолков, ЛиХонджон Селемджинская позднепалеолитическая культура [M].Издательство Института археологи и этнографии, Новосибирск, 1998: 82.

Ли Хонджон, Характер. датировка и периодизация верхнего палеолита Кореи [A].Позданий палеолит ранний неолит Восточной Азии и Северной Америки, Владивосток [C]. 1996: 162-167.

后　　记

书稿付梓之际，思绪万千，涌上心头。回想起5年来沈阳地区旧石器考古工作的点点滴滴，虽步履维艰，却又甘之如饴。

旧石器考古对于沈阳是一个陌生的名词，她并不像"新乐文化""偏堡类型"那样深入人心。即使在许多考古工作者看来，沈阳是没有旧石器的。否则，为什么多年来这方面一点蛛丝马迹都没有发现？

2010年那个盛夏，"东北及内蒙古东部考古的过去、现在与未来"——2010年中国考古学会东北片区会在吉林省长春市召开。会上，当沈阳市文物考古研究所姜万里所长将关注的目光投向前方就座的一位学者的背影时，沈阳的旧石器考古便迎来了新的契机。这位学者便是吉林大学边疆考古研究中心从事旧石器考古教学与研究的教授陈全家先生。会后的交谈，寥寥数语间，便确定了两家单位合作开展沈阳地区早期古人类探源课题、进行旧石器考古调查的意向。姜所长将与吉林大学合作调查的重担交给了我，一个从事新石器至青铜时代考古工作数年，而对旧石器却完全是门外汉的年轻人。从此，我便开始与旧石器考古结缘。

2011年早春，凛冽的寒风中，我们踏上了调查的征程，开始了沈阳旧石器考古发现的破冰之旅。同行队伍中，除了陈全家先生和我，还有吉林大学地质专家程新民教授、陈教授的硕士生卢悦及所里的司机王洪郁，可谓是老中青相结合。调查的方法是根据地貌特征，结合古生物化石的发现，围绕山脉走势和河流阶地展开区域性拉网式调查。正确的理论方法实践使得调查工作事半功倍，第一天便发现了卧龙湖畔的李家窝堡北山地点，沈阳旧石器考古也从此实现了零的突破。

随着调查工作的持续开展，方启老师、王晓阳、石晶、陈君、赵清坡、杨宽、李彬森、刘亚林、田笛、赵里萌、刘德才、刘卫民等先后加入到调查队伍中来。

3年时光，弹指一挥间匆匆流逝。我们的足迹踏遍了沈阳地区1.3万平方公里的山山水水，走遍了沈阳的8个区县126个乡镇1593个村落。从卧龙湖畔到八虎山头，从高台山的丘岗到石佛寺的河岸，从棋盘山的水库旁到白清寨的山洞中，到处都留下了我们坚实的足迹。跋涉在崎岖的山路上，穿行在茂盛的密林中，怀着对考古事业的无限热爱，我们栉风沐雨，坚持前行。随后，一个个新的发现接踵而来，王立岗窝堡东山、哈户硕黑山头、沈阳农业大学后山……22个旧石器地点如雨后春笋般出现在沈阳大地，璨若星辰。伴随着发现的脚步，我也逐渐步入了旧石器这块神秘的领域，在沈阳旧石器考古工作中学习并成长。

2012年8月，沈阳的旧石器考古工作迈上了新的台阶，并取得重要的收获。在调查的基础上，我们报请国家文物局批准后选择发现最好的沈阳农业大学后山遗址进行试掘。随后几年的考古发掘成果，将沈阳地区人类活动的历史从新乐文化的7200年提前至距今11万年左右。

考古工作需要在调查发掘的基础上进行材料整理，这样对研究对象的认识才能不断深入和提高，旧石器考古也不例外。在沈阳农业大学后山遗址发掘的间隙，对沈阳地区22处旧石器地点考古调查材料的整理也在紧锣密鼓地进行。在陈全家先生的悉心指导下，我与卢悦、王晓阳、石晶、赵宇超、赵清坡、刘亚林、万晨晨、袁文明等一起对调查材料进行基础整理，并编写发表了数篇研究报告。旧石器考古调查与发掘工作是"十二五"期间沈阳市文物考古研究所的一项重要工作，也是沈阳地区早期古人类探源课题的重要组成部分。本书是对上述工作的梳理和总结，也是沈阳地区早期古人类探源课题工作的阶段性成果之一，更是集体智慧的结晶。

本书得以编辑出版，要感谢许多人。

首先要感谢陈全家先生。沈阳地区旧石器考古发现从无到有，从调查、发掘到资料整理，都离不开陈先生的倾情付出。陈先生将沈阳的旧石器考古工作纳入到整个东北旧石器考古的框架体系当中，根据沈阳地区旧石器考古发现的具体特点，将沈阳的旧石器划分为3种工业类型，即大石片工业类型、小石片工业类型和细石器工业类型，对研究沈阳地区旧石器时代考古文化面貌和石器技术类型提出了宝贵的指导性认识。

感谢辽宁省文物保护专家组组长郭大顺先生。郭先生一直以来对沈阳市文物考古研究所业务工作大力支持，尤其是对沈阳旧石器考古工作提出了很多很好的指导和建议，并慨然应允为本书作序。感谢中国科学院古脊椎动物与古人类研究所高星研究员、北京大学考古文博学院王幼平教授、河北师范大学泥河湾考古研究院谢飞教授、辽宁省文物保护专家组姜念思研究员、辽宁省文物保护中心田立坤研究员观察了沈阳地区考古发现采集的石制品，并对沈阳旧石器考古工作提出很多专业性指导。

感谢吉林大学边疆考古研究中心方启、王春雪老师以及石晶博士。方启老师一直参与沈阳旧石器考古调查与发掘工作，并对本书章节目录提供了许多好的建议。王春雪老师为本书内容编排和学术认识方面提供了建议，并为本书翻译了英文提要。石晶博士为本书章节体例、内容编排和插图重新清绘付出了许多辛苦和汗水。

感谢日本奈良国立文化财研究所的加藤真二教授及其夫人加藤遥女士、黑龙江文物考古研究所李有骞博士分别为本书翻译了日、韩、俄文提要。

感谢沈阳市文物考古研究所沈彤岩为本书拍摄所有旧石器地点航拍照片；张天琦拍摄器物照片，

并对所有照片进行编辑；刘卫民清绘了所有等高线图。

感谢吉林大学边疆考古研究中心领导朱泓先生、刘艳女士对沈阳旧石器考古工作的大力支持，并感谢边疆考古研究中心为本书出版提供部分经费。

感谢沈阳市文化广电新闻出版局冯彦局长、沈阳市文物局宋振虹局长一直以来对沈阳旧石器考古工作的关心和支持。

感谢康平县文管所、法库县文物管理办公室、新民市文化馆、沈北新区文化馆、浑南（东陵）新区文管所、苏家屯区文化馆、辽中县文管所、新乐遗址博物馆、沈阳农业大学园艺学院等单位的领导和诸位同仁为旧石器调查工作提供的大力支持和帮助。

感谢科学出版社文物考古分社刘能女士热情、严谨、辛苦的工作。

由于水平所限，书中难免会有疏漏或错误之处，恳请文物考古界专家学者和广大读者不吝赐教和批评指正。

付永平

2015年10月于沈阳